COLLECTION
dirigée par Clarisse Nicoïdski

LA VIE BLESSÉE

HUGO MARSAN

LA VIE BLESSÉE

Sida, l'ère du soupçon

MAREN SELL & CIE
41, rue Dauphine, 75006 Paris

Ce livre appartient aux femmes et aux hommes qui m'ont confié la part la plus intime de leur vie et de leur combat. Je les remercie d'avoir permis que cet ouvrage fût possible, et tout particulièrement Bernard Sellier dont l'exemple est une leçon de courage.

Yves Charfe, rédacteur en chef, et tous les journalistes de *Gai Pied Hebdo,* ont facilité ma tâche par la masse d'informations qu'ils maîtrisent chaque jour. Je remercie très vivement Franck Fontenay dont les conseils et les précisions ont été indispensables à l'élaboration de cet essai.

Je remercie le docteur Jean-Florian Mettetal, médecin attaché d'immunologie clinique à l'hôpital Necker à Paris, vice-président de l'association Arcat-Sida, qui a collaboré à la mise à jour du lexique médical.

« *Consentir à la souffrance est une sorte de suicide lent. Car les grandes douleurs, même quand elles se taisent, ne restent jamais muettes.* »
(*René Leriche, cité par Guido Ceronetti dans* Le Silence du corps.)

« *Le dimanche, il souffrit beaucoup, autant que le samedi; mais le lundi, il commença à admettre ses plaies, et leur guérison possible. La terrible machine, l'affreux pot à sang avaient disparu. L'espoir, cette ortie indéracinable, repoussait malgré tout.* »
(*Guy Hocquenghem,* Ève.)

« *C'est entre la maladie et la morale que la pourriture s'installe, fortifie une culpabilité qui remonte au début du monde.* »
(*Gérard Depardieu,* Lettres volées.)

« *Je n'aime pas les opprimés. J'aime ceux que j'aime, qui sont toujours beaux et quelquefois opprimés mais debout dans la révolte.* »
(*Jean Genet,* Miracle de la Rose.)

L'ÈRE DU SOUPÇON

Dans vingt ans, dans dix ans, dans cinq ans peut-être, les découvertes médicales auront relégué dans le passé (et l'oubli?) une maladie qui anéantit les perspectives euphoriques de la fin du XXᵉ siècle. Nous pourrons alors abstraire le sida et l'inscrire, sans passion, dans la litanie des grandes épidémies qui jalonnent l'histoire des hommes.

En 1989, nous n'avons pas le recours de la mémoire et de ses calmes analyses rétrospectives. Nous sommes immergés dans la maladie, confrontés chaque jour à l'épreuve brutale que notre siècle – fier des triomphes de la science médicale – avait définitivement évacuée.

C'est de la mort qu'il nous faut parler, la mort scandaleuse, la mort annoncée au plein temps de la vie. La mise en chiffres des victimes du sida (nombre limité, si les comparaisons nous consolaient), les campagnes de prévention impératives mais incertaines quant au discours privilégié, la gestion grandissante de l'infection par l'État – la visibilité spectaculaire de la pandémie se brouille si l'on escamote l'unique cause d'une panique larvée (mais prête à se déployer), le sens profond de la peur : la vie humaine est menacée par un ennemi mystérieux, défiée par l'irrationnel, spoliée au point culminant de sa gloire.

Le sida est une maladie privée mais le virus a envahi l'espace public en même temps qu'il pénétrait l'intimité de l'individu. Maladie sexuellement transmissible, le sida violente la société, exacerbe les idéologies politiques et reli-

11

gieuses. L'infection se drape dans les emblèmes de la morale parce qu'elle heurte deux tabous irréductibles : la sexualité et la mort, désoriente les certitudes de l'humanité en désignant crûment le lieu caché de l'amour, aux limites duquel s'arrêtent les prérogatives de l'État moderne et commence la liberté individuelle. Une maladie transmissible de corps à corps devient une affaire publique. Sans doute parce que cette transmission intime révèle les flux biologiques et symboliques de la vie, le sang et le sperme, dont l'épanchement visible a toujours effrayé les hommes.

Ce va-et-vient malhabile (et impudique) entre le privé et le social explique les réticences et les atermoiements des responsables publics, les conflits idéologiques et les délires collectifs qui s'emparent d'une épidémie longtemps cantonnée aux groupes à risques où la population générale croyait ne s'être jamais risquée. Les « autres », puissamment majoritaires, oubliaient les malades doublement condamnés au silence mortel, et les séropositifs, témoins vulnérables d'une mort hasardeuse.

J'ai écrit ce livre pour rompre le silence et susciter le dialogue entre des personnes et des groupes séparés par des frontières d'angoisse que le pouvoir a longtemps consolidées. *La Vie blessée* dénonce le climat de soupçon qui enferme les malades dans la peur et la solitude. Ils survivent dans une cité souterraine et si les séropositifs habitent du côté de la lumière, ils savent le secret de cet univers muet qu'ils redoutent de partager. Les bien portants les craignent et s'apitoient, de loin, sur le drame qui se joue dans l'ombre. Des médiateurs philanthropes tentent de réduire l'étanchéité de deux mondes qui s'observent. Ils secourent les uns et informent les autres. Les discours officiels inventent une fragile solidarité. Mais la reconnaissance affichée de l'épidémie masque une vérité plus coriace : les individus sont atteints dans leur identité, la liberté d'un choix jusque-là préservé : l'amour. Le sida révèle ce que l'on dissimule : la sexualité aussi intime soit-elle est l'élément constitutif de notre moi social.

Parler du sida, c'est admettre les différences, lever le voile sur les pratiques de la jouissance individuelle. Par la mise

12

au grand jour d'une vieille histoire, le sida fait éclater une conviction sournoisement entérinée : l'amour est l'aspiration fondamentale de l'être humain, les moyens pour le découvrir sont donc uniformes. Le virus se propage et anéantit cette bienheureuse certitude. Parler du sida, c'est dire l'homosexualité, la toxicomanie, les initiations sexuelles diverses et dévoiler ainsi les liens de fascination que l'hétérosexualité conventionnelle entretient avec les zones marginales du plaisir. C'est, en 1989, une prise de conscience redoutable qui heurte les mentalités.

J'ai écrit ce livre pour écouter les malades mais aussi pour comprendre les rapports entre sida et société. Le « test » ne sert pas uniquement à détecter le virus! Il existe un autre test que nous ne pouvons pas éliminer : les codes qui embrigadent la vie sociale viennent s'achopper au sida. La contamination progressive accélère les efforts de « transparence » des gouvernements et durcit les intégrismes de tous bords. Le sida éclaire brutalement la montée de l'individualisme et les acquis irréversibles de la liberté en matière sexuelle.

En 1989, le sida provoque une révolution imprévisible et brise les derniers silences. Par son œuvre de mort, le sida oblige la société à intégrer une tragédie privée. Le véritable test dépiste nos archaïsmes, nos paralysies et nos torpeurs. Maladie du corps intime, le sida accuse les carences du corps social.

I

ARRÊT DE VIE

Savoir et comprendre

1

LES MOTS POUR NE PAS LE DIRE

Virginie et ses amis se sont allongés sur l'herbe au fond du jardin. Virginie a quinze ans. « Tant que Virginie vivra ici, je me sentirai encore jeune, me confie Hélène. C'est ma dernière, ma petite fille mais, tu vois, elle a déjà un petit ami... » Hélène est ma sœur. Nous jouions ensemble dans ce même jardin qui glisse doucement vers la rivière : un très grand jardin, « presque un parc » se vantait Hélène qui, enfant, avait décidé qu'elle ne quitterait jamais la maison familiale.

Chaque été, je reviens à B. Hélène m'accueille. « Comme autrefois, dit-elle, rien n'a changé. Un retour aux sources pour le Parisien. » La maison est complice de la nostalgie et de l'étrange bonheur des retrouvailles. L'air, ici, est si doux.

Virginie a quinze ans. Je l'aperçois, là-bas à l'ombre de « l'arbre », complotant avec ses amis, au pied du mur de vieilles pierres, à l'endroit exact où, il y a plus de vingt-cinq ans, Hélène me racontait ses premiers secrets d'adolescente.

B. est une petite ville de 18 000 habitants, dans la Vienne. Hélène est née à B. et s'y est mariée, préférant la vie préservée, le bonheur sans accidents d'une ville de province. Hélène soupire : « Virginie partira elle aussi, comme les deux garçons. Ils ne garderont pas la maison. » La maison! La maison et le jardin à l'abri des cataclysmes : toutes ces violences, « ... et cette maladie dont tout le monde parle ». Non, ici, à B., les catastrophes n'ont pas de prise. Si ces horreurs existent, c'est de l'autre côté du mur, au-delà de

17

la rivière, très loin de B., ailleurs. B., le département de la Vienne, sont des enclaves protégées. Hélène me l'affirme.

« Ces histoires d'épidémie, ça se passe dans les grandes villes et ça ne touche que certaines personnes : les drogués, les homosexuels... Hélène rougit... Je veux dire " les groupes à risques " * dont on parle à la télévision! »

Mais Hélène a peur. L'année dernière nous n'avions pas abordé le sujet. Hélène pense à ses deux fils qui vivent loin d'elle, l'un à Barcelone, l'autre en Afrique centrale où il fait son service militaire. Elle pense peut-être à Virginie qui agite ses bras vers nous et rit. Mais à B., se persuade Hélène, rien ne peut arriver.

Je regarde Virginie qui s'étire et pose la tête sur l'épaule d'un des garçons.

« C'est Matthieu, me précise Hélène, le petit ami de ta nièce. Son premier amour. Les autres, deux garçons et deux filles, ont l'âge de Virginie. Ils entrent au lycée, en seconde. C'est un événement. Matthieu est un " grand ", il vient de terminer sa première. Je crois Virginie très amoureuse! »

Les têtes des adolescents se rapprochent. De quoi parlent-ils? Le rire de Virginie s'élève parfois, si clair en cette fin d'après-midi de juillet.

« C'est le bel âge, soupire Hélène, nous aussi n'avions aucun souci à quinze ans! »

Je ne contredis pas Hélène mais je me souviens de notre vie alors remplie de préoccupations primordiales. Nous restions de longues heures dans le jardin à débattre sans fin de l'amour, de l'avenir, « les choses essentielles » comme nous disions.

Virginie, je voulais te dire... Pendant mon séjour, j'ai parlé avec Hélène de mes amis malades. Virginie nous écoutait. Abordait-elle, avec ses amis, la question insidieuse qui s'impose, inévitable : serons-nous épargnés? Croient-ils, comme

---

* Groupes à risques : désignent les personnes les plus exposées et les plus touchées par le sida : les homosexuels, les toxicomanes, les hémophiles et les transfusés principalement. Il convient cependant d'utiliser la notion de « pratiques à risque » plutôt que celle de groupes à risques. Pour prendre un exemple, un homme peut avoir eu une fois un rapport homosexuel sans être homosexuel pour autant. Mais il aura eu une pratique à risque d'infection par le HIV.

Hélène, que c'est une autre histoire, celle de mes amis, des gens étranges qui habitent les capitales, des femmes et des hommes d'une autre planète, oiseaux de nuit, insolites, fascinants et barbares? En classe, le professeur leur a expliqué les maladies sexuellement transmissibles et plus particulièrement celle, actuelle, qui défraie la chronique. Ont-ils entendu, ont-ils écouté? Ont-ils retenu des bribes, les fragments dissociés du cours qui répondaient à certaines de leurs préoccupations immédiates, des lambeaux de phrases, échos de leurs interrogations secrètes? Le professeur ne le saura pas. Pour rien au monde, ces enfants de quatorze ans n'auraient dévoilé, ou suggéré, à l'ensemble de la classe une curiosité si près de leur intimité.

Que les adultes leur parlent de sexualité ne les gêne pas; ce qui les choque c'est que l'on s'immisce dans un domaine réservé : l'amour des adolescents.

Virginie pourrait me réciter le cours, sans hésitations et sans fautes. Mais les mots ne recouvrent aucune réalité. Le virus, on peut le définir *. La prévention, on peut en énumérer les modalités. La maladie elle-même n'oppose aucun obstacle de vocabulaire **. Mais à B., il n'y a pas de malades. Virginie pourrait citer deux ou trois noms de toxicomanes qui très vite quittent la ville; elle pourrait aussi me livrer des indiscrétions : les trois ou quatre garçons du lycée que l'on suppose homosexuels. Avec sa mère, elle ne craint pas de répondre à des questions très précises sur ses relations avec Matthieu. C'est bien autre chose d'affronter, seule, une angoisse qu'elle ne sait pas définir parce que rien ne l'y a

* Virus : micro-organisme de très petite taille qui se développe uniquement à partir des cellules qu'il infecte en détournant le fonctionnement et en les tuant. La science qui étudie les virus se nomme la virologie.

** Sida (Syndrome d'Immuno-Déficience Acquise) : le sida est la forme majeure de l'infection à HIV.

L'auteur tient à souligner qu'il a écrit tout au long du livre le mot sida en minuscules, contrairement à la logique grammaticale, volontairement. Ceci dans le but, purement symbolique, d'atténuer le caractère fantasmatique et « presse à scandales » qui s'est par trop attaché à la maladie que ce terme désigne.

Séropositif : résultat d'un test de dépistage ayant décelé des anticorps dirigés contre le HIV. Cela signifie que la personne testée a été contaminée par le virus. Par analogie, on dit qu'elle est « séropositive ». La séropositivité doit faire l'objet d'une prise en charge régulière, aussi bien médicale que psychologique.

préparée. Et parler avec Matthieu de « ça », c'est vraiment au-dessus de ses possibilités. Virginie a quinze ans et sait qu'elle fera l'amour avec Matthieu, parce qu'elle l'aime et, qu'aujourd'hui, les filles ne se refusent pas à l'homme de la première passion. Bien sûr, ils ont regardé à la télévision des publicités qui suggèrent une mise en garde et un moyen apparemment banal de sauver le plaisir de la maladie, de préserver, peut-être, l'amour de la mort. Virginie a quinze ans! Comment peut-elle gâcher ce qui, pour elle, est au cœur d'une initiation essentielle, l'expérience totale de l'amour? Peut-elle dissocier sexualité, sentiment, tendresse... Révéler, par la prise en compte des « précautions », qu'elle sait déjà séparer le plaisir de la merveilleuse aventure de l'amour? Penser à la maladie au moment même de l'amour, c'est détruire à tout jamais cette « première fois » qui détermine notre avenir amoureux, la qualité de nos futures rencontres, l'aptitude sereine à disposer de notre corps pour le meilleur de notre épanouissement sexuel, affectif et social.

Virginie, je voulais te dire... Je voudrais te dire d'abord Jean-Louis, Muriel, Arnault et les autres, ceux qui ont franchi, hélas, le mur paisible de ton grand jardin d'enfance. Il m'a semblé qu'avant de t'imposer ces précautions qui brutalement vont s'inscrire dans ta vie, il fallait que tu saches que cette maladie soudain terrifiante atteignait des vies particulières, que des femmes et des hommes, jeunes, en étaient les victimes. Non pas pour t'effrayer, mais pour que la contamination si abstraite à tes yeux et la maladie si lointaine prennent visage humain. Virginie, je voulais te dire que Charlotte, Ludo, Vincent, Arnault, Jean-Louis ont connu eux aussi un premier amour et qu'aujourd'hui ils luttent pour survivre.

Virginie et ses amis avancent vers nous et l'image de leur jeunesse victorieuse grandit dans le soir calme du jardin. Matthieu serre Virginie contre lui. Ils sont beaux, ils ont la vie devant eux. Hélène frissonne dans l'obscurité de la maison. Virginie fredonne une chanson à la mode. Matthieu sourit et chante à son tour. Les vacances commencent. C'est une belle nuit d'été qui lentement envahit le jardin, la maison, la petite ville de B., un point minuscule de notre planète où six adolescents se préparent à fêter la vie.

La révélation

Jean-Louis a eu quinze ans, dans une maison semblable à celle de Virginie. Il a eu quinze ans en 1955, dans une ville un peu moins grande que B. Ses espoirs, ses rêves ressemblaient alors à ceux de Virginie et de ses amis. Il s'en souvient. Il me parle de plus en plus de son passé. Il me raconte aussi que, dans les semaines qui précédèrent sa mort, son ami Charles V. n'évoquait plus que ses souvenirs d'enfance dont il revivait chaque instant avec une exceptionnelle acuité. Pendant l'été de ses quinze ans, Jean-Louis était loin d'imaginer que, trente-deux ans plus tard, il affronterait une épreuve décisive, sans références et sans exemples.

Jean-Louis et moi travaillons au journal *Gai Pied Hebdo* *. Ce jour-là, le mercredi 14 octobre 1987, Jean-Louis est entré dans la maladie comme on entre dans les ordres. Un immense pan de sa vie s'écroulait. Il se soumettrait à un nouveau dieu tyrannique et sans indulgence : le sida.

« Je l'ai! C'est bien ça, j'ai fini par y passer! »

Jean-Louis est entré dans mon bureau alors que je venais d'arriver. D'habitude je lui donne un coup de fil vers midi : nous déjeunons ensemble.

Jean-Louis avait eu les résultats de l'analyse de sang. Il m'annonçait la catastrophe. Avec lui je ne tricherais pas : ce fut ma première pensée.

Depuis des mois nous parlions des « autres », les premiers, les garçons que nous connaissons parce qu'ils travaillent avec nous. Nous parlions de ceux qui, au fil des semaines, changent brusquement de comportement : ils apprennent qu'ils sont

---

* *Gai Pied Hebdo :* hebdomadaire homosexuel d'information politique et générale. Depuis dix ans, il est le lien entre les homosexuels et l'organe de presse qui, dès l'apparition du sida aux États-Unis, a rendu compte régulièrement à ses lecteurs des problèmes posés par le sida. Son rôle dans l'adaptation des homosexuels à une prévention rigoureuse est capital. Directeur de la publication : Gérard Vappereau. Rédacteur en chef : Yves Charfe. GPH, 45, rue Sedaine, 75557 Paris Cedex 11 – Tél. (1) 43 57 52 05.

séropositifs. Ils l'ont confié à un proche, souvent quelqu'un qui l'est déjà. Au journal, nous commentons quotidiennement les progrès de la maladie et ses répercussions. L'essentiel de l'information que nous communiquons à nos lecteurs concerne le sida. Les jeunes hommes du journal se sentent en confiance. Ici, la maladie est apprivoisée. Avec le temps et l'augmentation des cas, tout se banalise, même le pire. Les rédacteurs apprennent à traiter le sida comme un sujet ordinaire. Du moins en donnent-ils l'impression pour cacher les drames intimes. Ceux qui n'appartiennent pas à la rédaction nous entendent et nous écoutent. Les gens de l'administration et de la fabrication rôdent du côté des bureaux des rédacteurs. Les secrétaires, les clavistes, les monteurs prennent sans cesse connaissance d'articles, de dossiers, de télex où les titres étalent le mot « sida » en toutes lettres. Admettons-le : la panique prend des formes adoucies. Ceux qui se retrouvent séropositifs osent avertir leurs amis, leur chef de service et, très vite, l'ensemble du journal « sait ». Mais cette possibilité de « dire » se heurte à l'ultime interdit, le mot sida. Ils avouent : « Je suis très fatigué, j'ai des problèmes de santé. » Quelques jours plus tard, ils ajoutent : « Le test * est positif. » Ils n'en reparlent plus, entrent dans le grand silence, s'absentent, reviennent, guettent les conversations, une information récente qui apporterait un espoir. De l'évolution éventuelle du mal qui les habite, ils ne disent plus rien. Le mot n'est pas prononcé pour soi-même et ils ne se livrent à aucune manifestation désespérée qui serait bien légitime.

Gai Pied Hebdo? Un lieu paradoxal, envahi par la maladie, à la pointe de sa connaissance, mais la discrétion prescrit un code tacite : le sida comme matière journalistique s'exprime

* Test : les tests de dépistage sont des analyses de sang qui permettent de détecter la présence d'anticorps dirigés contre le virus du sida. Il en existe plusieurs types, utilisant des techniques différentes. Le plus courant est le test Elisa qui est toujours employé en première analyse. Si le résultat est positif, il est confirmé (ou plus rarement infirmé) par des tests dits de confirmation ou de référence, le Western Blott et le RIPA. Ces tests sont plus coûteux et moins faciles à réaliser que le test Élisa. Il existe également des tests dits de deuxième génération (plus performants) ainsi que les tests antigéniques et les tests PCR (*voir ces termes en fin d'ouvrage*).

abondamment, le mutisme recouvre pourtant l'expérience individuelle. Les collaborateurs atteints par le virus préviennent à mots couverts puis s'anéantissent dans le silence.

Jean-Louis est mon ami. Il m'avait choisi pour recevoir la terrible révélation. Jean-Louis a quarante-huit ans et il s'adressait à moi dans l'attente d'une véritable réaction : je devenais l'objet d'un test – l'autre test – un test grave : mes réponses, traduites par Jean-Louis, indiqueraient l'étendue du mal, la condamnation ou la possibilité d'une rémission, voire la perspective d'un combat et son succès. Mes paroles impliquaient une totale responsabilité. Minimiser le choc des résultats de l'analyse, c'était interdire la confiance et rejeter Jean-Louis dans la solitude (dans le moins tragique des cas, il était asymptomatique * mais, porteur du virus, il vivrait dans l'angoisse d'une évolution possible de l'infection). Montrer mon désarroi, c'était confirmer ses premières peurs et me faire l'écho d'un fatalisme dangereux. Nous avions le même âge et la même histoire. Il attendait de moi la sollicitude qui permet le dialogue – et plus tard le plus difficile des dialogues lorsqu'il faudra parler de la mort – et l'objectivité qui réconforte parce que les paroles prennent un véritable sens.

« Tu t'en doutais depuis quelque temps?

– Oui, je l'ai toujours deviné. J'y pense depuis six ans. Je ne voulais pas savoir. »

Dans les premiers jours où nous prîmes l'habitude de déjeuner ensemble – il y avait trois mois qu'il avait été embauché – il avait glissé dans la conversation qu'il venait de traverser une année particulièrement pénible :

« J'ai dû quitter mon ancien emploi pour m'occuper d'un ami qui est mort de cette putain de maladie! »

Il m'avait raconté comment, entre de courts séjours de plus en plus rapprochés à l'hôpital, il avait vécu près de cet homme, assistant à la perte progressive de sa résistance

---

* Asymptomatique : sans aucun signe ou symptôme de maladie. Un séropositif asymptomatique est un séropositif qui ne présente aucun signe clinique de l'infection par le HIV. Il peut néanmoins transmettre le virus et il est susceptible dans les mois ou les années à venir de développer une forme mineure ou majeure de la maladie.

physique. Il n'avait pas insisté, escamotant la réalité sordide des derniers mois. Il y a six ans, les médecins n'avaient pas le recours de l'AZT *. La maladie était impitoyable. Perdu dans ses souvenirs, il avait prononcé cette phrase qui m'avait longtemps hanté : « Vers la fin, il n'avait que la peau et les os; pour atténuer ses souffrances, je le couchais sur trois vieux édredons en duvet d'oie. »

Ce que me racontait Jean-Louis m'impressionna mais resta néanmoins dans l'éloignement protecteur de la fiction. Nous n'avions plus reparlé de son ami mort, un pianiste déjà célèbre dont les journaux avaient brièvement annoncé le décès, sans en préciser les causes. Je m'étais simplement étonné : « Ah! Tu connaissais Charles V.? Il était homosexuel? » Je n'avais pas fait de plus amples investigations et à l'encontre des probabilités, je n'avais pas songé un seul instant que Jean-Louis avait eu des relations sexuelles avec Charles V. Beaucoup d'homosexuels ont des amis fidèles avec lesquels ils partagent tendresse et affection mais évitent le sexe. Ce sont de ceux-là qu'ils parlent le plus volontiers et avec Jean-Louis nous abordions rarement les confidences sur la vie privée, et jamais nous ne nous racontions nos aventures, rares sinon inexistantes dans cette période de notre vie.

Le temps de l'angoisse

Deux ans plus tard, quand les médias alertèrent le grand public et que pour nous la maladie devint concrètement mortelle, je me souvins des confidences de Jean-Louis et compris pourquoi il avait demandé un poste dans notre journal alors qu'il pouvait prétendre à une situation plus lucrative ailleurs.

* AZT (Azido-thymidine) : il s'agit à l'heure actuelle de l'antiviral le plus efficace face au virus du sida. Il retarde le développement de la maladie et a permis d'en faire reculer la mortalité. Il présente cependant de nombreux effets secondaires. Depuis le IVᵉ Congrès international sur le sida de Stockholm, l'AZT a pour nom ZDV ou ZiDoVudine. Rétrovir est le nom commercial de ce médicament.

Jean-Louis avait pressenti qu'un jour ou l'autre, il affronterait mieux l'épreuve dans un lieu amical et informé. Je m'étais mis à l'écouter différemment. Il disait souvent : « Je n'aime plus sortir. Je reste chez moi. J'écoute de la musique et je regarde la télé. »

Je savais peu de choses de Jean-Louis. Il habitait dans un petit studio du XIXᵉ arrondissement, venait au journal, retournait chez lui. Il ne m'avait jamais invité. Mon seul ami au journal m'intimidait. Sans en comprendre les raisons, je m'abstenais de toute question personnelle. Il allait régulièrement dans un club de gymnastique et, le dimanche, s'adonnait, en solitaire, aux longues balades à vélo. Je m'étais habitué à l'idée qu'il vivait seul et pensais qu'il ne tenait pas à me confier sa vie privée. Nous n'étions plus des enfants et, dès le départ, notre amitié fut empreinte d'une étrange pudeur qui ne correspondait pas à l'ambiance très libre du journal. Puis Jean-Louis reparla de son ami Charles. Chaque fois que des gens célèbres mouraient, Jean-Louis me citait des paroles de Charles V., décrivait maintenant le supplice moral et physique des derniers jours. L'idée qu'il fut contaminé par son ami germa en moi. Je n'osais plus aborder le sujet. Nous y fûmes pourtant confrontés de façon violente. Deux garçons qui travaillaient avec nous moururent du sida. Le premier se traînait misérablement et affirmait qu'il souffrait des intestins mais que « ça passerait ». Quand nous le décidâmes à consulter un médecin, tout alla très vite. Il entra à l'hôpital et deux mois plus tard mourait, seul, ses parents se refusant à l'assister. Une femme qu'il avait connue et qui l'aimait s'occupa de l'enterrement avec l'ami qui partageait sa vie.

Guy avait aimé une femme plus âgée que lui; il l'avait quittée pour un garçon plus jeune. Les deux amours de Guy se retrouvèrent près de son lit d'hôpital. Ils ne crurent pas en une mort si rapide. Guy s'est laissé mourir : il ne pouvait ni comprendre ni admettre, et sa révolte fut silencieuse. Guy avait trente ans. Manuel, un de nos photographes, ne nous avait rien dit. Il quitta brusquement Paris pour retourner au Brésil. Six mois plus tard, nous comprîmes qu'il était allé, là-bas, mourir dans sa famille.

25

Jean-Louis exprimait son admiration pour ces hommes qui n'avaient pas gémi, ni tenté de s'accrocher à la vie. Je n'acquiesçais pas. Ce silence, ce fatalisme m'épouvantaient. Une enquête à l'hôpital de La Salpêtrière (60 % des malades suivis ont accepté de répondre au questionnaire) révèle qu'un malade sur deux n'avait parlé strictement avec personne de ce qui lui arrivait. Ni conjoint, ni parent, ni collègue, personne. La même enquête dévoile que lorsque la maladie s'aggrave et pose des problèmes urgents de communication, un malade sur trois se tait encore et s'enferme dans une angoisse dont il est difficile d'imaginer l'épouvantable solitude.

Désormais je comprends mieux les soudains besoins de paroles qui s'emparaient de Jean-Louis. A propos de Manuel qui disparut à vingt-huit ans, il me prit à partie : « Nous, au moins, nous avons un passé. Nous avons vécu le meilleur. Rien d'exceptionnel ne peut nous arriver. Nous ne servons plus à grand-chose! »

Je me récriai, je clamai que la vie était toujours valable, que chaque âge a ses joies, qu'à quarante-huit ans l'avenir est encore bien alléchant et j'arguai que j'avais le sentiment de mieux saisir l'instant qui passe.

« C'est ce que je veux dire, répliqua-t-il, nous ne sommes plus dans l'attente du futur et personne n'a besoin de nous. Mais ces filles, ces garçons qui ont vingt, vingt-cinq ans... ils ont tout construit sur l'avenir. Te rends-tu compte de la catastrophe d'être condamné, sans raison, à cet outrage : jusque-là rien n'a eu lieu de ce que l'on espérait et rien n'aura jamais lieu? »

Nous avions ainsi des échanges brefs, puis Jean-Louis s'absentait dans ses souvenirs. Je respectais son silence parce que déjà je me doutais de l'inquiétude qui le taraudait. Jean-Louis craignait la maladie, en dépit de sa bonne forme qu'il soulignait : « Je me couche de bonne heure, je ne fume plus et je ne mange pas n'importe quoi... Tu devrais veiller sur toi, ajoutait-il en riant, nous ne sommes plus jeunes! »

Dans un mois, dans un an...

Aujourd'hui, je peux dire que Jean-Louis changeait. Imperceptiblement pour quelqu'un qui n'avait aucune raison de l'observer. Mais pour moi qui restais de longs moments en face de lui, j'avais reconnu le regard « distrait » que, désormais, je me souvenais avoir repéré chez ceux que la maladie approchait. Un regard qui se vide, comme alerté de l'intérieur, un regard qui aurait tant à déceler « au-dedans » qu'il devenait superflu de perdre une quelconque parcelle d'énergie à interroger le « dehors ». Je l'avoue, dans ces moments de grand silence, j'avais pensé – ou plutôt cette pensée avait surgi, obsédante – j'avais pensé : « Jean-Louis a le sida! » La phrase s'était inscrite en moi et j'avais affronté le mot, comme si le terme si souvent banni pouvait conjurer le mauvais sort. Et Jean-Louis était ici, debout devant mon bureau : « Il a bien fallu que je finisse par le savoir! »

Quatre mois auparavant, je lui avais confié que je m'étais décidé à subir le test. Il était négatif. J'avais surpris une lueur de colère dans ses yeux : « A quoi bon le savoir, m'avait-il rétorqué. Si tu avais appris que tu es séropositif, qu'aurais-tu fait? A part la panique qui ne te quitterait plus? »

J'invoquais le devoir envers l'autre, celui ou celle que nous aimons. Il ne m'écoutait plus. Je ne devais pas parler de cette part secrète de ma vie. Entre Jean-Louis et moi, il n'était pas question de cet « autre » qui pouvait m'aimer. C'était une offense à sa solitude consentie. J'en saisissais toute la signification, ce jour-là, quand je cherchais désespérément les phrases qui permettraient que demain, et tous les autres jours, le dialogue, l'amitié, la communication la plus totale soient encore possibles.

Ce premier contact avec « sa » maladie ne fut en rien tragique. Je voulais me lever et l'embrasser. Je restai assis, comme d'habitude. La maladie ne se déclenche pas toujours et un tiers des séropositifs ne développeront jamais un sida. De nombreuses personnes ne sauront jamais qu'ils sont por-

27

teurs du virus. Dans tous les cas, aujourd'hui, la maladie est lente et progressive. Pour celui qui est infecté, la maladie n'est pas spectaculaire. Son approche psychologique, en revanche, est traumatisante. Parler, dire sont les premiers remèdes au mal. Et Jean-Louis désirait se confier. Le rôle de l'amitié se bornait à cette attitude si simple : l'écouter.

Lorsque Jean-Louis est apparu dans mon bureau ce matin-là, il pouvait prononcer la phrase fatidique. Sans nous être jamais consultés sur cette éventualité, nous étions prêts. Il s'en doutait depuis six ans, j'y pensais depuis plusieurs mois. Nous étions un mercredi, le mercredi 14 octobre 1987, comme il me l'a si souvent rappelé. Le lundi de cette même semaine, il avait soulevé les manches de sa chemise et m'avait montré ses avant-bras couverts de bleus :

« Regarde le désastre! Et ce n'est qu'un aperçu! Mes bras, mes épaules, mon buste sont entièrement bleus!

– Tu es tombé de bicyclette?

– Pas du tout! J'ai simplement descendu des caisses de livres à la cave... »

Vivre au jour le jour

Il m'avait demandé le numéro de téléphone de mon médecin. Le docteur D. le reçut immédiatement. Deux heures plus tard, Jean-Louis revenait. Tout alla très vite. Sur le chemin du retour, il s'était arrêté au laboratoire prévenu par le médecin. Il aurait les résultats du test en urgence. Le mardi, en fin de matinée, il savait : le docteur D. l'envoyait à l'hôpital S... *.

Le professeur G. l'examina personnellement et demanda une analyse de sang plus approfondie. Il ne m'avait rien dit jusque-là, sinon que le docteur D. paraissait très compétent et particulièrement « humain ». Le mercredi très tôt, il appela le médecin qui était resté en contact avec l'hôpital. Lorsqu'il

---

* Nous avons respecté l'anonymat des personnes intervenant dans notre ouvrage. Seuls apparaissent les noms des personnalités dont les discours sont diffusés par les médias.

comprit que son système immunitaire * commençait à s'altérer, il entra dans mon bureau pour me prévenir : « Le docteur D. m'a fait part de ses inquiétudes dès cette première visite. Il m'a d'abord posé des questions sur ma vie personnelle. Je lui ai parlé de Charles, bien sûr. Je lui ai dit également que je vivais seul, que pour toute famille je n'avais plus que ma mère, déjà très âgée. Je ne voulais pas être épargné. Il ne m'a pas caché ce que je supposais. »

Les jours qui suivirent, il revint consulter le professeur, qui se montra optimiste. Jean-Louis était robuste et lucide. Il allait coopérer. On ne parlerait pas de guérison mais, à l'heure actuelle, on pouvait stopper le processus. Le professeur G. et son assistante parurent soulagés d'apprendre que Jean-Louis n'aurait aucun problème côté travail. Il était dans les meilleures conditions pour supporter et tirer le plus grand profit du traitement à l'AZT.

« Voilà, je suis en plein dedans. Pourtant je me sens très bien. Grâce à D., je suis tombé sur une excellente équipe à l'hôpital. Tant que je vivrai comme par le passé, ça ira. Si les choses se compliquent, j'aviserai... »

Jean-Louis me dispensait de trop m'interroger sur mon comportement à son égard. Il m'indiquait la ligne à suivre. Nous parlerions de son traitement, jour après jour. Il me raconterait ses visites à l'hôpital, les contraintes de l'AZT qu'il faut absorber à heures régulières sans interruption. La nuit, il doit se réveiller toutes les quatre heures : « C'est une question d'organisation », dit-il. Le médicament le fatigue et il a des moments de découragement. Mais le taux des plaquettes ** remonte, se stabilise. Quand les nausées sont trop fréquentes, il interrompt le traitement quelques jours.

* Système immunitaire : dispositf de défense de l'organisme contre l'intrusion de tout micro-organisme. Il est constitué d'une multitude de cellules, dont les lymphocytes T4 et les macrophages, les principales cibles du HIV. En détruisant ces cellules, le virus du sida affaiblit le système immunitaire qui devient alors incapable d'assumer son rôle de défense. L'organisme devient la proie de multiples infections et dérèglements tumoraux.
** Plaquettes : cellules sanguines jouant un rôle dans le processus de la coagulation du sang. Au cours de l'infection à HIV, le taux de plaquettes peut baisser, provoquant ce qu'on appelle une trombopénie qui entraîne parfois des manifestations hémorragiques.

Parfois je le trouve abattu. Je crains que les propos qu'il affiche ne soient pas toujours l'expression véritable de ses sentiments. Je me plains de mes petits malheurs sans tenir compte de leur dérision. Il n'est pas dupe mais il m'est reconnaissant de ne rien changer à mes lamentations habituelles. Il ne s'intéresse à rien d'autre qu'à son état, qu'il me commente chaque matin. Je lui dis ma fatigue et mes soucis. Ses seules et nouvelles distractions m'étonnent : il a renoué des liens avec des parents qu'il n'avait jamais fréquentés. Je lui découvre des tantes et des oncles qui habitent la région parisienne. Il parle aussi davantage de son enfance. Un de ses vieux oncles est mort récemment. Il est allé à l'enterrement. Au retour, il me dit en riant : « J'ai assisté à *ma* générale ! » J'ai compris qu'il pensait à la mort. Je lui parle donc de la mort, du temps qui passe et de ma lassitude. J'envisage d'introduire le mot sida dans nos conversations. Jusqu'à ce jour il ne l'a pas prononcé.

2

QUAND L'UNIVERS BASCULE

Jean-Louis appartient au groupe le plus exposé à la maladie. Il avait trente ans dans les années où la société se libérait des tabous sexuels. Dans les années 70, le sexe devait se vivre intensément et, quels que soient ses propres goûts, la frénésie collective incitait à l'échange des partenaires et à la multiplication des rencontres. Et le virus se transmettait dans l'ignorance absolue de son existence.

Jean-Louis est homosexuel, célibataire. Très tôt, il a quitté la province pour s'installer à Paris dans l'anonymat et la promiscuité. Plus qu'accéder à ses véritables désirs, il s'est conformé à l'air du temps. Apprendre qu'il est atteint est un choc, certes, mais depuis six ans, une partie de son être s'y préparait. Il sait exactement ce que le mot sida signifie. Séropositif, il présente peu de symptômes : une légère fatigue et des ganglions. A ce stade, l'immuno-déficience * est minime, parfois absente. Si le passage à la maladie n'est pas obligatoire, bien que plus fréquent que chez les asymptomatiques, son évolution, éventuelle et variable selon les individus, est toujours progressive. Il est prêt à se battre. Il concentre toute son énergie sur le traitement. Depuis six ans, il s'inquiétait. Devant l'évidence, il trouve en lui des forces insoupçonnées. Il a

* Déficit immunitaire : on dit qu'il y a déficit immunitaire, ou immuno-déficience, quand le système immunitaire n'est plus en mesure d'assurer son rôle de défense de l'organisme.
Le virus du sida provoque un déficit immunitaire.

31

quarante-huit ans et son fatalisme fait office de courage. Dans une vie solitaire où commençaient à poindre les questions insidieuses sur le sens de la vie et le désert du vieillissement, lutter pour retrouver son intégrité physique devient un but tangible qui dispense des lamentations usuelles. Jean-Louis continue à travailler. Il remarque peu de changements en lui. Son état et ses servitudes le libèrent des obligations oiseuses : il a des raisons impératives de s'écarter du bavardage de la vie et des contraintes sociales qui depuis longtemps l'ennuyaient. Mais, de Jean-Louis, je ne saurai pas l'angoisse nocturne, les heures difficiles, ce rapport nouveau qu'il entretient avec la mort, un rapport impossible à envisager de l'extérieur. Le malade soigné a le sentiment de la santé retrouvée mais le mot guérison lui échappe. Il doit vivre sa mort éventuelle au moment où son corps ne signale encore que l'exaltation de la vie.

Muriel ou la consternation

Les femmes et les hommes brusquement plongés dans la maladie sont rares. Les médias informent et jusqu'à présent (mais fin 1988 on s'inquiète d'une contamination incontrôlée), les gens infectés par le virus appartenaient à ce que l'on appelle les groupes à risques, des groupes étiquetés déviants. Ces micro-sociétés génèrent leur propre information. On y côtoie des malades. L'apprentissage et la connaissance évoluent en même temps que la maladie. Il y a une autre réalité, peu connue parce que cachée. Des hommes et des femmes, dont le mode de vie se situe très loin des marges de la société où le sida s'est d'abord fait connaître, se sentent tout à coup épuisés, n'expliquent pas les nausées qui les tourmentent et se réveillent la nuit inondés de sueur. Ils ne supposent pas une seconde qu'ils puissent être infectés par le virus. Quand ils l'apprennent – et, à ce moment-là, la maladie est très brutalement nommée – la terreur dépasse les ressources de la compréhension. Le sida était jusque-là une histoire obscure qui n'arrive qu'aux autres.

Nous ne comprendrions rien à l'aspect catastrophique du sida dans nos sociétés si nous éludions une évidence : le sida a d'abord ravagé des hommes, puis des femmes, exclus des structures familiales, des individus qui, très jeunes, ont refusé les conventions sociales. Exception faite des transfusés, des hémophiles et des enfants nés de mères séropositives, ignorantes de leur état, la population atteinte en premier a développé la maladie dans des espaces géographiques et sociaux séparés de la vie ordinaire. Homosexualité masculine-sida, drogue-sida restent des entités collectives, identifiables comme groupes divergents mais en quelque sorte légendaires, inaccessibles, mystérieux.

Pour se sentir exposé personnellement, il faut que la maladie ait visage humain, il faut connaître des gens concernés autour de soi. Hors cette approche physique, la maladie reste nébuleuse, obsédante sans doute mais comme le sont les guerres ou les actes de terrorisme : lourds de sens mais vidés d'un danger précis et personnel.

L'histoire de Muriel, insoutenable certes, est exemplaire. Muriel a trente-six ans. Elle vit à Bordeaux. Existence paisible, un peu terne, de jeune bourgeoise mariée. Muriel ne travaille pas. Son mari gagne très bien leur vie. Cadre dans une société florissante de produits pharmaceutiques, il appartient à cette catégorie d'hommes qui trouvent leur équilibre dans la réussite professionnelle et la soumission méthodique aux règles de vie du milieu social où ils ont pris place. Richard et Muriel ont deux enfants : un garçon de douze ans, une fille de neuf. Muriel est enceinte de quatre mois.

Depuis plusieurs semaines, Muriel éprouve une très grande fatigue, transpire abondamment, se sent très abattue et sans appétit. Elle croit ses malaises liés à sa grossesse. Son état empire, le médecin s'inquiète et lui conseille vivement une série d'examens. Les résultats des analyses jusque-là classiques n'indiquent rien de particulier mais le directeur du laboratoire suggère — cela n'engage à rien! — un examen de sang spécifique. Muriel ne comprend pas. Le sérodiagnostic du virus HIV * s'avère positif et une analyse très détaillée est alarmante. Muriel est séropositive, à un stade avancé d'immuno-dépression. Muriel, affolée, entend des mots qu'elle ne connaît pas, des mots souvent commentés à la télévision mais auxquels elle n'a pas prêté attention, subjuguée par le discours des médecins interviewés et surtout fascinée par les malades interrogés, des gens d'un autre monde. Brusquement, Muriel affronte autre chose que la maladie. Le sida – et c'est en cela que, bien moins mortelle que beaucoup d'autres, cette maladie nous écarte de toute référence à une expérience similaire – le sida rappelle que la société n'est pas uniquement constituée d'êtres humains mais qu'un virus peut s'immiscer dans les relations humaines, les compliquer, les déranger et parfois provoquer des ruptures définitives dans le tissu social, bouleversant à tout jamais l'ordre où notre existence s'était enracinée.

La solitude

Muriel allait traverser sans préparation le fossé qui sépare les populations marginales, ou considérées comme telles, et la population générale au sein de laquelle elle avait toujours vécu. Dans le tourbillon des visites médicales, Muriel ne mesure pas exactement ce qui lui arrive. Ramenée à son corps, elle ne s'interroge pas, oublie ses enfants, son mari. Lorsque le diagnostic s'avère irrévocable, son médecin prend le temps d'une longue conversation. Les soupçons se portent sur le mari qui voyage beaucoup pour sa profession. Ne va-t-il pas souvent aux États-Unis? N'aurait-il pas eu de rapports sexuels avec une prostituée? Le médecin de famille propose de recevoir Richard. Mais Muriel lui dévoile un doute. Elle a trompé son mari, une fois seulement, il y a bien deux ans aujourd'hui. Elle n'en a jamais parlé à per-

* HIV (Human Immunodeficiency Virus) : sigle désignant le virus du sida (en français VIH, Virus de l'Immunodéficience Humaine). Adopté en 1986, ce sigle remplace l'appellation française LAV et américaine HTLV III qui étaient alors utilisées. A ce jour, deux virus HIV ont été mis en évidence. On parle donc du HIV 1 et du HIV 2.

sonne. Muriel a des relations, pas d'amies. Cette aventure si vivace pourtant dans sa mémoire, elle a cru l'oublier. Elle raconte : « C'était si anodin ! Rien de comparable aux liaisons multiples ou durables des femmes de notre milieu. Peut-on seulement donner à cet égarement le nom d'adultère ? »

Consciente désormais de l'injustice qui s'abat sur elle, Muriel n'a plus qu'une obsession, parler à son mari. Dans l'espoir peut-être qu'il dénouera le drame en lui confiant à son tour qu'il n'est pas si sûr de son passé. La question lancinante qui la harcèle à chaque instant est de savoir qui a contaminé l'autre, car elle est persuadée – si elle a bien compris les médecins – que son mari est séropositif. S'avoue-t-elle qu'elle l'espère ? Entrevoit-elle déjà la tragédie sans issue que déclencherait la certitude qu'elle seule est atteinte par le virus ?

Les enfants sont couchés. Muriel éteint la télévision. Son mari, étonné par son comportement, manifeste un mouvement d'humeur.

« Richard, j'ai des choses très graves à t'apprendre. Les examens médicaux que je viens de subir n'ont rien à voir avec ma grossesse. C'est très important, j'ai une grave maladie...

– Qu'est-ce que tu racontes ? Allons tu exagères !

– Je t'assure. Il faut que tu m'écoutes patiemment.

– Tu n'as pas un cancer ?

– Non, hélas, c'est pire que ça, une maladie impossible à guérir.

– Écoute, Muriel, tu plaisantes, tu veux me dire que tu es inquiète, cela arrive quand on attend un enfant.

– Je t'en supplie, je ne t'ennuie pas souvent pour qu'une fois tu me prêtes attention.

– Mais enfin, de quoi s'agit-il, une maladie incurable, ça n'existe pas !

– Si ça existe, ça existe, tu le sais bien. Une maladie dont on parle beaucoup, dont on nous rebat les oreilles, une maladie...

– Muriel, Muriel, soyons sérieux, tu ne veux pas dire que tu as...

– Oui, j'ai...

– Mais c'est impossible, toi, nous, ici! Tes toubibs sont fous, je vais téléphoner à Olivier, il est médecin lui aussi et il va immédiatement remettre les choses en place.

– Toutes les vérifications sont faites, toutes les précautions ont été prises, je l'ai, oui je l'ai! »

Richard argumente : sa femme n'est pas une droguée, sa femme n'a pas eu de transfusion sanguine :

« Tu ne vas pas me dire qu'une vulgaire prise de sang a pu...

– Sois raisonnable, tu sais très bien comment on l'attrape, non? »

Richard ne comprend pas. Il ne lui vient pas une seule fois à l'esprit qu'il pourrait, lui-même, être porteur du virus :

« Tu deviens folle! Alors, moi, les enfants, nous sommes tous dans la même galère?

– Pas les enfants, ne sois pas stupide, mais toi...

– Moi, comment ça moi?

– Toi qui peux m'avoir contaminée, moi qui peux t'avoir...

– Toi, mais comment? Par qui? »

Muriel n'avoue pas ses doutes qui, à mesure que les heures s'écoulent, se confirment dans son esprit. Son mari concède quelques incartades, une secrétaire pendant quelques mois, la femme d'un collègue lors d'une croisière de promotion, mais des femmes qu'il connaissait, des femmes respectables, saines... Enfin jamais d'inconnues et les prostituées, même de luxe, il n'en est pas encore là!

« Un pédé peut-être, tant que tu y es? »

Elle ne rit pas. Elle constate – et se surprend à ne pas en être affectée – que, pas une seconde, son mari ne lui a témoigné la moindre compassion. Mais peut-il se rendre compte? Elle a le sentiment que leur dialogue est irréel, qu'il fonctionne mécaniquement, loin en dehors d'eux et qu'elle est seule, abominablement seule. Au bout de la nuit, elle n'a rien dit de Kevin – oui il s'appelait Kevin. Richard accepte enfin d'aller voir leur médecin.

Le test de l'amour

Le test subi par Richard est négatif. Muriel décide de s'expliquer mais son mari s'entête. Ils iront à Paris. Olivier lui a parlé du professeur R., à la Salpêtrière. Olivier l'a connu à la fac de médecine. Il obtient un rendez-vous. Richard prévient Muriel. Ils diront qu'ils ont décidé de prendre quelques vacances. Ils confieront les enfants aux grands-parents. Personne ne doit être au courant. « N'en parle surtout pas à ta mère! » Le professeur R. est un spécialiste. Richard et Muriel l'ont souvent vu à la télé. Il explique calmement ce que sont la maladie, les modes de transmission, le développement de la maladie, les moyens thérapeutiques actuels. L'AZT, qui est un inhibiteur de la croissance du virus, empêche l'évolutivité virale mais, hélas, ne débarrasse pas l'organisme du virus. On recommence les prises de sang, on interprète les analyses : « Vous, Monsieur, vous êtes séronégatif, vous Madame, vous êtes infectée par le virus et vous êtes en train de développer un ARC *. Il faut absolument que vous avortiez. Votre enfant a trop de raisons d'être séropositif et vous ne pouvez pas vous permettre cette éventualité. »

Richard n'a pas un mot pour sa femme. A-t-il bien saisi qu'elle est malade, qu'elle sombre dans le désespoir? Il se réveille enfin mais pour crier au professeur :

« Alors c'est elle! »

Et se tournant vers Muriel :

« Quel est le salaud qui t'a refilé ça? Tu as couché avec un mec, un mec pourri! »

Le professeur le retient avant qu'il ne la frappe. Il fait

---

* ARC (Aids Related Complex) : désignation américaine d'une forme intermédiaire de l'infection à HIV. Des symptômes sont apparus mais ils ne « signent » pas le sida. Il s'agit principalement de signes dits « généraux » (fièvre, sueurs, diarrhées, amaigrissement, fatigue) qui ne sont pas spécifiques de l'infection à HIV. Le terme français qui correspond à ce stade de l'infection à HIV est SAS (Syndrome Associé au Sida).

sortir Muriel et s'enferme avec le mari. Muriel l'entend hurler :

« Mais moi je n'ai rien fait, professeur, rien, moi je veux garder mon enfant!

— Elle non plus n'a rien fait, Monsieur, absolument rien. Vous n'êtes coupable ni l'un ni l'autre... »

Muriel titube dans les couloirs, regagne la sortie et hèle un taxi. Muriel s'enfuit.

La maladie des autres

Muriel fouille dans son sac, en extirpe son carnet d'adresses. Elle ne lui avait jamais téléphoné mais elle retrouve une adresse qu'il lui avait griffonnée sur son paquet de cigarettes. Elle indique la rue au chauffeur.

Une fois de plus, Richard était parti pour un congrès, à Madrid cette fois-là. Elle n'avait pas eu envie de l'accompagner. Les enfants étaient en vacances chez leurs grands-parents paternels. Elle s'offrait quelques jours de solitude. C'est au vernissage de ses toiles, à la galerie Point Neuf, qu'elle l'avait rencontré. Elle avait aimé ses tableaux, elle le lui avait dit. Il l'avait invitée à dîner et elle avait accepté, comme si une autre femme agissait à sa place. Il était jeune, enthousiaste, un peu étrange mais si différent de Richard. Elle s'offrait des vacances. Une parenthèse. Il ne serait pas dit qu'elle n'aurait joui qu'avec un seul homme. Dans la chambre d'hôtel où il l'avait conduite, il lui avait paru bizarre mais c'était un Parisien, un artiste. Ils avaient fumé un joint. Elle ne lui dit pas que c'était la première fois. Il souriait : « Toi, disait-il, tu ne t'es jamais droguée et tu n'as pas dû souvent tromper ton mari! »

Elle ne répondit pas. Elle se souvient d'un homme tendre, calme dans la volupté, attentif à son plaisir. Un homme doux, un peu secret. Ce serait un souvenir, bien à elle. Elle l'avait quitté dans la nuit. Il ne l'avait pas retenue. Le lendemain elle retourna à la galerie, elle acheta une toile, une folie, une peinture abstraite que Richard a toujours détestée. Elle savait qu'il avait pris le train le matin même.

Non, Kevin ne portait pas la mort, Kevin était beau. Elle lui parlera car elle n'imagine pas un seul instant qu'il puisse avoir disparu.

C'est un immeuble vétuste au fond d'une impasse. Les boîtes aux lettres disparates sont recouvertes de noms écrits à la main sur des bouts de papier collés. Sur l'une d'elles, deux noms se superposent : « Kevin, Bruno Pastaud ». L'escalier est silencieux. L'immeuble semble inhabité. Quatre portes donnent sur chaque étage. Elle lit les noms sur les portes mais plusieurs d'entre elles sont sans indication. Au troisième, elle reconnaît, punaisée sur une porte peinte en rouge, une reproduction sur carte postale de l'un des tableaux de Kevin. Elle entend un bruit de vaisselle. Un homme lui ouvre qu'elle croit reconnaître. N'est-ce pas l'ami qu'il lui avait présenté au vernissage? Elle explique, il se souvient vaguement. Il lui parle à voix basse : « Il dort, il s'est assoupi. Je ne veux pas le réveiller. »

Elle pénètre dans la pièce qui ouvre directement sur le palier. Au fond, quelqu'un se soulève du divan. Un homme amaigri, le teint terreux, les yeux enfoncés dans les orbites. C'est donc Kevin. « Un cadavre! » pense-t-elle.

« Vous ne vous souvenez pas de moi? Bordeaux, il y a deux ans? » Il se souvient, il se souvient de tout. Il a toutes ses journées pour se souvenir. La nuit, il se réveille en sursaut et il les revoit : tous les hommes qu'il a aimés, les femmes avec qui il a fait l'amour. Il se lève, titube, s'appuie sur le dossier de la chaise et s'immobilise fixant le point où il doit se rendre. Il s'approche d'elle, touche son bras de sa main exsangue. Que vient-elle faire ici?

« Vous êtes Muriel, la petite bourgeoise gentille de l'expo... Regardez ce que je suis devenu! »

L'ami propose du thé. Non, elle ne veut rien.

« Kevin, moi aussi... Et, très vite, elle ajoute... Je ne vous en veux pas, ce n'est pas de votre faute! »

Ils peuvent parler, désormais. Ils parlent de ce qui les lie bien davantage que ces quelques heures dans un hôtel de Bordeaux. Il dit qu'il va mourir, qu'il n'en peut plus des séjours à l'hôpital, qu'il n'en peut plus d'attendre. Elle dit qu'elle veut en finir aussi, qu'elle ne peut pas rester près de

39

ses enfants, qu'elle doit quitter son mari. L'ami la rassure. Elle n'est pas malade, séropositive, voilà tout. Elle doit prendre quelques précautions, prendre soin d'elle :

« Mais comment voulez-vous que je fasse l'amour avec mon mari? Il me hait. Il ne comprend rien. Il est fou de rage!

— Fou de douleur? Mais pendant deux ans vous avez fait l'amour avec lui?

— Mais maintenant que je sais! »

L'ami la raccompagne jusqu'à la station de taxi. On leur a coupé le téléphone. Ils n'ont plus d'argent. Elle ouvre son sac, sort son carnet de chèques.

« Non, ce n'est pas la peine. Kevin n'en a plus pour très longtemps. Ne vous inquiétez pas, je m'occupe de lui. Sa mère arrive de New York demain. Et l'ami la regarde : je vivais déjà avec lui quand il a couché avec vous.

— Je ne me le suis jamais avoué mais j'avais deviné qu'il préférait les hommes. Une intuition pendant qu'il me caressait. Peut-être que c'est pour cette raison qu'il m'a plu tout de suite... Vous m'en avez voulu?

— Oh, non, je n'ai jamais été jaloux des femmes! Il couchait avec beaucoup de gens. Il se droguait aussi. Il se piquait. Désormais, ce qui me faisait souffrir a tellement peu d'importance. Je regrette simplement de l'avoir embêté avec tout ça. Si vous saviez comme ça paraît dérisoire, si dérisoire... »

Le taxi démarre. Muriel donne l'adresse de l'hôtel. Il faut que Richard comprenne, lui aussi.

3

UNE RÉVOLTE SANS TÉMOINS

Je rédige ce chapitre le soir même (samedi 20 août 1988; il est 23 heures) où un ami me téléphone la mort de Jean-Paul Aron. J'évoque sa confession dans *Le Nouvel Observateur* et l'émission de télévision * au cours de laquelle il a confié tout à la fois son sida et son homosexualité. Il a été la première personnalité française à parler publiquement de sa maladie et du lien entre ses pratiques sexuelles et la contamination. Jean-Paul Aron a eu le courage d'affronter sa mort et le souci de vérité. Il possédait les mots pour le dire.

Mais pour un Jean-Paul Aron qui défie la solitude de la maladie, combien sont-ils qui s'enferment dans le silence, faute de pouvoir trouver un interlocuteur attentif, faute aussi d'avoir les moyens physiques et intellectuels de surmonter le sentiment d'injustice et de fatalité qui les anéantit, faute sans doute d'être prêts à se dégager d'une culpabilité sournoise mais active?

Jean-Paul Aron affirmait le vide. Il n'aurait recours ni à la religion ni à un quelconque stoïcisme et, de la médecine, il n'osait pas trop souligner les limites et les erreurs, par respect de ceux, malades comme lui, qui trouvaient consolation dans l'espoir.

Nous avons grandi dans une civilisation scientifique. La médecine et ses prouesses toujours plus spectaculaires nous

---

* Jean-Paul Aron a publié « Mon sida » dans *Le Nouvel Observateur* du 30 octobre 1987. Il a renouvelé son « aveu » sur Antenne 2, le 21 juin 1988.

ont écartés du soutien de la religion. La mort est honteuse et nous l'escamotons. Vivre le plus vieux possible dans un état de jeunesse prolongée est devenu l'idéal accessible. Le sida renverse les nouvelles idoles. « Découvrir que le médecin n'est pas un dieu fait souffrir, écrivait déjà Guido Ceronetti en 1979 *, car nous ne parvenons pas à abandonner l'idée d'un dieu guérisseur au-dessus de nous. » La maladie n'apprend plus à l'homme à devenir supérieur à ses souffrances. Croire qu'un dieu est cause de notre décomposition ne change rien à la réalité de la souffrance mais suggère à l'homme une attitude sublime qui apaise la révolte. Le malade du sida est plus que quiconque livré à l'absurde et au néant. Il ne lui est même pas permis ce dernier sursaut de dignité : appartenir à la cohorte des « grands malades », les malades qui peuvent dire leur mal, s'enorgueillir de la douleur parmi des bien portants qui participent à la même horreur. Le sidéen ne reçoit pas l'écho de la sympathie générale, sympathie dont l'origine est égocentrique certes : nous tous, aujourd'hui en bonne santé, demain connaîtrons les mêmes maux. Non, le sidéen n'entend pas ses frères parce qu'ils se taisent et s'éloignent. Il est privé du réconfort le plus ordinaire : se grandir par la souffrance et susciter la compassion.

L'injuste condamnation

Contaminés par le virus (et les séropositifs porteurs sains subissent un ostracisme plus redoutable!), nous sommes doublement condamnés : interdiction d'aimer, interdiction de communiquer. « Oui, je savais que d'avoir plusieurs partenaires, c'était risqué, raconte Arnault G., je savais que je me shootais avec des mecs qui étaient atteints... Quand j'ai appris que j'étais séropositif, j'ai chialé. J'étais tout seul dans ma péniche, à Carcassonne, un bled où je connaissais personne. Il faisait moins quinze degrés, le bateau était pris dans les glaces, j'avais pas de chauffage, c'était l'enfer! Je

* *Le Silence du corps* de Guido Ceronetti, Le Livre de Poche/Biblio-Essais n° 4089.

déconne pas, ça pue son roman misérable, mais c'est la vérité vraie! Je l'ai appris en téléphonant d'une cabine publique. J'avais pas beaucoup de pièces. J'ai juste su que j'étais positif et on a été coupés. Mais j'ai pas rappelé... Ça servait à rien de se mettre à parler. A vingt ans c'est dur, non? J'ai craqué. En pleine nuit je suis ressorti et j'ai appelé au secours : ma mère! Oui, j'ai appelé ma mère. Elle est venue me chercher... »

Ils rentrent à Paris et la mère d'Arnault prend les choses en mains. Elle l'aime suffisamment pour parer à l'urgence et l'accompagner dans un désarroi qui tourne à la panique.

« Mais, ma mère, tu comprends, je l'avais fuie quand mon père a foutu le camp. Ma mère c'était toujours les reproches : tu n'es bon à rien, tes copains sont des incapables. J'aurais voulu qu'elle me cajole comme quand j'étais enfant mais elle a commencé par faire la loi : il ne faut en parler à personne, surtout pas à ton père, tu ne dois pas dire ce qui t'arrive... Et moi, justement c'était de ça que je voulais parler, oui raconter ma vie, essayer d'y voir clair... Et les nanas avec qui je m'étais envoyé en l'air et les amis, j'aurais voulu leur parler... Il y a cette souillure en moi... »

Le mot est lâché : « souillure ». Curieusement ce sont les hétérosexuels qui utilisent le mot. Les homosexuels se l'interdisent : il y a longtemps qu'ils se le sont interdit à propos de leur homosexualité... Arnault parlera souvent du virus. Le virus se communique d'un individu à l'autre. Le livre de sciences de Quatrième l'exprime ainsi. A la rentrée scolaire 1988, les élèves ont été avertis. La dernière partie de leur bouquin s'intitule : *Transmettre la vie*. Il se clôt sur le chapitre : « Les maladies sexuellement transmissibles » et, parmi elles, la seule mortelle : le sida. Une maladie qui vient du sexe, le même qui transmet la vie. Transmettre! Apprendre comment aimer, apprendre comment se garder de la mort. Les tout jeunes homosexuels sont davantage armés contre le poids des mots. Ils apprennent plus tôt le silence. Les jeunes hétérosexuels découvrent que le plaisir essentiel de la vie regagne la nuit suspecte des siècles passés.

Une maladie « honteuse »

Une attitude générale de révolte et l'affirmation d'une injustice auraient pu se développer dans une civilisation complètement dégagée des tabous sexuels. Il n'en est rien et déjà les degrés d'interprétation, les comportements des groupes sociaux, les interventions des gouvernements diffèrent d'un état à l'autre. Le sida est une maladie soumise à la politique et à la morale. Apprendre sa contamination par le virus HIV pose immédiatement et de façon automatique le rapport de l'individu à la société. Apprendre que l'on est atteint du sida ou savoir que l'on est séropositif est, au-delà de la prise de conscience du corps altéré, un traumatisme d'ordre psychologique et moral. Se référer aux morts occasionnées par les accidents de la route ou par d'autres maladies graves n'est d'aucune consolation. Le sida est une maladie « honteuse » dans les deux acceptions du terme. Honteuse parce qu'incurable et soumise au hasard; honteuse parce qu'interdite de parole. Devenir sidéen par une transfusion sanguine mal contrôlée, c'est être victime d'un meurtre anonyme; naître d'une mère séropositive ignorante de son état, c'est subir la fatalité; mourir du sida pour cause d'amour sexuel c'est associer le bonheur et la déchéance. La maladie n'a rien à voir avec ce que l'homme du XXe siècle croit savoir des accidents du destin. Mais en même temps, dans nos sociétés empreintes des résurgences de moralisme, parmi des individus mal dégagés de la culpabilité du plaisir, le sida dévoile le plus secret de l'être, sa quête de jouissance, ses pactes hors du monde du travail et, dans la plus grande majorité des cas, ses tentatives pour échapper aux règles traditionnelles.

Le malade qui aurait toutes les raisons de la révolte se réfugie dans le mutisme. Les grands malades éprouvent un soulagement à dire leurs souffrances, une maigre compensation certes mais le discours sur la douleur relaie la déchéance du corps. Quand on approche les malades du sida, on constate leur volonté d'escamoter plaintes et angoisses. Surgit parfois une allusion humoristique à leur mort. La compassion, même lointaine ou de commande qu'un malade « ordinaire » espère des autres, le sidéen la refuse. Il la redoute de crainte de ne pas l'obtenir, il la repousse convaincu qu'il ne la mérite pas. Quelles que soient l'intelligence et l'affection de ceux qui l'entourent, il perçoit un mouvement involontaire de retrait. Le malade du sida cache ses blessures car sa discrétion englobe l'origine probable de la contamination. Parler de la maladie ce serait parler aussi de sa vie « avant ». Sa révolte et sa peur sont enfouies. Il faut beaucoup de tendresse, une attention de tous les instants et la vigilance du plus grand amour pour vaincre les résistances et entendre le véritable cri.

La maladie du silence

Le malade du sida est très vite seul, quand il ne l'est pas le premier jour. Cet isolement engendre le fatalisme : à quoi bon disperser ses forces à se faire entendre. Le corps n'exige-t-il pas d'ailleurs toute l'énergie disponible? Tributaire de ceux qui pallient le premier choc : médecins, infirmiers, philanthropes bénévoles, il ne leur demande pas d'être les témoins de son angoisse et de sa colère. Et sommes-nous sûrs que le malade atteint du sida n'accepte pas, inconsciemment peut-être, partiellement sans doute, la réprobation (feutrée en France, affichée dans certains pays) que la société et l'Église font peser sur les personnes contaminées par le virus?

Il se tait parce qu'il est seul et ceux qui pourraient le comprendre sont malades comme lui, usés par le quotidien de la survie. Et, il le sait : se réunir entre victimes pour exprimer l'angoisse c'est souligner l'aspect inéluctable du mal, lui rendre hommage, le déifier. Aucun malade ne donne autant que le sidéen l'impression d'avoir déjà traversé le miroir. Le malade atteint du sida pense à sa mort dès le début alors que son corps n'en accuse les signes que progressivement. Au dernier stade de la maladie, s'il a une totale conscience de sa déchéance physique, sa tête ne « lâche » pas encore et gémir face au néant ne lui est octroyé que dans les dernières heures. La plupart des malades, soignés à l'AZT, traversent de longues périodes de rémission pendant lesquelles leur vie, ralentie et ramenée à l'essentiel, reste néanmoins la vie de toute personne lucide. Et ne sont-ils pas davantage lucides d'avoir évalué la part des activités dérisoires? Ceux que j'ai côtoyés ne se plaignaient pas, sinon d'« inconvénients » physiques qu'ils présentaient comme d'inévitables servitudes : « J'ai du mal à me servir de mes mains : ouvrir les portes me demande un effort considérable », avouera Vincent.

Les personnes les plus proches du malade ne peuvent pas avoir avec lui une relation d'exclusivité. Le médecin, quelle que soit son « humanité » (et nous verrons combien généralistes et spécialistes prennent sur leur temps libre pour secourir moralement leurs patients), soigne le corps et ne doit pas se laisser entraîner par la capitulation éventuelle du malade. Les bénévoles qui prennent en charge psychologiquement les malades consacrent une importante partie de leur temps à régler les problèmes matériels, épineux et souvent catastrophiques, qui viennent se greffer sur la maladie elle-même. De toute façon, dans le meilleur des cas, ils ne sont pas ces interlocuteurs privilégiés que le sidéen souhaite : quelqu'un qui lui dédie son temps, son écoute, son affection. Le malade du sida se tait parce qu'il y a rupture entre la société et lui, entre l'autre, unique, et lui.

La maladie des frontières

Le sida est révélateur du peu d'intérêt que notre société porte à ceux qui ébranlent ses évidences, à ceux qui n'entrent pas dans les catégories sociales majoritaires. Le sida est surtout révélateur des frontières étanches qui séparent les individus adaptés aux structures sociales conventionnelles des individus solitaires ou regroupés en minorités spécifiques. Disons-le nettement : en 1988 la société française admet que le sida, la séropositivité ne sont pas délégués aux seuls homosexuels et drogués mais, paradoxalement, elle n'a pas varié de

46

comportement quant à la prise en compte de la prévention. C'est avouer que pour l'ensemble des individus, le sida, aussi effrayant soit-il, reste le mal de l'autre, la malédiction de l'étranger. Ce qui peut surprendre c'est l'abîme entre la peur générale et la peur individuelle. Ceci donne des réactions incongrues. Cette femme de soixante-dix ans, qui depuis longtemps n'a plus de relations sexuelles et n'en a eu qu'avec son mari, aujourd'hui défunt, ne se déplace plus sans un arsenal de désinfectants dont elle inonde les chambres d'hôtels, mais ces parents n'ont jamais parlé du sida avec leur fille qui vit seule dans une ville universitaire et dont ils savent les « amours » épisodiques avec des hommes qu'ils ne rencontreront jamais.

Notre société a du mal à regarder en face la souffrance, l'échec de la médecine. Elle est surtout confrontée à l'absurdité d'une maladie dont on connaît mal l'origine et qui s'attache si fort aux deux tabous essentiels, le sperme et le sang, tabous liés à ce que l'être humain a rejeté dans l'ombre : le sexe comme élément de plaisir et de jouissance intime. De tous les malades interviewés à la télévision, très peu ont parlé de leur mode de vie « avant ». On les a présentés malades et, à partir de cette seule révélation, les spécialistes commentent la maladie. De leurs pratiques sexuelles, des événements qui ont bouleversé leur existence, rien n'a été dit. Le voile est levé parfois en présence de catégories sociales très marginalisées. On dira bien sûr que ces femmes sont des prostituées, que ces immigrés brésiliens sont des travestis. Mais dans d'autres cas, si l'on prend le parti de faire intervenir des malades représentatifs des « vies ordinaires », pourquoi ne pas aborder et approfondir les circonstances particulières qui les ont conduits sur le plateau de télévision? Respect de l'individu? Davantage la volonté de ne pas dévoiler que la maladie peut naître d'une certaine solitude récupérée par la proximité. En France, il y a eu un grand souci de généralisation louable au premier regard : ne pas définir de boucs émissaires. Mais en même temps, on a occulté la réalité effective de la maladie, plongeant la population dans l'incompréhension et accentuant une tendance naturelle à croire que la maladie passe très loin des gens sans histoires. « Aux États-Unis, la maladie reste secrète », titre *Libération* * après la mort de Jean-Paul Aron : « Depuis que le sida est aussi hétérosexuel, les Américains sont hantés par la contagion. Et les médecins cachent les causes du décès pour éviter des complications avec les assurances et les pompes funèbres. » Les Français n'en sont pas arrivés à ce stade. Mais lorsqu'ils seront dans l'obligation de « voir » la maladie à leur porte, seront-ils prêts à l'affronter sans délire passionnel?

Le sida ne dévoile pas seulement la précarité de vie, l'échec momentané de la médecine, il révèle l'insondable, le mystère, les inégalités, les injustices (dans des pays en voie de développement, le sida se heurte à la difficulté de la prévention, la malédiction de la pauvreté), il révèle qu'il est difficile de s'associer aux autres quand la maladie est sexuellement transmissible car participer individuellement, ce serait admettre que l'on est une victime virtuelle de la maladie mais en même temps ce serait laisser supposer que l'on a caché des turpitudes sexuelles inavouables. De vastes opérations médiatiques ont pour but de récolter de l'argent. Dans ce grand mouvement de solidarité chacun peut donner impunément. Le « mal » est séparé de soi par l'envoi d'un chèque mais s'approcher des malades, de celui-ci peut-être qui habite l'immeuble et dont on murmure qu'il est atteint dangereusement, c'est une démarche quasi impossible. Un acte d'amour qui dévoilerait nos abîmes.

Une maladie transmissible

Entrer de plein gré dans la lutte contre le sida et surtout contre la solitude des malades, c'est admettre la maladie mais aussi ouvrir les yeux sans préjugés sur les modes de transmission. Les bonnes volontés se heurtent à cette évidence. Comprendre le sida c'est comprendre l'autre différent, l'étranger, ce marginal que jusqu'ici rien ne les avait prédisposés à fréquenter. Ce rejet de l'autre est tellement enraciné

* *Libération*, 22 août 1988.

dans les mentalités que les États prennent l'initiative de déclarations qui insultent la dignité humaine. Ces gouvernements sont d'ailleurs ceux qui proclament le plus bruyamment la valeur de leurs idéologies politiques. Pour eux le sida révèle les zones de la vie privée où ils ne font pas la loi. Ils le condamnent, rejettent sur d'autres pays « pervertis » politiquement l'origine de ce mal individuel.

Dans les premiers jours de janvier 1988, le gouvernement du colonel Kadhafi décidait d'exiger un certificat de dépistage obligatoire du sida pour tous les étrangers désirant entrer en Libye. Pour Kadhafi, le sida est une invention « américano-sioniste destinée à exterminer les arabes ».

A la même époque, le docteur Vadim Pordovski, l'un des principaux spécialistes soviétiques du sida, affirmait dans le journal *Moskovskaia Pravda* que 200 des 230 porteurs du virus en URSS sont des ressortissants étrangers : « Il a été établi que les relations sexuelles avec les étrangers constituent la première cause d'apparition et d'extension du sida en URSS. »

L'interférence entre les structures sociales et la place qu'y occupe le malade est primordiale. Jean-Louis et Muriel sont atteints par la maladie au même stade de son évolution. Leur comportement n'est en rien comparable, hormis l'attitude instinctive, le premier bouleversement. Le contexte social brouille immédiatement les cartes d'une partie semblablement piégée. Le passé intervient de tout son poids dans une situation où l'avenir seul devrait compter.

Jean-Louis vit seul depuis l'âge de seize ans. A personne d'autre n'incombe la responsabilité de ses actes. S'il a aimé, ses partenaires et ses amis ne lui proposaient pas de véritable futur. L'homosexuel se « voit » solitaire à mesure que le temps passe. C'est une perspective pessimiste mais au bout du compte plus facile à vivre : qu'importent mes erreurs, mes échecs, mes désillusions, je suis seul à payer! Muriel s'est mariée jeune et, à l'époque où elle commençait à envisager l'avenir, le mariage était encore la meilleure éventualité. Aimer son mari et ses enfants sont pour Muriel des certitudes, marquées des habituelles inquiétudes mais suffisamment reproduites autour d'elle pour qu'elles ciment toute une vie. Les homosexuels, les drogués, les prostituées font partie d'une autre planète. On ne les bannit pas mais ils sont ailleurs.

La révolte de Jean-Louis face au sida est secrète mais supportable. Il a l'habitude, depuis longtemps, de cacher une partie de sa vie. Il a même fini par s'éloigner de tous ceux qui ne pouvaient l'admettre. Homosexuel lucide mais tranquille, il a depuis longtemps pris son homosexualité en compte. Pas un instant, il n'imputera sa maladie à un mode de vie majoritairement répréhensible. Il a aimé son ami, mort du sida. Homosexualité et sida sont suffisamment associés pour qu'il se respecte aujourd'hui comme il s'est respecté hier. Il a des amis homosexuels auxquels il peut parler. Le médecin et le professeur qui le soignent savent qu'il est homosexuel. Leurs premiers malades les ont obligés, afin de mieux comprendre la maladie, à connaître en toute objectivité la vérité du mode de vie homosexuel. Si Jean-Louis se tait et préfère le dialogue avec moi, c'est dans la ligne de son éthique habituelle. La vie privée doit être préservée. Une forme d'orgueil aussi qui suppose que nous n'avons à attendre aucune compréhension des autres. Chez Jean-Louis, cette attitude est un choix, pas une contrainte. Des homosexuels malades se regroupent pour vaincre la solitude ou consacrer leurs dernières énergies à sauver les malades futurs mais ce comportement reste rare. Le choc d'une maladie mortelle et encore sporadique réduit les homosexuels à la solitude. Cette solitude n'est pourtant pas comparable à celle d'une femme comme Muriel pour qui la maladie ouvre des abîmes. Elle est brusquement isolée parmi des gens qu'elle a toujours connus et aimés. Sa mère, ses beaux-parents ne sauront jamais la vérité. Quant à ses relations... On parlera d'un cancer mal défini. Son mari lui devient étranger et il lui est impossible, si tant est qu'elle l'envisage un seul instant, de rejoindre ceux, proches par la maladie et qui évoluent depuis longtemps dans ce qu'on appelle un « groupe à risques ». Muriel n'en a connu qu'un seul représentant, ce fameux soir fatidique : Kevin n'est d'aucun secours et ses amis pratiqueraient vis-à-vis d'elle le même ostracisme inversé! Muriel a deux enfants, se préparait à donner naissance à un troisième. Tout s'écroule. Le seul à connaître la vérité est son mari, l'homme qu'elle a aimé. Il s'éloigne. Dans le plus secret de son esprit, son mari envisage le divorce dès qu'elle sera sortie d'affaire. Autant dire qu'il ne s'avoue pas qu'un veuvage arrangerait bien les choses. Le seul espoir qui puisse sauver Muriel, c'est que l'amour de son mari résiste à l'événement et en soit grandi. C'est faire fi des pesanteurs sociales. C'est oublier l'obsession des individus à ne pas trahir le groupe et ses ukases. Peu d'amours résistent à l'épreuve de l'exclusion. Muriel avancera, seule, les bras tendus vers le vide. Elle acceptera les ordres de son mari : vivre seule à Paris, séparée de sa famille. On dira qu'elle est mieux là-bas pour se soigner. Muriel n'attend plus aucun miracle si ce n'est trouver suffisamment de haine pour survivre et découvrir sa liberté. Le mot haine lui fait peur. Mais comment dire autrement le sentiment qui l'oppresse quand elle saisit le sens véritable de l'abandon de son mari. Apprendre à vivre seule, à ne plus rien attendre de l'homme qu'elle a aimé : tels sont les combats qu'elle devra mener parallèlement à celui déjà considérable de la maladie. Et elle sait que cette « haine » est bénéfique. Elle doit réagir. Plus tard, ses réactions extrêmes s'apaiseront.

Mourir seul

Je sais le prix de cette solitude. Le sidéen ne souhaite rompre le silence qu'avec ceux qui l'aiment ou qu'il croit aimer. Mais trop souvent ce sont les premiers à abandonner. Je me souviens de la mère de Copi *, revenue du Brésil et partageant la chambre de son fils jusqu'à la dernière minute. Mais pour un tel amour combien de rejets, de fuites. Cette lettre qui me parvient n'en est qu'un exemple :

« Mon ami vient de mourir du sida. Ses parents, qu'il ne voyait plus, ont débarqué chez lui après son décès, pour tout ramasser et savoir ce qu'il avait sur son compte en

---

* Écrivain, dramaturge, dessinateur. Il est mort le 14 décembre 1987. Sa dernière pièce, *Une visite inopportune,* a été jouée après sa mort dans une mise en scène de Jorge Lavelli.

banque. Moyennant quoi, ils ont envoyé le corps à la fosse commune sans cérémonie alors que mon ami était chrétien, comme eux d'ailleurs. Sa mère était plus haineuse que son père, assez falot. Ils me soupçonnent d'avoir gardé des biens appartenant à leur fils. Ils m'ont accusé de l'avoir détourné de ses devoirs. Ils n'ont pas versé une larme. »

L'émotion est forte dans cette lettre écrite sous le choc de la mort. Mère « haineuse »? Peut-être : mais haine dirigée contre l'incompréhensible situation, haine dirigée aussi, il faut le concéder, contre l'« ami », le vivant qui incarne encore l'homosexualité du fils mort, homosexualité que les parents accusent d'être la cause de la panique qui les entraîne dans des attitudes violentes et mesquines. Les conventions sont trop puissantes, les tabous trop anciens pour que la mère puisse oublier que son fils l'a quittée une première fois quand il est allé vivre avec un homme. Le sida met au grand jour des comportements enfouis, il exaspère les rejets provoqués par les situations marginales. La mort, quand elle accompagne la maladie, déclenche des émotions si contra-dictoires que l'agressivité en devient le remède. Face à une mort ordinaire, la mère aurait pu renier de vieux antago-nismes. On peut même imaginer qu'elle aurait pu aimer, en cet instant de deuil, une « belle-fille » jusqu'ici détestée... Mais embrasser l'ami de son fils, lui dire qu'ils partagent la souffrance, c'est accepter la mort sauvage de son enfant, une mort qui punit le sexe... Une mort qui clame qu'elle avait raison de juger la vie d'un enfant qui s'était écarté du bonheur qu'elle lui avait appris. Les malades eux-mêmes jugent sévè-rement ceux qui s'insurgent avec trop de violence. Ils sont rares. Et pourtant, comment ne pas admettre ces débordе-ments? Yves était « monté » à Paris. Il aimait la vie, ses excès. Facteur dans mon quartier, il s'arrêtait après sa tournée, me racontait ses aventures, criait bien fort qu'un partenaire s'éliminait dès la deuxième rencontre.

Je l'ai vu maigrir, se plaindre de douleurs mal localisées. Il est entré à l'hôpital Claude-Bernard : il insultait les infir-mières, exhibait son homosexualité et, face au calme pro-fessionnel du personnel, il hurlait qu'il voulait foutre le camp, qu'on le martyrisait... Il téléphonait à tous les numéros de « mecs » qui remplissaient son carnet d'adresses, parlait à haute voix de sa maladie, annonçait à chacun un sort semblable. Puis il s'écroulait, rentrait chez lui, m'appelait mais refusait mon aide. Il retournait à l'hôpital, me suppliait de venir le voir, pleurait et déclarait qu'il était un salaud. Puis il se redressait sur son lit, voulait, contre toute logique, retrouver celui qui l'« avait eu », criant à l'injustice s'il n'en bavait pas autant que lui! Lorsque je lui ai suggéré de prévenir ses parents qui vivaient en Dordogne, il est entré dans une rage pitoyable : « Si quelqu'un fait ça, je le tue! Ils seraient trop heureux de ce qui m'arrive! » J'ai alors compris le désarroi dans lequel il se débattait en vain.

Dans ce cas si particulier d'une maladie qui atteint des êtres jeunes en plein épanouissement, le témoin est souvent un copain, une amie, quelqu'un que l'on a connu, loin de la famille, dans le contexte de sa nouvelle vie, du démarrage de la maturité. Le sidéen ne lui fait pas l'offense de lui avouer qu'il préférerait que son père ou sa mère vienne prendre sa place. Il souhaite un retour aux sources, l'abandon de ce qui justement est lié à son indépendance et par là même associé à la maladie. Il veut retrouver le temps de l'innocence et des espoirs, avant que tout commence...

Le photographe américain Pierre Bernard Wolff * vint me voir quelques mois avant sa mort. « Tu me trouves changé? m'avait-il interrogé devant l'étonnement que je n'avais pas assez vite dissimulé. Je ne vais pas bien du tout! »

Il était célèbre depuis deux ou trois ans et je lui demandai s'il comptait exposer bientôt.

« Je vais me dépêcher, j'ai un projet qui me tient à cœur... Mais aurai-je le temps, les forces? »

Au moment de me quitter, il avait ajouté : « Je fais des démarches pour m'installer en France. Ma grand-mère était française. J'aimerais mourir en France. »

Trois mois plus tard, j'appris sa mort aux États-Unis. Il n'avait pas eu le temps de revenir.

---

* Photographe mort le 28 janvier 1985, aux États-Unis.

4

L'ÈRE DU SOUPÇON

Le séropositif est le marginal d'une maladie d'exclus. Il n'est pas malade, mais il est contaminé. Il vit apparemment comme tout le monde mais il peut transmettre le virus. La terreur qui l'habite doit passer inaperçue. Il entend le discours des médias, lit les informations hâtives qui, dans un même raccourci, confondent sidéens et séropositifs : une façon implicite de condamner à mort toute personne ayant un test positif. Plus que le sidéen qui, par la gravité du mal, se trouve malheureusement écarté de la vie quotidienne, le séropositif subit directement l'hystérie engendrée par la peur de la contamination. Socialement il porte tout le poids de la prévention et de la suspicion qui s'y rattache, individuellement il est seul face à l'angoisse d'un éventuel déclenchement du mal et personne ne peut lui préciser la date de cette poignante contingence. Il connaît aussi l'espoir tenace d'un possible miracle qui arrivera peut-être trop tard. Il vit partagé entre le fatalisme d'un abandon irresponsable et la tension d'une attente silencieuse. Plus que tout autre, il supporte les manifestations collectives d'un ostracisme qui se précise à mesure que le sida se répand dans les couches hétérosexuelles de la population.

Un généraliste face au sida

L'anxiété provoquée par le diagnostic de séropositivité est dans un premier temps intolérable. L'individu a-t-il la force d'être convoqué à la vérité de sa contamination, peut-il en quelques secondes accepter l'humilité, perpétuer sa foi en l'autre, en l'amour, alors que l'expérience de l'absurde vient de désagréger des convictions aussi indispensables que la confiance dans la relation sexuelle et l'appartenance sans équivoque au groupe social?

Le docteur D. est généraliste. Très tôt, il a été mis en présence du sida. Son cabinet est installé à Paris dans le quartier de la Bastille et jouxte le Marais. Sa clientèle est jeune, à fort pourcentage homosexuel.

« Je ne cherche aucune publicité et le sida n'est pas pour moi une triste occasion de célébrité. J'ai été formé pour être généraliste et je n'ai pas l'intention de changer d'orientation.

– L'apparition du sida vous a posé des problèmes. Vos études ne vous avaient pas préparé à cette maladie incurable...

– Le sida a été déterminant dans ma vie professionnelle et aussi dans ma vie personnelle. J'ai compris que plus que jamais mon métier ne pouvait m'épargner un engagement humanitaire. J'ai été mis brutalement face à des questions que le seul diagnostic ne pouvait résoudre et j'ai compris que je ne pouvais pas éluder ma responsabilité en adressant le patient à un spécialiste, un laboratoire ou un hôpital. Je ne pouvais pas non plus lui refuser une assistance psychologique même si pour l'essentiel il était soigné ailleurs. Les premiers temps, j'ai failli capituler : des appels en pleine nuit, de longues conversations au téléphone, la déprime de certains qui, à travers moi, mettaient violemment en cause la médecine – je me suis senti « bouffé » par mes patients. J'ai choisi de m'engager totalement et de m'organiser en conséquence. Je me suis associé avec un autre jeune médecin qui partage mes convictions. A nous deux nous arrivons à tenir le coup !

– Je voudrais vous interroger plus spécialement sur vos patients séropositifs.

– Actuellement, la séropositivité des personnes infectées par le virus doit être prise en charge par les généralistes, à condition bien sûr qu'ils aient suivi de très près les recherches sur le sida et qu'ils poursuivent sans interruption l'étude de son évolution. L'approfondissement de l'investigation est en mouvement permanent, les données fondamentales sont sans cesse corrigées, affinées, enrichies. Nous sommes le 20 juillet 1988. Lorsque votre livre paraîtra, des découvertes auront eu lieu, modifiant, sans aucun doute, ce que nous disons aujourd'hui...

– Pourquoi pensez-vous que la séropositivité est l'affaire des généralistes?

– Les raisons sont nombreuses mais la première, d'ordre strictement médical, est que l'on prévient l'évolution de la séropositivité asymptomatique vers le développement possible du sida par le traitement à l'AZT. Le séropositif qui, je le répète, n'a pas le sida, se rend régulièrement à l'hôpital et se trouve associé à des malades dans leur phase intermédiaire ou aiguë. Je dois le rassurer même si les infirmières et le professeur du service y veillent. Mais des mises au point régulières sont nécessaires : le séropositif est profondément vulnérable. Je lui explique que c'est préventif, il faut qu'il ne mette pas en doute ma parole. L'assistance psychologique est capitale.

« Il y a ensuite cette possibilité, hélas difficilement prévisible, qu'un séropositif développe soudain des formes mineures de l'infection sans pour autant être considéré comme effectivement atteint du sida. Mon rôle est alors d'une importance considérable : le patient est alerté une seconde fois et sa résistance psychique s'altère. Il a tendance à accepter l'évolution irréversible de la maladie.

« Je joue aussi un rôle de premier plan dans la prévention, qui ne peut prendre des formes concrètes, et humainement réalisables, qu'après un dialogue avec l'individu, dialogue adapté à chaque cas : pensez-vous que la prévention soit ressentie de la même manière par une jeune fille de dix-huit ans, un bisexuel de quarante ans, un homosexuel de vingt-cinq ans, un célibataire, une femme mariée, un homme timide, un coureur d'aventures, un intellectuel, un chômeur, un jeune ouvrier de banlieue? Prévention qui ne s'adresse pas aux seuls séropositifs mais aussi aux séronégatifs, à ceux qui sont dans une situation de risque, un drogué, une mère enceinte, les partenaires de séropositifs...

– Votre cabinet est un lieu de parole?

– Essentiellement. Mon premier travail, c'est de parler, informer, déculpabiliser, conseiller, ramener à des éléments précis et sans ambiguïté tout ce qui harcèle le séropositif et celui qui a des raisons de s'inquiéter. »

Le traumatisme des séropositifs

Le docteur D. insiste particulièrement sur l'attention que l'on doit porter à la séropositivité.

« Le sida dans sa forme avérée est dramatique et pose les problèmes graves de la recherche médicale mais les séropositifs se trouvent placés, sur le plan humain, dans une situation déstabilisante, périlleuse. Le grand public a-t-il compris que la maladie continue à se transmettre certes mais que beaucoup de malades aujourd'hui sont des séropositifs de longue date qui entrent, après des années de sursis, dans la maladie? Et aujourd'hui peut-on répondre catégoriquement à une question capitale : tous les séropositifs développeront-ils un sida? Question traumatisante s'il en est : l'individu séropositif oscille en permanence entre un état d'irresponsabilité et une frayeur démesurée. Il veut " oublier " et ne pense qu'à " ça ", il est en parfaite santé mais guette tous les signes du plus léger malaise. Au mieux, il peut souhaiter échapper aux 30 % ou 50 % de séropositifs qui développent un sida à plus ou moins long terme. C'est un état d'alerte permanent. Tous ne réagissent pas de la même façon : il y a hélas ceux qui écartent définitivement la question au point de ne prendre aucune précaution, arguant que le nombre des séropositifs est inconnu, que ceux qui ignorent leur état agissent impunément; pour eux, le fatalisme et ses graves conséquences est la seule réponse. Vous avez peut-être lu * qu'un Taiwanais porteur du virus du sida a reconnu avoir eu des relations sexuelles avec au moins 700 partenaires depuis dix ans. C'est Chi Chia-Wei, célèbre militant pour les droits des homosexuels au Taiwan, qui a reçu la confidence de cet homme de vingt-cinq ans, averti de sa séropositivité trois semaines plus tôt... dans un pays où les autorités médicales affirment que 58 personnes seulement sont porteuses du virus! Cette révélation est heureusement un cas d'exception, mis en scène pour faire " bouger " le gouvernement taiwanais... mais elle dévoile, pour nous tous, les difficultés d'appréhension de la séropositivité et pose bien sûr toutes les questions du dépistage et de la prévention.

« Les réactions sont parfois diamétralement opposées : en présence d'un ennui de santé passager et banal, certains s'affolent et paniquent. Il faut faire la part également de tous ceux qui ramènent à eux, par le biais d'une séropositivité sans symptômes, une sympathie dont leur vie solitaire les a sevrés. Dans tous les cas, le médecin doit agir avec prudence et circonspection. La séropositivité peut conduire à des actes de désespoir. N'oubliez pas que la population touchée par le virus est de plus en plus jeune et que l'émotivité est grande chez des filles et des garçons qui entrent dans la vie adulte pour le meilleur et qui brusquement affrontent le pire! La plupart d'entre eux ne peuvent pas s'adresser à leurs parents, sinon à leurs amis; et leurs amis soumis aux mêmes inquiétudes sont-ils d'une aide efficace?

« Le généraliste doit écouter et conseiller — parfois peser de tout son poids! — face à des situations toujours individuelles. Cela demande du temps et des connaissances approfondies et mises à jour. Cela exige d'être en liaison avec les services spécialisés. En Ile-de-France, nous sommes une centaine de médecins qui nous réunissons régulièrement, dialoguons avec les professeurs, chefs de service dans les hôpitaux concernés. Des généralistes de province se joignent à nous mais cela leur est difficile. Beaucoup d'ignorance règne encore au préjudice des porteurs sains du virus. »

* *Presse de la Manche*, 22 juillet 1988.

Répandre des idées justes

C'est sur la séropositivité que la confusion est la plus forte. Peut-être parce que « savoir » que l'on est séropositif est une initiation douloureuse qui peut altérer définitivement notre rapport non seulement à la maladie mais au monde qui nous entoure. Il est certain que le simple fait d'avoir eu, à un moment de sa vie, des raisons de subir le test (même s'il s'avère négatif) transforme le regard de l'individu sur la maladie. Il y apprend une sagesse, une vulnérabilité qui le rendent beaucoup plus activement concerné par la maladie. Les livres de classe de Quatrième où s'étudient les maladies sexuellement transmissibles, dont le sida, insistent sur la maladie elle-même, sur la prévention (très mal) mais ne donnent aucune clarté véritable sur la séropositivité.

Nous-mêmes, dans les premiers chapitres de cet essai, avons pu établir, malgré nous, une confusion entre les sidéens et les séropositifs. Les personnes qui interviennent dans notre enquête ont subi le test de dépistage pour des raisons précises : le médecin, devant des signes de santé déficiente, a eu des doutes — parfois des certitudes — et a immédiatement conseillé le test de dépistage. C'est le cas de Muriel, Jean-Louis et Arnault. Ces premières manifestations seront confirmées par le test positif et une analyse de sang indiquera l'état de défense immunitaire du malade. Répétons-le, ce n'est pas la présence du virus HIV dans le corps (détecté par la présence d'anticorps) qui indique la maladie. Ce sont les formes diverses d'une altération de l'organisme et leur degré de virulence qui permettent de parler de formes mineures, ou majeures de la maladie. Le dialogue avec des médecins compétents peut seul mettre le patient face à la réalité de son état. On voit toutes les possibilités de dérapage du « non-dit » dans une telle éventualité. On ne meurt pas du sida mais des maladies que l'état de déficience immunitaire déclenche. Des séropositifs asymptomatiques n'auront jamais le sida, dans l'état actuel des études faites (mais a-t-on suffisamment de recul pour définitivement donner des pourcentages?). C'est d'ailleurs cette incertitude qui complique le rapport de l'individu à la séropositivité.

Nous n'avons pas l'ambition d'écrire un livre sur la maladie elle-même, mais sur ses répercussions intimes et sociales. De nombreux ouvrages, écrits par des médecins spécialistes, font régulièrement le point sur l'aspect clinique de la maladie. La connaissance du virus, ses modes de propagation et les découvertes qui sans cesse affinent la perception de la maladie, à mesure que l'on est dans la possibilité de tirer des lois d'une observation très récente, viennent modifier des conclusions en perpétuel devenir. Les formes mineures de la maladie peuvent être confondues avec les symptômes d'autres maladies parfois bénignes. Un amaigrissement important non volontaire, une fièvre, des sueurs abondantes et répétées, une diarrhée persistante, des éruptions sur la peau ou dans la bouche sont classés parmi les signes de la forme intermédiaire de la maladie mais là encore, ne sont alarmants que si le test s'avère positif.

Une extrême prudence s'impose : c'est une maladie transmissible certes mais relativement peu contagieuse. Le sida est la forme la plus grave de l'infection à HIV. En France, pays numériquement le plus touché d'Europe, on comptait 12 cas de sida avérés en 1981, 700 début 1986, plus de 2 500 en octobre 1987. Actuellement plus de six nouveaux cas sont repérés chaque jour. On prévoit plus de 20 000 cas de cette forme majeure d'ici quatre ans. Ces chiffres ne comptabilisent pas les formes moins agressives. A plus forte raison, ces chiffres ne font pas intervenir les séropositifs. Comment d'ailleurs préciser un nombre quand on sait qu'appartiennent à cette catégorie aussi bien ceux qui ont subi le test que ceux qui ignorent complètement qu'ils sont porteurs du virus, n'ayant aucune raison de s'en préoccuper, ou croyant qu'ils n'en ont aucune?

En France, on estime entre 100 000 et 300 000 personnes porteuses d'anticorps (séropositifs ou HIV +) mais qui n'ont aucun symptôme de la maladie. On ramène ce chiffre à 40 000 ou 50 000 si l'on ne comptabilise que les seules personnes ayant fait le test. Comment alors avancer ce chiffre de 300 000? Simplement parce que l'étude de l'infection à

HIV sur des groupes identifiables se pratique depuis suffisamment longtemps et de manière scientifique pour que ces estimations soient fiables. Il faut ajouter un autre chiffre impressionnant : chaque jour, au moins un enfant contaminé naît en France et on estime de 10 000 à 20 000 le nombre de femmes séropositives.

Ces chiffres sont nécessaires à connaître quand on parle de séropositivité même si nous avons voulu réserver à la fin de cet ouvrage les chiffres plus récents lors de la parution de cet essai. Nous sommes dans la phase où des hétérosexuels n'ayant aucun motif apparent d'inquiétude peuvent être contaminés. Et nous pouvons prévoir les modifications dans les mentalités et dans les comportements sexuels et sociaux que ce deuxième stade provoquera.

Le test de dépistage

Le généraliste qui instaure un dialogue de confiance avec le patient est souvent celui qui décide de l'opportunité du test de dépistage. Le test de dépistage est très controversé quand on parle de le rendre obligatoire ou systématique. Pour le docteur D., c'est l'aspect de sa responsabilité le plus délicat et il n'aborde jamais cette question dans la précipitation.

« J'explique d'abord ce qu'est le test HIV et j'anticipe ses résultats pour éviter la fuite de mon patient face à une réponse lapidaire à laquelle il peut mal réagir. J'entre dans les détails. Je lui explique que les tests les plus couramment pratiqués (méthode ÉLISA, ÉLAVIA) recherchent dans le sang des anticorps, témoins indirects de la présence ou du passage du HIV dans l'organisme. Ces tests sont fiables mais ils doivent dans certains cas être vérifiés ou contrôlés par des méthodes de référence (Western Blot ou RIPA). Le résultat du test est négatif, positif, ou douteux. Si nous prenons le cas de quelqu'un qui a de fortes présomptions quant à sa contamination et ne trouvera de repos que dans une certitude, il faut expliquer en outre que le résultat n'est jamais acquis : il y a des périodes d'incubation plus ou moins longues et il faut peut-être refaire un test trois ou quatre mois plus tard (en ayant soin entre-temps de ne pas provoquer une éventuelle contamination). Il faut que je lui dise aussi qu'il y a des cas extrêmement rares où les tests ne repèrent pas les anticorps : infection silencieuse. Aujourd'hui, dans cette phase qui peut précéder de trois ans la séroconversion, seul l'ADN * viral peut être mis en évidence par la PCR (réaction enzymatique d'application du génome viral **). Hermétisme du vocabulaire! Immense difficulté à cerner clairement et de manière intelligible la séropositivité. Mais il faut que le consultant soit au courant. Dans les cas particuliers de mères enceintes de partenaires infectés et notamment chez l'enfant qui peut naître, il est essentiel de détecter très précocement le virus, bien avant l'apparition des anticorps. Et il y a aussi toute une légende sur des sujets qui, de séropositifs, seraient redevenus séronégatifs. Il est plus que probable que le sujet infecté passe du stade réplication contrôlée (séropositivité) au stade infection silencieuse... Vous imaginez tous les problèmes que cela pose : le sujet se croit « guéri » et non contagieux, mais le virus peut être réactivé!

« Ce retour à la clandestinité du virus interprété comme une délivrance complique beaucoup la compréhension de la séropositivité. J'en parle avec mes patients, j'en montre l'aspect expérimental et excessivement rare. La confiance que j'établis avec mon patient est prédominante. Vous vous doutez du nombre de guérisseurs honnêtes et de charlatans qui exploitent ces mouvements de balance entre séropositivité et séronégativité! »

Le généraliste (mais un climat de confiance doit être instauré avec le patient) est souvent celui qui décidera de l'opportunité du test. C'est une question épineuse. Le docteur D. affirme que, pour lui, c'est une de ses responsabilités majeures qui exige un long dialogue.

---

* ADN (Acide DésoxyriboNucléique) : l'ADN est contenu dans le noyau de chacune de nos cellules et constitue l'essentiel des chromosomes. C'est la clé de notre code génétique qui nous permet de nous reproduire et grâce auquel chaque espèce animale ou végétale se reconnaît de façon spécifique.
** PCR (Polymérase Chain Reaction) : méthode très fine et encore expérimentale de détection du virus lorsqu'il se trouve dans les cellules.

« J'ai évidemment des patients exemplaires. Cet homme célibataire, homosexuel, me fait confiance et m'explique sa vie. En ce qui concerne cet homme, il avait pris l'habitude de venir tous les mois. Il prenait toutes les précautions dans ses rapports sexuels, n'avait aucune raison de s'inquiéter tout en connaissant la lenteur de la séroconversion, pendant laquelle les tests sont encore négatifs, bien que l'on soit porteur du virus, susceptible de le transmettre, " viropositif " (porteur du virus) tout en étant " séronégatif " car l'organisme n'a pas eu le temps de fabriquer des anticorps. Au début, j'ai cru que mon patient appartenait à cette catégorie de gens qui ont besoin de voir leur médecin sans raison, pour se donner existence. Puis un jour il a enfin abordé son vrai problème, la rencontre d'un garçon beaucoup plus jeune que lui, dont il était amoureux : " Pour ne pas choquer un être si jeune, je n'ai pas eu le courage de lui suggérer des précautions. " Notre débat – car c'est un véritable face-à-face! – sera long. Il veut subir le test de dépistage mais il ne veut pas l'imposer à son jeune ami : " Si je lui demande de faire le test et s'il est séronégatif? Le problème c'est que je suis jaloux, physiquement très jaloux et je ne veux pas me servir du sida comme d'un chantage à la fidélité! "

« Nous avons procédé par étapes. Il a voulu faire le test. Après l'avoir mis en garde contre le choc possible d'un résultat positif, nous avons attendu le verdict : séronégatif! Je l'ai incité le jour même à prévenir son ami qui, contrairement à ce qu'il prévoyait, est venu en consultation désireux de subir le test à son tour. Négatif également. Il fallait encore, sans m'immiscer dans leur vie privée, leur demander de refaire le test quelques mois plus tard. J'ai établi avec chacun d'eux une relation de continuité afin de prévenir un " accident " qui les mettrait en état de défiance... Je sais, il est plus facile d'affirmer que seules les précautions draco-niennes sont valables dans tous les cas! Peut-être est-ce que j'outrepasse mes devoirs de médecin mais chaque fois que je peux trouver, avec des individus responsables, des modes de relations sexuelles satisfaisants, sans dommage pour eux et les autres, je les y incite, car la prévention n'est pas si simple dans les faits! Les séropositifs traversent une période de baisse de la libido qui les éloignent du sexe mais il y a tant de situations où ne pas faire l'amour avec son partenaire habituel pose tant d'autres problèmes! Comment résoudre tous ces cas, si particuliers, si différents? Je le dis franchement : je ne vois pas comment on peut vivre séropositif sans immédiatement provoquer une prise en charge intelligente par tous ceux qui vous entourent. Les homosexuels auxquels j'avais affaire parlaient librement avec leur partenaire ou vivaient seuls. La prévention a pu être rapide et efficace. Mais les hétérosexuels? Comment inclure sans catastrophes d'ordre privé tous les facteurs de relations où la femme, l'homme, croit devoir " cacher " une phase de sa vie! Comment un homme peut-il demander à sa femme, sans explication, d'aller subir le test ou d'accepter sans un mot l'utilisation subite d'un préservatif? La séropositivité demande une adaptation particulièrement compliquée et impose autant, sinon plus que le sida déclaré, qui obligatoirement isole le malade, une invention de nouveaux rapports amoureux, familiaux et sociaux. »

Choisir de vivre avec

Thierry S. fait partie des « clients » du docteur D. Il a vingt-deux ans. Le docteur D. l'a soigné pour une grippe, une blennorragie, quelques problèmes de digestion. Thierry l'a consulté deux ou trois fois pour une fatigue passagère qui s'est soldée par huit jours de congé de maladie. Thierry travaille, sans grande conviction, dans une banque parisienne où il s'ennuie pas mal. Thierry, comme beaucoup de ses amis, est « monté » à Paris pour connaître une existence plus large que celle qu'il connaissait à Limoges, où il va de temps en temps voir sa famille, un père médecin justement, une mère professeur de sciences à la fac. Une famille bien, qui a compris que leur fils parte pour la capitale, qui a compris moins facilement qu'il interrompe ses études.

A Paris, Thierry a retrouvé Bruno, un ami de lycée, un ami intime qui, lui, est entré à Normale Sup, un crack, un bûcheur. Thierry et Bruno sont très proches. Un an plus tard, ils ont été rejoints par Sophie, une bien jolie fille que tout le lycée de Limoges a plus ou moins draguée. Thierry, Bruno, Sophie, c'est le trio, les inséparables, même si Thierry appréhende un peu, au nom de leur amitié, les relations privilégiées qui s'installent entre Bruno et Sophie. Mais on ne parle pas de mariage! Ils ont vingt, vingt-deux ans, ils veulent vivre, s'éclater! Et Sophie a fêté son premier contrat de modèle : pas encore la gloire, mais un premier pas; elle a participé aux défilés de prêt-à-porter dans plusieurs grands magasins. Elle a rencontré Jean-Paul Gaultier. L'avenir est plein de promesses et, pour ne pas rester sur la touche, Thierry envisage sérieusement de faire du théâtre. Ils sont jeunes et sans préjugés.

Le docteur D. est surpris lorsque, dans la salle d'attente, Thierry se lève pour demander s'il peut être accompagné, lors de la visite, par ses deux amis ici présents. Le dialogue est difficile. C'est Sophie qui prend la parole. Elle dit qu'elle est enceinte, qu'elle va avoir un enfant de Bruno. C'est alors que Bruno intervient pour expliquer qu'il veut faire le test. Pourquoi? A-t-il des raisons?

C'est au tour de Thierry d'entrer dans les détails. Avant que Sophie vienne les rejoindre, il a eu des relations sexuelles avec Bruno :

« Je ne suis pas homosexuel, du moins je ne le crois pas mais j'aime beaucoup Bruno et plusieurs fois, après être sortis en boîte, nous avons dormi ensemble... nous avons fait l'amour... »

Bruno explique qu'il est inquiet, qu'il a lu des « choses » sur le sida, qu'il peut être contaminé, Sophie le serait aussi, et l'enfant? Sophie veut avoir un enfant, se marier! Bruno est d'accord :

« Thierry trouve tout cela stupide, il dit que nous sommes bien comme tous les autres, que nous allons gâcher notre jeunesse, la plus belle partie de notre vie... mais Sophie et moi tenons à nous marier, à garder l'enfant. Ça ne nous empêchera pas de rester amis, tous les trois, bien au contraire! »

Le docteur D. parle en tête-à-tête avec Thierry. Il s'agit de mettre les choses au point. N'a-t-il eu que ces relations épisodiques avec Bruno et quelle forme prenaient leurs contacts sexuels?

« Il faut être très clair : avez-vous connu d'autres partenaires, avez-vous eu avec Bruno une sexualité précise avec pénétration?

– Je dois tout vous dire. Bruno ne le sait pas. J'ai pris des drogues dures : oui je me suis piqué plusieurs fois avec des types que j'ai rencontrés dans une boîte, un soir. Nous nous passions la seringue. Bruno n'a jamais touché à la drogue mais cela va vous paraître bizarre, Bruno il est plus homo que moi, je veux dire que c'est lui qui a cherché à faire l'amour. S'il se marie c'est sans doute qu'il aime Sophie mais c'est surtout pour échapper à l'homosexualité. Bref, pour simplifier, disons que seringue, sodomie, nous avons beaucoup de raisons de faire appel à vous. »

Sophie, Bruno et Thierry acceptent de subir le test. Les trois résultats sont positifs. Sophie n'aurait pas été enceinte de trois mois, ils ne se seraient posé aucune question. Moralement, ils n'ont pas de prévention contre l'homosexualité, l'échangisme, la drogue... La relation sexuelle entre Bruno et Thierry n'a pas dérangé Sophie quand elle l'a apprise. L'éventualité d'un « ménage à trois » n'est pas pour lui déplaire. Est-elle amoureuse de Bruno ou de Thierry? Des deux? De leur amitié? L'enfant qui doit naître bouleverse ses points de vue. La voici prête à sacrifier des rêves de liberté pour être mère et donner un père à son enfant.

« C'est évidemment une situation exceptionnelle parce que les trois personnes concernées sont jeunes et veulent affronter l'avenir ensemble. Sophie luttera contre son désir d'être mère, contre le traumatisme de l'avortement : il y a une chance sur trois pour que l'enfant soit séropositif. Ils décident d'un commun accord de se faire suivre par le service spécialisé de Saint-Antoine. »

Mais dans les cas les plus courants, la contamination a pu prendre les mêmes voies sans pour autant retrouver des étapes semblables et des comportements similaires. Des êtres sans relation suivie garderont le silence par respect de leur vie privée et de celle des autres (du moins c'est ce qu'ils affirment... à tort).

Sophie, Bruno et Thierry verront leurs liens se resserrer. Ils sont seuls, loin des familles auprès desquelles il est impossible de se confier car ce serait leur révéler des modes de vie incompréhensibles et même révoltants. Le soir du résultat des tests, ils se retrouveront dans le même lit, non pas pour y faire l'amour mais pour se réchauffer, s'unir encore davantage avant d'entrer dans la lutte quotidienne, une maturité précoce, une expérience sans références dont ils inventeront les règles et les apaisements.

La peur d'avoir peur

« La seule chose dont j'ai vraiment peur, c'est d'avoir peur justement! déclare Sami *. Mais il y a la déchéance physique. Comment je réagirai si ça vient sur moi, là je ne sais vraiment pas! On a beau se vouloir fort... Alors, comme beaucoup de séropositifs, j'espère tenir jusqu'à ce qu'on trouve des thérapeutiques fiables [...] De toute façon, tous les six mois, je sacrifie au rituel de la prise de sang pour surveiller ce fameux rapport T4/T8. Car il faut savoir que si le malade du sida est confronté à une double angoisse (celle de la mort et celle de la souffrance physique), le séropositif asymptomatique est lui " seulement " confronté à une double inquiétude : la gestion concrète de son comptage T4/T8, et l'incertitude du pronostic. Moi, j'ai des amis qui ne veulent pas savoir s'ils sont séropositifs mais qui, par contre, surveillent leur rapport T4/T8. Si le nombre de lymphocytes ** T4 (ceux qu'attaque le virus) diminue, cela peut donner le signe d'une possible évolution vers la maladie dans les mois qui suivent. Des fois ça va très vite, et prendre les maladies

* Interviewé par le journaliste Marco Lemaire, *Gai Pied Hebdo* nº 295.
** Lymphocytes : cellules du système immunitaire. Il existe deux types de lymphocytes, les lymphocytes B qui fabriquent les anticorps et les lymphocytes T qui régulent le fonctionnement du système immunitaire. On distingue chez ces derniers les lymphocytes T4 (ou CD4) et les lymphocytes T8 (ou CD8). Les premiers sont les véritables chefs d'orchestre du système immunitaire, ils impulsent la réaction de celui-ci à l'intrusion d'un micro-organisme, les seconds empêchent le système immunitaire de s'« emballer ». Les cibles privilégiées du HIV sont les lymphocytes T4.

opportunistes à la racine permet un contrôle plus efficace. Donc il serait complètement stupide de se priver de la moindre chance!

« Au début, quand je flippais, j'avais tout un rituel. Je m'auscultais le corps, à l'affût de la moindre égratignure, ou du plus petit bouton sur le visage, qu'à coup d'Hexomédine je m'empressais de faire partir. Je guettais la fièvre, les sueurs nocturnes, une diarrhée, comme autant de fantômes imaginaires d'une maladie que je fabriquais dans ma tête. Se sentir pourrir de l'intérieur est une sensation paranoïaque très étrange, comme forcément inéluctable. Je me tâtais le foie, les ganglions et la rate à tout bout de champ, je lisais tout ce qui paraissait sur le sida dans la presse, un véritable délire auquel il semble difficile d'échapper au départ. Maintenant, je suis beaucoup plus cool, j'ai un rapport privilégié avec mon médecin... une perle rare! Une consultation tous les six mois, à moins que quelque chose arrive. Je fais attention à la façon dont je vis, à commencer par le petit déjeuner qui rendrait jaloux n'importe quel gourou diététicien. Et puis le café (quand même!), la radio, le journal... Le temps de mettre la machine en route pour être bien ensuite dans mon travail. En un mot, j'ai vraiment pris le parti de la vie. Au début, je le disais à tout le monde, sans doute un peu par provocation, mais surtout pour me décharger. Maintenant je fais gaffe à qui je le dis, car il y en a que ça fait flipper, qui ne sont pas clairs avec eux-mêmes, ou qui fantasment en négatif. Et bien sûr que non, mes parents ne savent pas, tu veux leur mort! A moi, ça me ferait du bien, mais je crois que ce deuxième " come out " * ne leur réussirait vraiment pas. Je me suis beaucoup rapproché de mes amis et de ma famille mais là, le terrain glisse, le moment je ne le sens pas. »

---

* « Come out », expression américaine pour indiquer la libération des homosexuels qui osent vivre leur homosexualité au grand jour. On dit aussi : « Sortir du placard ».

Suspect numéro 1

Les séropositifs ont peur, les séropositifs font peur. La maladie est tapie en eux, prête à surgir – le virus est là, dans leur corps – et ils la guettent. Selon les dernières études menées en France (1988), environ 30 % des séropositifs développeront la maladie mais compte tenu du peu de recul dont disposent les chercheurs, ces chiffres ne sont pas définitifs. Une étude menée à San Francisco montre en revanche que 75 à 79 % des séropositifs pourraient développer à terme un sida ou un ARC. Pour le groupe d'homosexuels suivis dans cette étude, la période entre la contamination et l'arrivée de la maladie est de 7 à 8 années (cette étude sur une longue distance n'est possible qu'avec des homosexuels, dans une ville où la maladie a été prise en charge très tôt). Il faut donc veiller à ne pas arrêter de chiffres trop précis. Mais il est évident qu'un séropositif qui n'ignore pas cette éventualité passera des années dans le doute et l'angoisse.

Cette attente silencieuse crée des comportements très différents. Le dire ou ne pas le dire, prendre des précautions sans prévenir, cesser toute pratique sexuelle, tout dépend de l'individu mais aussi du partenaire : comment faire admettre à un être jeune le sexe sans risque en occultant les raisons de ce changement. Certains pensent qu'il faut se retrouver entre séropositifs. Outre l'horreur de ce parcage et l'amputation qu'il inflige à la vie en société, la contamination entre séropositifs se réactive sans cesse... On n'en a jamais fini. Les spécialistes le répètent sur tous les tons : à moins d'avoir une vie sexuelle réglée depuis longtemps dans le cadre d'un couple conscient de ses engagements, les précautions sont nécessaires pour chacun, séropositif ou séronégatif! Ce qui rend caduc le désir de beaucoup de gens (désir caché en France, nettement évoqué dans certains pays) de « dépister » systématiquement les séropositifs. Nous reviendrons sur ce sujet révélateur des mentalités mais il apparaît que ce « fichage » est une illusion qui réconforterait en apparence mais provoquerait les pires abus, dont la dissimulation, les faux certificats et une démoralisation générale ne seraient pas les moindres.

Les séropositifs font peur. Ils ne sont pas visibles, ils ne sont pas enfermés dans des hôpitaux, ils ne sont pas murés dans une maladie qui, à son stade déclaré, soustrait le malade au monde. Les malades du sida se multiplient mais leur nombre est encore très relatif. Le nombre des séropositifs reste imprécis et, dans certains cas (certains pays par exemple), est impossible à évaluer. La population dans son ensemble suspecte les séropositifs de se déplacer parmi eux sans qu'aucun indice ne permette de les reconnaître. Ils sont porteurs du virus : ils l'ignorent ou le cachent mais ce sont des dangers ambulants. C'est ce que tout le monde pense mais n'ose dire, c'est ce que les hommes politiques diront lorsque la société sera majoritairement affolée. C'est ce qui se passe déjà aux États-Unis.

« L'intense couverture médiatique concernant la vulnérabilité de la population hétérosexuelle à l'épidémie a engendré bien souvent un climat de panique, où logique et compréhension n'ont guère de place. En théorie, des millions d'Américains se disent prêts à aider les victimes du sida. Mais confrontés à la réalité, des communautés entières, et même bien des familles, ne pensent plus qu'à une chose : la contagion. La peur panique qu'elle engendre est d'autant plus irrationnelle qu'on s'éloigne des centres urbains et qu'on s'enfonce dans l'Amérique puritaine et conservatrice. » * Le silence où la séropositivité risque de se confiner est un danger. Les homosexuels américains qui pourtant ont été les premiers à dévoiler la maladie ont tendance à rejeter sur les communautés noires et portoricaines la responsabilité de l'épidémie. C'est dire combien il est difficile de vivre face à la réprobation.

Le séropositif qui affronte l'angoisse la plus terrifiante : attendre jour après jour d'échapper au mal, sans aucune certitude, se voit livré à une souffrance supplémentaire : se taire pour ne pas être banni.

« Moi, avoue, après bien des détours, un garçon de vingt-trois ans séropositif, moi je m'en fous. Pour le moment je

* *Libération*, 22 août 1988.

me sens particulièrement bien. Si je n'avais pas fait la connerie d'aller proposer mon sang pour mon frangin qui allait crever d'un accident de la route, je n'aurais jamais su! Alors je ne change rien à ma vie. Je ferme ma gueule. Le jour où ça ira mal, je me flinguerai! »

Vendredi 9 septembre 1988 : les journaux affichent à la Une les déclarations du professeur Léon Schwartzenberg, lors de l'émission de la veille : « L'heure de vérité », sur Antenne 2. « Sida : l'appel d'urgence − Sida : le cri des trois sages », titre *Le Quotidien de Paris*. Les termes « appel d'urgence », « le cri des trois sages » émettent un désir de provocation et condensent une volonté de panique. Les buts sont atteints. Les personnes interrogées à l'issue des mises en garde télévisées acquiescent massivement : 87 % d'entre elles sont favorables à la proposition concernant le dépistage généralisé mais non obligatoire. La peur des « autres » s'exprime, l'angoisse d'une population mal informée.

Le sida est une maladie transmissible mais pour le moment inguérissable. Le dépistage pourrait se concevoir si les personnes infectées subissaient un traitement capable de les délivrer du virus ou du moins d'annuler son rôle contagieux. Le dépistage n'est bénéfique que s'il conduit les personnes inquiètes à réviser leurs modes de sexualité ou leurs pratiques toxicomanes. Le dépistage ne peut être, dans l'état actuel des recherches médicales, qu'une décision individuelle. Le dépistage imposé conduirait à des comportements incontrôlables et par là même nocifs, à l'opposé des objectifs recherchés.

En filigrane se profile le non-dit, la terreur provoquée par une maladie mal circonscrite, transmissible et inextricablement enchevêtrée aux modes de vie censurés par la morale. Et pourquoi ne pas clamer que le dépistage réglementé, avec tous les dérapages et les échecs qu'il entraînerait, ne réglerait pas la gestion bien plus révolutionnaire de la prévention?

Le sida et la séropositivité posent les questions complexes des épidémies que ne contrôlent ni un vaccin ni un remède. Un danger plus grave nous menace : les zones de silence qui entourent la contamination. Faut-il camoufler l'impuissance actuelle des gouvernants à enrayer l'épidémie sous des prises de position brutales et une législation impossible à gérer?

5

LE SANG ET LE SPERME

« Quand ils savent ou se doutent, les gens me fuient. Il faut vraiment qu'ils soient dans mon cas ou très proches des malades pour me parler normalement. Et encore! Je sens toujours une gêne même si elle est immédiatement réfrénée. »

Hugues avait le sida depuis 1982 et il était séropositif bien avant sans doute. Il avait traversé toutes les campagnes de presse, il avait subi !es réactions progressives et variables d'une société bien lente à enregistrer une maladie imprévisible. Il est mort, il y a trois mois, seul ou presque. Les derniers temps, il s'était recréé une famille parmi d'autres malades et les bénévoles d'une association qui avait pris en charge la déchéance dans laquelle l'avait plongé le dernier stade de la maladie. Il m'écrivait en mars 1987 : « De toute manière, je suis un pestiféré... Je sais que ces mots vont te heurter, toi qui défends depuis si longtemps la liberté des individus. Mais si les autres se taisent, moi maintenant je peux le dire : je me suis senti banni. De toute façon je me suis retrouvé seul et si tu n'appelles pas ça être pestiféré, qu'est-ce que c'est? »

L'arme du crime

Le virus HIV fait peur comme tous les agents mystérieux, difficilement identifiables, que l'homme peut mettre en œuvre pour attenter à la vie humaine. Le virus du sida n'est pas produit par le corps lui-même. A l'encontre des graves maladies actuelles qui fatalement naissent du dérèglement intérieur d'un organisme à long terme mortel, le sida est perçu comme la pénétration hasardeuse et maléfique d'un élément étranger qui viendrait anéantir la vie. A la fois injuste et délibérément programmé, le virus évoque la malédiction. Mais cette malédiction est comprise (sinon exprimée) comme un meurtre. Il y a un coupable. Le coupable c'est le porteur du virus *. Et à l'examen de statistiques que l'on doit regarder en face, il se trouve que ceux qui, au départ, ont transmis la maladie sont pour d'autres raisons suspects et déjà, consciemment ou inconsciemment, bannis parce qu'ils sont différents, minoritaires et que leurs modes de vie s'écartent des comportements admis. Ils se droguent ou ils sont homosexuels, quand ce n'est pas les deux à la fois. Le sang et le sperme. Et, horreur, ils « attrapent » le sida dans des circonstances qui sont directement liées à la jouissance. Voilà des gens qui n'ont aucune responsabilité familiale ou sociale, qui se donnent du bon temps (dans des domaines interdits mais fascinants) et sont infectés par le sida. Passe encore que le mal se répande entre eux (ce que l'on a longtemps cru ou espéré!) mais le ghetto où ils s'enferment est-il bien étanche? Et si nos enfants sont atteints, si un brave père de famille est contaminé?

Ces propos, il faut oser les transcrire : ils sont ceux d'une grande majorité de gens. Ils ne sont pas encore violents en France; ils sont déjà terroristes aux États-Unis; ils ont été immédiatement ressentis et exprimés dans d'autres pays et pris en compte par certains gouvernements.

Le sida n'est pas une affaire individuelle et au moment où j'écris ce livre, la colère est en train de gronder : les hommes publics s'agitent, témoignent, se heurtent. Mais l'idée qui se fait jour c'est qu'il faut arrêter le massacre. Il faut « prendre des mesures », il faut circonscrire le mal,

---

* La cour fédérale de justice de Karlsruhe (centre de la RFA), qui statuait pour la première fois sur une affaire liée au sida, a condamné à deux ans de prison un militaire américain qui avait caché sa maladie à trois de ses partenaires. Le tribunal estime que cette dissimulation est assimilable à « des coups et blessures ».

73

l'empêcher de déborder, il faut répertorier les malades, il faut étiqueter les séropositifs, il faut... écarter les « coupables », sinon les punir.

Aux États-Unis s'est constitué un groupe très efficace, Act Up *, pour s'opposer à la vague de panique qui submerge la population. Cette association combattante se bat sur deux fronts : l'ostracisme qui grandit jour après jour et un gouvernement qui a été très lent à mettre en place une véritable campagne de prévention et une prise en charge convenable et égalitaire des malades. Le groupe Act Up, dont nous serons amenés à reparler, s'est dressé violemment contre le président Reagan alors en fonction. Il l'accusait de « meurtre » pour ne pas avoir prononcé le mot *Aids* (sida) avant le 31 mai 1987, six ans après la découverte de l'épidémie par le gouvernement, alors que 20 489 personnes étaient déjà mortes du sida sur les 36 058 cas recensés! Act Up dévoilait que, pendant ses deux mandats présidentiels, il y aura eu plus de morts du sida que de victimes pendant la guerre du Viêtnam. Contre ce silence, Act Up s'organise et placarde partout son logo : « Silence = Mort. » Ces comportements surprennent les Français. Tant d'agressivité et de combativité autour de la mort (qui pour nous est toujours... privée) rebute nos mentalités. Je crois que nous avons tort.

Le sida, affaire d'État, oui, il ne peut en être autrement. Mais pendant que se mettent en place organismes, lois, décisions, le mal court, se répand, atteint les hétérosexuels. Et c'est sans doute une raison majeure du silence de Reagan : avoir cru que le sida était affaire de drogués et d'homosexuels.

Les ministres de la justice des vingt et un pays membres du Conseil de l'Europe se sont réunis les 21 et 22 juin 1988. Ils étaient chargés d'examiner à huis clos les moyens de réduire la pornographie et la prostitution enfantine et d'aborder les questions pénales en criminologie soulevées par le sida. Curieux, si on y prête attention, de constater l'amalgame entre deux domaines apparemment étrangers. Pas si curieux

---

* Act Up (Aids Coalition To Unleash Power) : association américaine formée à l'initiative de Larry Kramer, auteur du célèbre roman homosexuel : *Faggots* et d'une pièce de théâtre sur le sida : *A Normal Heart,* jouée dans sa traduction française à Paris en 1987.

quand on sait l'intérêt de nos sociétés modernes pour les enfants, et presque logique si tout à coup on prend conscience qu'ont été soumis à la réflexion de la justice deux phénomènes sociaux ennemis de la sauvegarde de la cellule familiale, deux phénomènes sociaux très vite résumés dans le mot *crime*! Il s'agit de préoccupations diamétralement opposées. Un œil averti décèle pourtant l'assimilation : c'est le sexe qui est en question. Il n'est pas de notre propos d'analyser la recrudescence des crimes perpétrés sur les enfants bien que certains veulent y voir un lien avec le sida : l'augmentation de la prostitution enfantine et le trafic international qui l'alimente seraient liés au sida : la recherche de jeunes enfants serait une manière de surseoir à la peur de la contamination, dans un de ces somptueux paradoxes dont est coutumière la nature humaine (on irait demander à l'innocence de l'enfance, à sa pureté, de satisfaire des goûts dépravés!). Mais en même temps quel danger que ce regard que l'on porte sur les séropositifs et les sidéens... condamnés doublement.

Lors de cette confrontation européenne, le ministre portugais centre droite, Fernando Noguera, a soulevé la question de la contamination volontaire par le sida. Problème ambigu, question qui ouvre les portes à tous les délires. Les ministres réunis n'ont pas réellement pris parti. On les comprend. Le garde des Sceaux Pierre Arpaillange s'est fait le porte-parole d'une vaste majorité : « Il est aussi juridiquement très difficile d'établir un lien de causalité entre un rapport avec une personne atteinte de la maladie et une contamination. »

Si, en conclusion, les ministres réunis ont écarté des mesures qui auraient étrangement rappelé le rôle du droit pénal dans la propagation des maladies contagieuses (n'oublions pas l'exclusion des lépreux de la communauté humaine au XIVe siècle et parfois leur castration et, au XIXe siècle, les lynchages à Paris des malades du choléra!) il n'en reste pas moins que ces intrusions de la justice dans le domaine médical et la vie privée signalent de façon spectaculaire que nous sommes entrés dans l'ère de la peur.

Sangs mêlés

Le sida est une maladie transmissible et incurable, ce qui la place immédiatement sur un plan différent des autres maladies et alerte la conscience individuelle et collective. La politique s'en mêle. Le sida peut entraîner de ce fait des mesures d'ordre juridique apparemment justifiées mais que l'avenir pourrait faire amèrement regretter. La volonté du ministre de la Santé, Claude Évin, de se garder d'entrer dans la polémique du dépistage systématique après les déclarations tonitruantes du professeur Schwartzenberg et l'overdose médiatique qui les a répercutées, témoigne de la difficulté d'éviter une dérive passionnelle quant aux questions soulevées par la contamination.

Mais les mises en garde violentes de sommités médicales françaises et étrangères, les décisions depuis longtemps entérinées de plusieurs gouvernements font déjà souffler un vent de panique qui ira s'accentuant.

Les séropositifs en sont les premiers atteints. Ils se terrent pour ne pas entendre (en France notamment), ils sortent dans les rues pour provoquer une prise en charge rationnelle (aux États-Unis), ils se cachent (en Afrique noire). Mais tôt ou tard, le sida et sa propagation imposeront, d'une manière cruciale, une réflexion et des mesures légales par rapport à la contamination. Le nombre de cas de sida ne cesse de progresser et les médecins réunis au Congrès de Stockholm le 12 juin 1988 (plus de 6 000 médecins et chercheurs du monde entier) indiquent que les prévisions pour les années à venir demeurent dramatiques. Le cap des 100 000 cas de sida déclarés vient d'être dépassé mais l'on estime qu'il y a en fait plus de 150 000 malades. L'Organisation mondiale de la santé (OMS *) annonce le chiffre de plus d'un million

---

* OMS (Organisation mondiale de la santé) : institution créée en 1946, dépendant de l'ONU, et dont le siège est à Genève. En juin 1986, l'OMS a mis en place un programme spécial de lutte contre le sida, dirigé par le docteur Jonathan Mann. En 1988, l'OMS a soutenu techniquement et financièrement plus de 140 pays dans leur lutte contre l'épidémie de sida.

dans trois ans. Jusqu'à présent, 61 580 sidéens ont été recensés aux USA, 11 000 en Afrique, 200 en Asie, 900 en Océanie et 11 000 en Europe *. L'*Humanité* du 23 août 1988 indiquait que le sida est devenu en 1987 la deuxième maladie transmissible en France avec 1 822 cas déclarés. Si, en 1987, la tuberculose restait la maladie transmissible la plus répandue (10 178 cas), les statistiques prévoient qu'avec 21 000 cas environ, le sida supplanterait la tuberculose en 1989.

Ces chiffres, qui n'incluent pas les séropositifs (très difficiles à évaluer : c'est d'ailleurs l'obstacle auquel se heurtera toute jurisprudence), effraient et alertent tous ceux qui veulent comprendre les comportements des sociétés et prévoir les dangers d'une panique collective. On peut rétorquer qu'il n'y a eu que 2 000 morts dues au sida en France depuis les débuts de l'épidémie mais les répercussions dans la population seront considérables dès lors que la maladie, et la mort qui trop souvent la signale, ne seront plus l'histoire des autres mais celle de ses proches. Le sida est une maladie nouvelle, incomplètement repérée, transmissible par le sang et le sperme, qui touche tous les pays du monde qu'ils soient sous-développés ou fortement industrialisés, et surtout toutes les couches sociales... C'est une maladie à ce jour incurable, que l'on soit isolé dans un pays du tiers monde ou que l'on soit protégé dans une société capitaliste. C'est même une maladie qui atteindrait (jusqu'à présent) plus volontiers les couches privilégiées de la société – dans les pays européens – mais c'est surtout une mort qui ne dépend pas de la sous-alimentation, des tragédies de la route, des guerres, ce n'est pas une mort qui souligne les difficultés d'un peuple à gérer son évolution... Bien au contraire, c'est une maladie qui s'abat sur les sociétés fières de leur progrès, de leurs organisations sanitaires et qui se vantent d'avoir fait reculer la mort jusqu'à l'oublier ou la nier.

* Mais deux mois plus tard, l'OMS enregistre 3 781 nouveaux cas de sida au mois d'août 1988 contre près de 8 000 le mois précédent. Le chiffre officiel des cas dans le monde (toujours inférieur à la réalité par méconnaissance des chiffres de certains États muets) s'établit désormais à 111 854 cas dont 71 171 aux États-Unis et 4 221 en France (chiffres à corriger tout au long de cet ouvrage).

Le sida, pour une grande part, rôde dans les zones mystérieuses où l'intelligence humaine échoue. Beaucoup d'idées fausses circulent et prennent le pas sur la raison. L'attitude de rejet du malade, et de ce « monstre » indiscernable le séropositif, se propage, devient de plus en plus unanime même si, en France, nous n'en percevons que des manifestations sporadiques. Cela ne va pas sans paradoxes comme le démontre un sondage IPSOS-*Gai Pied Hebdo* *. Ses résultats mettent en évidence que si la connaissance des rapports sexuels entraînant un risque semble depuis trois ans être mieux assimilée, 82 % (pourcentage révélateur!) des Français n'ont pas changé leurs pratiques sexuelles!

Ces contradictions révèlent, non pas la légèreté des individus vis-à-vis d'une maladie mortelle, mais une ignorance (ou une peur) qui s'exprime par un refus en rejetant « ailleurs » la tragédie et ses conséquences. Deux Français sur trois pensent que les rapports sexuels sans précaution entraînent une possibilité de contamination mais, pour l'instant, la précaution consiste à éviter les groupes à risques (homosexuels, prostituées ou personnes ayant de multiples partenaires sexuels), règles de vie qui s'inscrivent naturellement dans ce que la morale prescrivait depuis toujours. Il faut admettre que, dans ce cas précis, cette morale précise est dangereuse. Les spécialistes savent que justement c'est parmi les homosexuels que les mesures de prévention sont prises depuis longtemps avec efficacité (à croire que les marges sociales devancent le gros de la population dans une adaptation d'intérêt général). Une fois encore, la population dans son ensemble ne s'estime pas concernée. Ce qui entraîne une attitude favorable envers toute mesure qui permettrait de circonscrire l'épidémie (dépistage systématique, voire obligatoire) à ces groupes déviants. Face à la peur, le bouc émissaire rend un faux service et aveugle la victime de demain. D'autre part, cet entêtement à rejeter une maladie sexuellement transmissible à certaines formes de sexualité ou de convivialité, c'est déclencher les mécanismes d'exclusion. De là à entendre les vieux refrains : « châtiment divin »,

* Sondage IPSOS-*Gai Pied Hebdo,* nº 333, 1ᵉʳ septembre 1988.

« punition par où l'on a péché », il n'y a qu'un pas, franchi parfois, réfréné encore... Attitudes d'ailleurs nullement incompatibles avec des manifestations de pitié excessive. Avoir pitié, c'est déclarer en toute impunité que l'autre est, hélas, coupable.

Mort sans domicile

Pendant six ans, Hugues a vécu avec son sida. Deux ans sans le savoir. Il a connu toutes les phases de la maladie et tous les aspects de l'exclusion. Quand, en 1984, il a définitivement appris qu'il était atteint du sida, sa solitude fut double : solitude face à la maladie mais aussi solitude face au monde médical qui, en présence d'une maladie récente, ne s'était pas encore adapté à ses répercussions sur l'état psychologique des malades.

De la même façon que, très jeune, Hugues s'était cru homosexuel unique, il se croyait seul sidéen. Sur le conseil des médecins, il est parti vivre à Eybens, une petite ville de l'Isère. Ses médecins pensaient à juste titre qu'une vie au grand air de la montagne, le repos loin de la turbulence parisienne, lui seraient bénéfiques. Ils ne prévoyaient pas combien les bienfaits d'une vie saine seraient annulés par l'immense désarroi de cet homme de trente ans, seul dans un petit studio, dans une ville où il ne connaissait personne, coupé de son milieu professionnel et amical. Tous les quinze jours, il se rendait à Grenoble où il rencontrait les deux seules personnes qui le rattachaient au monde : le professeur qui surveillait son état et l'infirmière qui comprit son épreuve et lui témoigna sa sympathie. Le reste du temps, il arpentait les alentours de la petite ville. Il devait vivre avec 2 500 francs par mois, sur lesquels il payait son loyer dans une HLM et se nourrissait.

A ses parents, il avait annoncé qu'il était atteint d'un cancer. Sa mère, quelques années plus tard, alors qu'il se plaignait d'une extrême fatigue et avait succombé au désir de se replier quelques jours en famille, lui rétorqua : « Ne te plains pas, tu pourrais avoir le sida! »

Hugues est revenu à Paris en février 1986. L'infirmière de Grenoble le lui avait vivement conseillé. Et c'est à Paris, pris en charge par l'association Aides * et plus tard, conjointement, par l'association Aparts, qu'il connut un regain de santé. Il pouvait aller vers les autres et les autres venaient vers lui. D'autres malades certes, mais tout est mieux que la solitude et les interrogations sans réponses. Des bénévoles aussi qui l'aidaient à régler les questions matérielles qui s'ajoutaient à l'évolution de la maladie. Un prêtre, membre de l'association David et Jonathan **, devint peu à peu son seul ami.

« Au fond, c'est beaucoup mieux pour moi d'être ici à Paris, m'expliquait-il alors. Je me sens mieux, même si je sais que la maladie empire. Seul, en province, j'ai connu des moments affreux de dépression. C'est à cette époque que j'ai commencé à croire que j'étais maudit. Mes parents, des gens sévères et obtus, ignoraient tout de ma vie lorsque, à vingt-cinq ans, je suis venu m'installer à Paris. J'avais trouvé un boulot à la Sécurité sociale – tu te rends compte de l'ironie du sort! –, c'était pas brillant mais j'échappais au carcan familial. Ma mère m'avait menacé de toutes les calamités : « Paris te perdra! » prédisait-elle. J'en étais arrivé à croire qu'elle avait raison. Le sida c'était le châtiment de ma vie de désordre, alors qu'au départ cette même vie s'auréolait d'une liberté nouvelle. Heureusement, maintenant que je suis revenu à Paris, j'arrive à remettre de l'ordre dans mon esprit. Je dois dire que mes « amis », ceux qui avaient su dès les premiers jours que j'étais atteint, ceux-là ont disparu dans la nature! Je ne les ai jamais plus revus. Lorsque j'ai décidé de rentrer à Paris, j'ai téléphoné à trois d'entre eux pour qu'ils m'accueillent et m'aident à trouver un logement. Je pensais qu'en dépit de leur silence, ils n'auraient plus la même attitude face à une maladie plus connue, donc moins

* Les associations principales de lutte contre le sida, en France, sont répertoriées dans le lexique.
** David et Jonathan : association qui rassemble les homosexuels chrétiens. Représentée dans les grandes villes de province, elle réunit dans son mouvement 1 500 personnes, avec plus de 30 groupes à Paris et en province. 97bis, rue de Picpus, 75012 Paris – Tél. (1) 43 42 09 49.

effrayante. Ils sont restés très évasifs. Ils ne m'ont jamais rappelé à Paris quand j'ai pu leur écrire pour leur indiquer que je m'étais enfin installé. Ils se sont arrangés pour ne jamais me rencontrer. Sans Aides et Aparts, je m'enfonçais dans la solitude définitive. Je ne te parle pas de la tentation du suicide. Ce qui avant m'aurait paru misérable, ne fréquenter que des gens malades comme moi ou concernés par la maladie, me semble aujourd'hui une aubaine. Pour eux, je ne suis pas un pestiféré. Je ne suis plus seul. Je sais que nous sommes nombreux et que certains n'ont pas les mêmes chances que moi. Oui, nous sommes de plus en plus nombreux; c'est peut-être triste à dire mais cela me réconforte. »

Le 22 juin 1988, Hugues est mort. Il habitait dans le XVIIIe une chambre de bonne qu'une femme proche de Aparts lui prêtait. Une maigre allocation lui permettait de survivre. Les derniers mois, il retrouvait d'autres malades (deux hommes et une femme) qui partageaient un appartement. Il se joignait à eux pour les repas. Le plus valide était chargé de les préparer.

Hugues est mort. Au Père Lachaise, lors de l'incinération, il y avait sept personnes : deux des amis de la dernière heure, le jeune prêtre avec qui il avait pu longuement parler, une vieille tante célibataire, sœur de sa grand-mère, qui habitait Choisy-le-Roi, la femme qui lui avait cédé la chambre, moi-même et un ami qui m'accompagnait. Ses parents, prévenus trois semaines avant sa mort, ne sont jamais venus. Ni son jeune frère ni sa sœur aînée. Il est mort à l'hôpital Claude-Bernard. Le prêtre est resté près de lui le plus tard possible. Il n'est pas mort absolument seul. Mais c'est sa mère qu'il réclamait.

Jésus et le lépreux

« Hugues avait beaucoup de problèmes avec sa famille, me raconte l'abbé Régis M., il avait été élevé dans la religion catholique la plus stricte. Il ne pratiquait plus depuis longtemps mais il avait gardé une sorte de foi. Il pensait qu'il y avait un dieu. Il parlait beaucoup de Jésus. Il disait que lui, Jésus, pardonnait tout mais en même temps il n'avait pas vécu ses premières années à Paris sans malaise et sans culpabilité. Il n'était pas heureux dans notre société qui réduit l'individu à sa corporéité. Il avait besoin d'un idéal. Il n'avait jamais eu de véritable ami. Il vivait toujours avec le sens du péché. Le sida était une punition de Dieu. Il ne l'avouait pas mais dans les derniers temps, il me l'a laissé entendre. J'ai eu beaucoup de mal à essayer de le débarrasser de cette obsession, de lui faire admettre que Dieu est amour. Je pense que je ne l'ai pas connu assez tôt. Je lui ai donné l'absolution et il a communié mais je ne crois pas qu'il soit mort dans la paix. C'est un très grand dommage et pour moi, prêtre, une souffrance intolérable. »

L'Église catholique ne peut pas rester indifférente aux malades du sida. Sa situation est difficile. Comment accepter une maladie qui dans une grande majorité de cas est le signe d'un éloignement de ses dogmes et la trahison de ses lois?

Le sida c'est être homosexuel et l'Église condamne l'homosexualité ou du moins l'acte physique qui lui est subséquent. Le sida c'est être drogué et l'Église condamne les drogués quand ils ne s'amendent pas. Le sida c'est sortir de l'amour conjugal, dévier vers l'échangisme ou la pratique des prostituées. Comment accepter une maladie qui signale si fort un comportement en désaccord avec la morale de l'Église?

Mais l'Église qui met en œuvre la parole du Christ peut-elle renier ceux qui sont atteints par la maladie, ceux qui plus que quiconque sont démunis et hantés par la mort?

L'abbé Régis M. n'est pas seul. Sur le terrain beaucoup de prêtres, beaucoup de croyants pratiquants viennent au secours des sidéens. Le seul moyen est bien entendu de séparer la pratique de charité de l'idéologie. L'Église le fait dans d'autres circonstances, elle le fera donc pour le sida. Une fois de plus, les rôles seront distribués : ceux qui condamnent en bloc les sidéens, au nom de l'idéologie chrétienne, ceux qui s'adressent aux individus et retrouvent la parole du Christ.

C'est ainsi que lors d'un colloque, le 27 février 1988 : « Chrétiens face au sida », le groupe David et Jonathan comptait parmi ses intervenants plusieurs prêtres, dont le père Xavier Thévenot, professeur de théologie morale à l'Institut catholique de Paris. A juste titre, le père Xavier Thévenot soulignait que le sida est au cœur de la morale et de l'éthique :

« Je vais me permettre d'abord de redéfinir ce qu'est la morale, car la morale évoque spontanément dans nos esprits un quadrillage d'interdits qui empêchent de vivre. En réalité, d'un point de vue philosophique, la morale c'est ce à quoi on s'oblige quand on décide de donner sens à sa vie, malgré le mal et malgré l'absurde qui travaillent le monde, qui nous travaillent, qui travaillent nos sociétés. Autrement dit, la vie morale consiste à transformer le temps " bêtement " là, les heures qui coulent, en une histoire la plus sensée possible... Or le sida quand il atteint quelqu'un, soit sous la forme de la séropositivité, soit encore plus, sous la forme de la maladie, affecte complètement le temps de la personne, sa perception de l'avenir... [la morale] c'est ce à quoi on s'oblige quand on décide de croire que toute autre personne, que tout autre être humain a droit au même respect que soi. »

Le père Thévenot évoque bien sûr la parole du Christ mais aussi la vigilance qu'il faut déployer vis-à-vis des mécanismes d'exclusion :

« Toute société, à un moment ou à un autre, cherche des victimes émissaires, victimes qui sont à la fois " mêmes " et par certains points " autres " que les membres de cette société. On imagine que le malade du sida se prête spécialement bien malgré lui à ce mécanisme de la victime émissaire. On va donc chercher à le culpabiliser, pour éviter de regarder notre propre violence interne, et pour éviter de regarder notre propre culpabilité éventuelle. »

Le père Thévenot interroge également le sentiment de souillure qui est lié au sida :

« Il y a des choses, des pratiques, des réalités que spontanément le champ social estime souillées ou engendrant de la souillure. Quelles sont ces réalités? Ce sont d'abord des réalités qui rappellent la violence qui habite l'homme, par exemple le sang... Or, au cœur de la transmission du sida, il y a souvent le sang. Ce qui engendre aussi le sentiment de souillure dans une société, c'est ce qui rappelle la confusion originelle, l'indifférenciation dont est issue notre société. » Et de citer comme rendant impurs les mélanges de races d'animaux, les conduites sexuelles de bestialité, les conduites d'homosexualité qui semblent retourner à l'indifférenciation primitive : « [...] tout cela est vécu comme donnant de la souillure. Or il faut reconnaître que le sida a beaucoup pris naissance, malheureusement, dans les communautés homosexuelles. Donc spontanément, les sociétés ont dû retrouver ce vieux réflexe archaïque selon lequel, là où il y a moins de différence *, il y a plus de souillure. »

Et notre société assimile péché et souillure. Ces épanchements par lesquels se transmet le sida (sperme, sang... ce que le corps individuel émet de l'intérieur vers l'extérieur) sont ressentis comme preuves visibles de la corruption.

L'analyse du père Thévenot, dont nous ne pouvons reproduire que de courts extraits, montre bien le dilemme de l'Église : reconnaître que, dans la tradition archaïque de l'Église, le sida peut être assimilé au péché (avoir le sida c'est être puni pour le péché de la chair); dire bien haut que le prêtre, au nom de Jésus, est charité, amour du prochain, aide et soutien envers toute personne atteinte par la maladie et confrontée à une mort probable.

Cette alternative de l'Église a été fortement ressentie par les nombreux intellectuels qui assistaient à l'office religieux lors de l'enterrement de Guy Hocquenghem **, en l'Église Notre-Dame-des-Champs, le vendredi 2 septembre 1988. Quel était donc le « discours » de ce prêtre qui admettait une assistance en majorité athée, ne se prononçait pas sur la foi de Guy Hocquenghem, et se faisait un devoir de clarté en reconnaissant l'homosexualité du défunt et les causes de sa mort, le sida? Mais ne devait-il pas aussi rappeler qu'il était un ministre de l'Église catholique qui condamne cer-

* En l'occurrence, l'homosexualité est aujourd'hui la forme la plus visible de ce goût du même.
** Écrivain et militant homosexuel, décédé le 29 août 1988, auteur notamment d'un roman : *Ève* (éditions Albin Michel), vision allégorique d'un monde atteint par le sida.

taines pratiques? Discours difficile pour accueillir un mort gênant qui, lui-même, avait laissé les consignes de cette cérémonie. Récupération par l'Église d'un homme connu pour sa libre pensée? Je croirais plus volontiers, à l'encontre de plusieurs personnes choquées par les paroles du prêtre, que par sa mort symbolique et le désir d'une bénédiction catholique, Guy Hocquenghem, qui avait toujours fait signifier ses actes, obligeait un prêtre français à affirmer publiquement que l'Église du Christ était ouverte à tous et qu'elle s'interdisait tout acte d'exclusion. C'est le sens à mon avis de ces adieux chrétiens à l'écrivain connu pour son anarchisme, sa liberté, son homosexualité militante... C'est aussi le signe d'une Église partagée, une fois de plus! Grâce au ciel, les prêtres bénéficient de ce qui leur a toujours permis d'être en accord avec leur double appartenance : l'Église dirigée par le pape et l'Évangile. Ils agissent sans juger, en souhaitant profondément que l'être humain qu'ils accompagnent de leurs prières entre au sein de cette Église dont il s'est longtemps écarté. Le malade, au dernier stade de sa souffrance, peut alors accepter de renoncer à ce qui est source de sa contamination. Le prêtre qui, symboliquement, accueillait Guy Hocquenghem dans l'Église affirmait de toute manière un réconfort : le malade du sida, face à l'injustice humaine de la maladie, face très souvent au scandale d'une mort prématurée, a le droit, sinon la faiblesse, de désirer, au moment ultime d'une solitude immense, le soutien de Dieu. L'Église, du moins certains prêtres catholiques et les pasteurs d'autres communautés religieuses le comprennent. Là où la science s'effondre, Dieu resurgit et s'impose.

Monseigneur Lustinger crée le Centre Tibériade, ouvert aux séropositifs, aux sidéens et à leurs proches, depuis le 18 avril 1988. Lui-même, le 24 décembre 1987, s'est rendu au chevet de malades atteints du sida à l'hôpital Claude-Bernard. A Milan, monseigneur Carlo Maria Martini, cardinal archevêque de Milan, lors de son office, a lavé les pieds de douze jeunes drogués séropositifs et éducateurs d'une communauté d'accueil. Comme le Christ, selon la tradition du Jeudi Saint : « La charité de l'Eucharistie nous dit à qui adresser nos préférences : à ceux qui ont le plus besoin de la certitude de l'amour pascal. » Oui : charité, amour du prochain. Mais à y regarder de plus près, le sida est pour l'Église une « occasion » de rappeler plus que jamais la nécessité de son message et plus encore le bien-fondé de ses préceptes. A travers le sida, elle peut redire que notre monde qui a donné sa foi au corps, au plaisir, à la science infaillible, notre monde se trompe. C'est ainsi que le Vatican a sévèrement critiqué la première campagne officielle italienne de lutte contre le sida, lancée fin juillet par la télévision d'État, la RAI. Ce n'est pas incompatible! Nous ne sommes plus sur le plan de l'amour du prochain mais au cœur d'une conception morale de la vie et des rapports sexuels. Le Saint-Siège a qualifié cette campagne de « perverse » et a rappelé que, pour l'Église, le seul moyen de prévention demeure l'abstinence. Les auteurs de la campagne avaient pourtant pris un maximum de... précautions, ne faisant qu'une référence allusive aux préservatifs.

Bien sûr ce ne sont que les « extrémistes » qui osent dire le fond de la pensée de certains chrétiens, comme sir Rhoydes-Boison, député conservateur et ancien ministre qui, lors d'un débat à la télévision britannique, en juillet 1988, a déclaré très naturellement que le sexe avait été créé par Dieu pour la procréation et que, par conséquent, l'homosexualité était contre nature et que le sida pouvant être considéré comme une maladie essentiellement homosexuelle, il suffirait d'éliminer toute pratique homosexuelle pour voir disparaître cette maladie! N'écartons pas trop vite ces vociférations. Elles annoncent une ère de moralisme. Elles prouvent que le puritanisme veille, prêt à resurgir, que la liberté des mœurs récente et fragile cache d'étranges non-dits. Jean-Paul Aron n'a-t-il pas laissé échapper, à propos de son sida, que l'homosexualité ne rendait pas heureux... et l'on ne peut pas suspecter Jean-Paul Aron de sympathie avec l'Église. Ces propos épars, vite oubliés, révèlent la marée souterraine des vieilles terreurs qui se réveillent quand la vie conquérante est bafouée par la mort absurde. Sans condamner encore une sexualité si durement libérée de ses tabous, la morale réactionnaire rôde.

L'enseignement catholique a adressé à l'ensemble de ses

lycées une brochure sur le sida et l'éducation sexuelle et affective. Ce dossier aborde des questions d'éthique telles que la vision chrétienne de la sexualité en prônant la continence hors mariage. La chasteté « favorise, bien plus que la précocité sexuelle immature, l'intégration personnelle ». A chacun de juger en son âme et conscience. Il nous paraît néanmoins important de repérer ces discours, ces prises de position que l'on croyait relégués dans la nuit des temps. Contre toute prévision, ils ressuscitent. Le sida leur offre un regain de crédibilité.

Contamination et panique

Dans leurs confidences, les séropositifs, les sidéens reviennent rarement sur leur contamination. Eux savent que ce n'est pas d'avoir frôlé la main d'un malade qui les a infectés. Ils n'en parlent pas, mais s'ils ne peuvent pas toujours savoir qui les a contaminés, ils savent avec précision pourquoi ils ont été contaminés et dans quelles circonstances. Le sperme, le sang, nous l'avons répété. Quant à la salive, les points de vue sont controversés. Si on consulte les pages consacrées au sida dans les livres de classe, par exemple, on comprend l'incertitude de ceux qui les lisent. Il ne suffit pas d'écrire que 64 % des personnes atteintes par le sida sont des homosexuels ou des bisexuels. Quelle que soit la répulsion des auteurs de bouquins pédagogiques à éveiller la conscience des jeunes sur les pratiques sexuelles, ils n'ont pas le droit de livrer à la curiosité inquiète des adolescents des mots qui, isolés, provoquent la suspicion mais ne clarifient pas la question. Il faut dire pourquoi ces personnes plus que d'autres, il faut expliquer la pénétration anale et vaginale, leur différence qui est un problème de muqueuses plus ou moins fragiles ou blessées. La salive n'apparaît plus comme un agent supplémentaire et vague de contamination mais s'inscrit dans des processus de relations sexuelles qui ne sont pas uniquement localisées au sexe qui pénètre le vagin.

Mais à ce moment-là il faudrait aborder, avec une immense

objectivité, des domaines que, de toujours, femmes et hommes ont rejetés dans l'ombre de l'alcôve. Pour ne pas déflorer, sans doute, l'amour dont ils souhaitent envelopper la sexualité. Mais aussi parce que admettre les yeux ouverts les modalités différentes de la sexualité (hors d'un intérêt pornographique, cautionné par la séparation des genres) est bien plus traumatisant que de supposer un virus se répandant au petit malheur la chance, un virus que l'on peut attraper n'importe où, n'importe comment : et de viser le porteur du virus plutôt que d'envisager correctement les modes précis de transmission. Actuellement, l'attention des individus est concentrée sur les séropositifs : les gouvernements jettent en pâture à la panique qu'ils décèlent l'idée de dépistage qui, outre son côté policier efficace, a le mérite hélas d'être dans l'esprit des gens parfaitement compréhensible. Ses répercussions et son application sont bien plus complexes. Imaginons que l'on teste 35 millions de Français quatre fois par an, ce qui reviendrait à dépenser 16 milliards de francs, et que ferait-on des 200 millions de personnes qui franchissent chaque année nos frontières? Le virus n'est plus seulement diffusé dans les « groupes à risques » bien rassurants (ceux-là sont repérables croit-on!) mais dans toutes les couches de la population. Aux États-Unis, le pourcentage des hétérosexuels adultes contaminés par voie sexuelle (4 % des cas) a plus que doublé en une seule année! Aucun séropositif n'a pu être décelé dans l'état d'Illinois après la mise en vigueur de la loi instituant le dépistage systématique obligatoire du sida pour les futurs mariés, en janvier 1988, ce qui a diminué le nombre des mariages, par crainte des *faux* positifs! A l'hôpital Schwabing de Munich, des patients inscrits aux consultations les ont abandonnées de peur d'être fichés. Le nombre de ceux qui se font tester est en diminution alors qu'en France, en une seule année, les demandes de dépistage volontaire ou librement consenti ont triplé. En Bavière, certains renoncent même à l'aide sociale et à leurs droits, craignant d'être répertoriés et discriminés.

En Afrique du Sud, en République fédérale d'Allemagne (en Bavière), en Allemagne de l'Est, en Belgique, en Pologne, en Roumanie, en Bulgarie, dans certains États d'Amérique du Nord, au Japon, et plus particulièrement en URSS, des lois, des tentatives de dépistage systématique ont été instituées timidement ou de manière ostensible. Et dans certains cas, comme aux Pays-Bas, des malades ordinaires sont soumis au test sans que leur autorisation soit sollicitée *... Nous constaterons, avec le temps, que ces mesures cachent d'autres enjeux : ne pas aborder correctement la recherche, ne pas affronter avec vigueur une vraie campagne de prévention de peur de heurter les bonnes âmes. Car, en fait, derrière ce dépistage, cette chasse à l'homme, plus qu'une volonté intelligente d'enrayer la propagation, il y a le désir de moraliser à outrance face à la panique et à la peur **.

Le délire, il est aussi dans ces attitudes outrancières face à une contamination mal définie et soumise aux peurs irrationnelles. Un Égyptien, Faouzi Marmoud Ahmed, malade du sida, qui tentait de s'échapper d'un hôpital du Caire, a été abattu par le policier qui le poursuivait. Celui-ci a eu peur d'être contaminé par le sang d'une blessure que s'était faite le fugitif. Ce fait divers, unique dans son horreur, est un des signes précurseurs d'une angoisse capable de galvaniser une population qui désespère d'apprendre qu'un vaccin, un remède, sont en voie d'être découverts et qui assiste à la propagation de la maladie après être restée, très longtemps, ignorante de son évolution. Propagation de la maladie soudain visible par le phénomène d'une prolifération accélérée qui touche maintenant toutes les couches sociales et tous les milieux (visibilité fortement enregistrée aux États-Unis).

Moins spectaculaire que l'assassinat de Faouzi Marmoud Ahmed mais tout aussi significative est la distribution gratuite d'une brochure d'information sur le sida mise au point par le gouvernement régional conservateur CSU (Union chrétienne-sociale) de la Bavière, dans les agences de voyage, les

* Voir le chapitre « Le sida dans tous ses États », p. 145.
** Ces notes sont inspirées de l'article de Pierre Fontanié dans *ILLA*, mensuel chrétien d'information des minorités sexuelles.
ILLA est le bulletin publié par le Centre du Christ Libérateur (CCL), association présidée par le pasteur Doucé, un des hommes qui a le plus combattu pour le respect des personnes marginales et leur épanouissement. CCL : 3 *bis*, rue Clairaut, 75017 Paris – Tél. 46 27 49 36.

établissements sanitaires et les bureaux de la police des frontières. On peut y lire entre autres recommandations :

« Le simple contact de sécrétions corporelles infectées avec des muqueuses humides ou avec des lésions de peau microscopiques suffit probablement à la contamination. De ce fait, une infection n'est pas à exclure en cas de baiser profond. »

Les experts ouest-allemands ont contesté ces propos mais la plaquette circulait encore en septembre 1988.

Plusieurs compagnies d'assurances privées font des enquêtes auprès de leurs clients éventuels : font-ils partie des catégories ou professions considérées « à risques »? En Allemagne de l'Ouest, plusieurs de ces compagnies refusent de conclure un contrat avec les séropositifs. Sont dans le collimateur les prostituées, les drogués, les homosexuels mais aussi les pilotes, les stewards, les coopérants, les artistes, les coiffeurs... Le président de la Fédération des assurances-maladies a déclaré : « Aujourd'hui, le sida n'est pas assurable. »

En France, nous avons pu lire dans *Le Monde* du 13 avril 1988, les accusations portées par Michel F. contre la MGEN (mutuelle des enseignants) : dans un des centres dentaires, il s'est vu refusé des soins urgents à cause de la séropositivité qu'il avait cru bon de révéler au dentiste! Même attitude pour le syndicat des dentistes anglais (le General Dental Practitioners Association, qui regroupe 3 000 praticiens), qui menacent de cesser de soigner les séropositifs et les malades du sida.

Les serveurs d'un grand hôtel de Milwaukee (État du Wisconsin) ont exigé de porter des gants de latex sous leurs gants blancs pour servir un banquet d'homosexuels. Les serveurs avaient peur de contracter le virus avec la salive restée sur les couverts ou « simplement en touchant les gens » a expliqué un responsable du syndicat des serveurs.

La panique peut atteindre les malades eux-mêmes, ceux qui, face à l'exclusion, se vantent de contaminer le plus de personnes possible (au Brésil notamment, où des toxicomanes contaminés ont décidé volontairement de transmettre le virus du sida au plus grand nombre de partenaires possible *. Et relatons enfin ce fait divers, dans une liste de plus en plus longue qui, par l'ironie de la symétrie, rejoint le meurtre du policier égyptien : en RFA, un drogué de vingt-sept ans, atteint du sida, vient d'être condamné par le tribunal de Francfort à trois ans de prison, pour hold-up effectué sous la menace d'une seringue infectée (septembre 1988).

En France, bien que l'information préventive reste très timide, à part quelques dérapages comme la systématisation du dépistage parmi les employés de la mairie de Paris qui a été dénoncée, l'attitude générale reste relativement sereine. Mais il faut être vigilant vis-à-vis d'incidents épars qui lentement annoncent un avenir envahi d'irrationnel. L'*Infirmière Magazine* de juillet-août 1988 ne proposait-il pas un minitest : « Calculez votre risque MST »? avec une quotation de 15 à 20 selon le nombre de partenaires sexuels par mois, les antécédents vénériens, les fréquentations (dont les « hétérosexuels orogénitaux »), les lieux de rencontre, la profession, les voyages, l'alcool, la drogue... Tableau qui ne s'accompagnait d'aucune autre explication.

A chacun de rester chez soi et pour plus de sûreté de s'abstenir de toute relation sexuelle et de tout contact avec l'extérieur!

On peut comprendre pourquoi les Français ont accordé leur faveur (69 %!) à un dépistage obligatoire et systématique **.

Les certificats de séronégativité ne sont pas loin et, qui sait, les *sidatoriums* vivement conseillés par un mouvement d'extrême droite. On vacille un peu quand on ose se souvenir d'une histoire récente et de son génocide.

* *Le Monde*, 28 juin 1988.
** Sondage IPSOS publié le 21 février 1988 dans *Le Journal du Dimanche*.

6

QUI A LE SIDA?

Qui est malade du sida? Qui est séropositif? Qui est le plus exposé à la contamination? Ces questions exigent des réponses mais n'imposent nullement la nécessité que d'aucuns préconisent : le dépistage obligatoire. Il ne s'agit pas de savoir quelle personne en particulier est séropositive mais de connaître avec précision les groupes sociaux, les tranches d'âge, les professions, les pays, les régions de France qui sont le plus touchés par la maladie.

Un seul argument pourrait plaider en faveur de cette observation objective : la prévention. Comment mettre en place une campagne de prévention efficace, comment en étudier les stratégies si l'on refuse de cibler différemment des groupes de personnes différents. Le clip fort discret « le sida, il ne passera pas par moi » qui se voulait à la fois très général, accessible aux jeunes et allusif pour ne point choquer la population globale, ce clip est un échec. Tout le monde devait s'y reconnaître, personne ne s'y est reconnu et ceux qui étaient directement concernés moins que les autres. Le sida était perçu comme une épidémie angoissante mais mal localisée. Ce message n'a eu aucun impact parce qu'il alertait sans expliquer. L'individu ferme les yeux quand on ouvre une brèche sans lui donner les moyens de l'explorer. Le sida est bien moins mortel que le cancer (136 000 morts par an), bien moins mortel que les maladies cardio-vasculaires, les accidents de la route et même les accidents du travail (1 067 décès par an!). Néanmoins

92

arrive en deuxième position, après le cancer, comme priorité dans la prévention. Paradoxe qu'il est urgent de comprendre : l'individu ne se sent pas encore inquiété dans sa personne mais il se sent profondément atteint comme membre d'une collectivité, habitant d'un pays, et aussi comme terrien face à un virus qui, dans l'imaginaire, est une sorte d'arme sournoise capable de détruire progressivement la race humaine.

Nous ne connaissons pas, aujourd'hui, de maladie à la fois si évidente dans sa réalité et pourtant si totalement récupérée par l'imaginaire. Contrairement aux autres maladies contagieuses (et nous pensons aussi aux maladies du passé), le sida révèle un virus de groupe, met en lumière une maladie de tribu. La contamination se fait bien sûr d'individu à individu mais la transmission du virus se développe à l'intérieur de groupes spécifiques, puis se diffuse de groupe à groupe, par le biais d'individus « voyageurs », de porteurs difficilement identifiables (alors que les différents groupes où ils s'immiscent sont eux nettement circonscrits). Ces « voyageurs » inter-groupes ont une « double vie », comme ces meurtriers que les journaux à scandales affichent à la Une. Le sida, sa propagation percutent d'abord l'imaginaire : un phénomène de contamination qui dévoile les zones secrètes des individus et le sens caché de leurs pérégrinations. Une contamination qui maintenant se déplace dans l'hétérosexualité et devient l'affaire de chacun de nous.

La maladie des tribus

Ceux qui combattent la maladie et tous ceux qui la subissent ou la redoutent ne peuvent ignorer, ni écarter, la signification particulière d'un virus révélateur des modes de vie intimes. C'est en 1981 que j'ai, pour la première fois, compris qu'une maladie mortelle accablerait les homosexuels masculins. Je ne crois pas que l'on ait prononcé le mot sida à propos de Paul lorsqu'il mourut effectivement des conséquences du sarcome de Kaposi *.

Paul « voyageait ». J'étais une des rares personnes à qui Paul se confiait. Attaché commercial au ministère de l'Économie et des Finances, il occupait d'importantes fonctions au plan économique et représentait la France dans des transactions internationales.

Paul avait trois vies : sa profession où il se voulait compétent mais aussi irréprochable, une vie mondaine liée à son poste au ministère et ses escapades nocturnes dans les villes étrangères où ses fonctions l'amenaient à séjourner la majeure partie de son temps. Paul était célibataire. Il avait trente-trois ans quand il mourut. Une fiancée hypothétique l'accompagnait dans ses sorties officielles parisiennes; il avouait qu'il se marierait un jour, qu'il ne pouvait en être autrement. Son célibat prolongé était mis sur le compte des servitudes de son métier. Ses chefs appréciaient la disponibilité d'un homme libre d'entraves sentimentales et familiales, toujours prêt à prendre un avion. Pendant longtemps les ambassades, les consulats ont permis aux récalcitrants des traditions d'explorer, dans l'exil doré des postes à l'étranger, les plaisirs exotiques dans l'indulgence générale de ceux que réunit le goût de l'ailleurs sexuel.

A New York, à Mexico, à Caracas, en Suède, au Maroc, à Nairobi... Paul avait fini par créer ses propres réseaux privés, ceux, occultes, de l'homosexualité. La frénésie à satisfaire ses désirs secrets était d'autant plus forte qu'il se devait, à Paris, de préserver l'image impeccable d'un haut fonctionnaire au-dessus de tout soupçon. Pratiquement, Paul s'interdisait en France toute vie affective et sexuelle. La peur du scandale, la vulnérabilité de son emploi, une mère veuve qu'il adorait, autant de raisons pour refuser une vie harmonieuse avec un homme, pour s'amputer d'une aspiration fondamentale. Oserais-je dire que le sida est aussi une mala-

* Kaposi : le sarcome de Kaposi est une sorte de cancer de la peau se traduisant par l'apparition de taches violettes. Dans sa forme la plus grave, le sarcome de Kaposi peut toucher, non seulement la peau, mais également de nombreux organes internes. Jusqu'à l'apparition du sida, le sarcome de Kaposi était une maladie extrêmement rare et limitée géographiquement.

die propagée par la morale et les valeurs d'une bourgeoisie sévère et catholique, valeurs largement assimilées par la petite bourgeoisie et le prolétariat? Paul mourut très vite. Nous ne sûmes jamais ce que sa mère avait pu comprendre. Quand je suis allé le voir une dernière fois, quatre jours avant sa mort, nous nous sommes parlés par l'intermédiaire d'un téléphone, séparés par la vitre épaisse qui l'isolait. Il m'a demandé de prendre les clés du studio qu'il habitait dans le même immeuble que sa mère, de m'y faufiler à son insu, de le vider de tout ce qui pourrait tomber entre les mains de sa mère et lui révéler ainsi, brutalement, sous la forme de revues, de films, de lettres et de gadgets pornographiques, son homosexualité si bien dissimulée. Durant ces quelques minutes, il a retrouvé toute sa vitalité pour m'expliquer avec précision et ironie les « caches » où il accumulait ses « trésors ».

Paul n'a pas eu le temps de saisir la portée de sa maladie. Il disait pourtant : « J'ai attrapé cette saloperie dans un de ces foutus saunas new-yorkais! » C'était sa conviction, proche de la vérité sans aucun doute; mais que ce soit New York, Caracas ou Nairobi, il savait que sa maladie, sexuellement transmissible, s'inscrivait obligatoirement dans les rites de l'homosexualité, partagée et accomplie avec des partenaires qui étaient, de toute façon, comme lui, des errants de la jouissance, les disciples d'une conception itinérante du plaisir. Paul ne m'a jamais dit : « C'est untel qui m'a refilé ce virus qu'on ne connaît pas! » Mais Paul savait que cette maladie nouvelle avait pour origine la tribu homosexuelle internationale, ce groupe qui fut le premier à risques, le premier atteint, décelable et il ne faut pas craindre de le dire, le premier à avoir véhiculé le virus dans les pays occidentaux et en Amérique. Et c'est en ce sens que le sida a rejoint dès son apparition les zones suspectes des peurs et des rejets, c'est aussi pour cela que les pays fermés sur eux-mêmes n'admettent pas que le virus puisse les atteindre, car ce serait avouer qu'eux aussi n'évitent pas la survie des minorités subversives. Le virus du sida n'a pas de point de départ géographique mais il est toujours perçu comme venant de l'extérieur. La question : « Qui a le sida? » entraîne immédiatement une autre interrogation : « D'où vient le sida? » L'énigme de son origine amplifie les divagations imaginaires dont les réactions sociales afférentes à la maladie sont envahies. Si nous accréditons les croyances les plus couramment divulguées, c'est l'Afrique, l'Afrique noire, qui serait le berceau de la maladie. L'Afrique noire fait resurgir des mythologies incrustées en nous depuis toujours : les rites primitifs, le corps libéré d'entraves (le nu opposé au vêtement social), la symbolique du sexe, la prédominance du phallus. La fascination que l'Afrique exerce encore sur les anciens pays colonisateurs a la vie dure dans une légende où son attirance délétère continue de régner. Nous demandons à ces régions en voie de modernisation de garder leurs traditions qui, pour nous, sont synonymes d'eldorados du plaisir, de sensualité, d'amoralité et de loisirs souverains.

Les coïncidences — mais le hasard y a peu de part — confirment cette vision manichéenne. Les États-Unis et la France, pays ouverts, aux frontières longtemps accueillantes, ne sont-ils pas les premiers atteints en profondeur par le sida? Et l'Afrique noire n'est-elle pas la plus durement touchée par le virus? Où est le point de rencontre entre ces deux civilisations opposées? Quel rapport doit-on faire entre la contamination hétérosexuelle en Afrique et la contamination, d'abord homosexuelle, en Amérique et dans les pays européens? La réponse est évidente : le sexe, la drogue, les éléments déviants de nos sociétés rigides fascinées par l'exotisme des sociétés tribales. Le sexe et la drogue, derniers recours contre l'organisation intransigeante du travail, de la productivité et de la concurrence. Le sida est alors la maladie des « hommes », ceux qui quittent le foyer ou le refusent, les solitaires séduits par la sexualité sans engagements ni choix précis. Le sida serait la maladie des groupes secrets reconstruits dans l'ombre de l'organisation sociale traditionnelle. Cette analyse excessive définit mieux l'impossibilité de comprendre la réalité d'une maladie sans envisager en premier la prédominance du groupe sur l'individu, sans accepter cette notion de confrérie où l'individu se dépouille de son moi social pour n'être plus que son moi désirant.

Au-delà des données objectives, le sida est traversé par

un imaginaire tout-puissant. Il faut abandonner l'habitude de se cantonner aux classifications traditionnelles des individus dans nos sociétés occidentales, ou du moins cette répartition étant admise, il faut étudier d'autres groupes qui traversent les premières catégories, affinent la perception d'une contamination qui, au premier chef sexuelle, brouille radicalement les enjeux conventionnels.

L'ordre est compromis, la bonne conscience en est perturbée. En extrapolant nos certitudes, en écho au non-dit des populations, on peut définir le sida comme la maladie du métissage, la maladie des petits groupes; le sida est la maladie de l'Afrique, primitive, mythique, légendaire, exotique... Le sida est la maladie des voyageurs, des adeptes des lieux clos du plaisir, de la promiscuité sexuelle, des bordels, des saunas, des espaces où l'homme oublie son rôle social et retrouve ses fantasmes, les espaces où se créent, furtivement, une autre égalité, d'autres signes de reconnaissance (quand l'ordre social est momentanément inversé!), égalité et signes qui témoignent du ralliement occulte des vagabonds de l'amour. Il n'est pas irrationnel que l'imaginaire populaire accuse le sida d'être l'expression meurtrière des forces débridées et incontrôlables des cultures primitives vouées à la fête et au plaisir lorsqu'elles envahissent l'Occident soumis au travail et au refoulement.

Contrairement aux grandes épidémies des siècles passés, le sida ne se propage pas d'individu à individu que l'on pourrait additionner mais à l'intérieur de cercles qui s'entrecroisent, des groupes successifs qui se contaminent par la connexion de réseaux souterrains qui ne correspondent pas à la classification sociale admise par les sociétés économiquement compétitives.

Les responsables publics n'ont pas voulu le comprendre alors même que certains médecins les interpellaient à ce sujet. La prévention n'est possible que lorsqu'elle s'implante en premier à l'intérieur des rites de ces groupes particuliers. C'est ce qu'ont très vite compris les homosexuels (mais qui a osé s'adresser aux homosexuels directement sous peine de sympathie particulière au préjudice d'une image décente de politicien?). C'est ce qu'on a voulu faire comprendre aux drogués en rendant libre la vente des seringues, c'est ce qui devient difficile aujourd'hui, alors que les groupes s'amplifient et débordent : les hétérosexuels sont contaminés à leur tour et au lieu d'adopter et d'adapter rapidement les consignes de prévention, ils s'interrogent encore sur l'origine du mal et l'extravagance de sa propagation.

Des chiffres quand même

Les chiffres relatifs au sida n'ont d'intérêt que comparés, analysés mais surtout envisagés dans le temps. L'année 1988 marque à notre avis des perspectives nouvelles pour trois raisons :
— Le remède à la maladie, le vaccin qui l'enrayerait ne sont pas découverts.
— La transmission de la maladie se stabilise ou ralentit dans les groupes à risques (à l'exception des toxicomanes).
— Le nombre d'hétérosexuels, de femmes, d'enfants contaminés augmente.

Ces trois constats doivent être interrogés simultanément et il est imprudent d'énoncer un chiffre, aussi officiel soit-il, s'il n'est pas immédiatement éclairé par un autre. C'est ainsi que l'on peut dire que le nombre de cas de sidas est en constante progression. Les chiffres publiés par l'Organisation mondiale de la santé (OMS) le 30 juillet 1988 sont éloquents : 108 176 cas de sidas avérés dans le monde contre... 85 en 1980 et 50 997 en 1986 ! Néanmoins l'augmentation de 1986 à 1987 est de 41 230 cas, alors qu'elle n'est plus que de 15 949 cas de 1987 à 1988 ; de même il serait abusif de donner à froid la répartition par continent (Afrique : 14 786 cas, Amériques : 78 908, Asie : 264, Europe : 13 214, Océanie : 1 004). Il faut bien sûr les comparer à la population totale et surtout se demander si certaines régions du monde sont en mesure (ou admettent) de communiquer des chiffres fiables.

Dans la ligne de notre propos, et par rapport à l'incidence « Afrique-Amérique du Nord-Europe » nous remarquons que les pays les plus touchés sont : les États-Unis (69 085 cas), l'Ouganda (4 006), la France (3 628), le Brésil (2 956), la République fédérale d'Allemagne (2 210), le Kenya (2 097)... en prenant soin de noter que la France détient (derniers chiffres dont nous avons eu connaissance) le triste record européen du plus fort taux de sida (55,3) par million d'habitants... Des chiffres laissent perplexes : l'URSS n'enregistrerait qu'un total de... 4 cas de sida, l'Iran et l'Irak... aucun!

Beaucoup plus révélateurs sont les chiffres publiés par le Comité de surveillance du sida en Europe qui regroupe trente instituts ou ministères conjuguant leurs recherches pour mieux cerner les problèmes posés en Europe par le virus du sida. L'Europe totaliserait en juin 1988 14 299 cas de sidas avérés soit une augmentation de 108 % (7 417 cas nouveaux depuis 1987). Plusieurs pays d'Europe avec les États-Unis sont particulièrement touchés par la maladie mais rappelons que l'augmentation des derniers mois voit son chiffre diminuer par année d'observation sans pour autant atténuer la progression irréversible. Les projections restent pessimistes avec une augmentation de cas de 44 par semaine en France, 28 en Italie, 27 en Espagne, 24 en République fédérale d'Allemagne et 13 au Royaume-Uni.

C'est au rapport du Comité de surveillance dans ces trente pays d'Europe que nous empruntons la répartition par âge et sexe, chiffres éloquents dans la mesure où ils indiquent le « déplacement » de la contamination.

En Europe, 12 415 adultes de sexe masculin sont atteints du sida, 215 enfants de moins de 13 ans (garçons), 1 528 adultes de sexe féminin, 141 filles de moins de 13 ans. Les femmes et les enfants représentent encore un pourcentage faible (11,7 % de femmes contre 88,3 % d'hommes) mais en progression. Quant à l'âge des personnes atteintes par le sida, longtemps cantonnées entre 20 et 50 ans (85,4 % en juillet 1988), il déborde vers des tranches d'âge inférieures (2,6 % ont moins de 14 ans, 0,9 % de 14 à 19 ans) et supérieures (10,7 % ont plus de 50 ans). Ces pourcentages doivent être examinés avec soin : ils modifient le champ habituel d'investigation en révélant les cas de sida transmis par la mère porteuse du virus, une adolescence jusqu'à ce jour préservée et des personnes âgées appartenant pour la plupart au groupe des transfusés et qui sont aujourd'hui les victimes d'un virus qui circulait dans le sang avant les mesures spéciales prises en 1985 lors des dons de sang.

Les pays européens gravement contaminés, les États-Unis dans une phase critique, la France premier pays d'Europe atteint par le sida sont les conclusions pessimistes de l'observation des chiffres.

En Afrique, le problème atteint aussi son paroxysme. Le docteur Ryder, responsable d'un programme de recherche sur le sida au Zaïre, estimait en avril 1988 que l'épidémie avait atteint son point culminant après avoir décuplé entre 1970 et 1980. Le nombre de personnes infectées dépistées chez les femmes enceintes et les donneurs de sang reste stable depuis quatre ans à Kinshasa, où 6 % (chiffre énorme) de la population est atteinte par le HIV; le docteur Ryder précisait que la contamination était essentiellement hétérosexuelle, contrairement à l'Occident.

Le « cancer gay »

Michaël Pollak *, chercheur en sociologie au CNRS, travaille depuis 1985 à éclairer les liens sociaux qui existent entre les phénomènes de la peur et de la prévention, et les changements de comportements individuels face au sida. Il est le seul (en collaboration avec l'hebdomadaire homosexuel *Gai Pied*) à avoir étudié plus particulièrement la propagation de la maladie et les réactions dans la population homosexuelle française. Questionnaires largement diffusés, enquêtes, sondages repris chaque année et comparés lui ont permis d'étudier un groupe à risques, étude qu'il complète d'ailleurs par des enquêtes de la population générale en Ile-de-France.

Pour lui, le sida est un révélateur social qui souligne les inégalités, met en valeur la possibilité d'adaptation de certains groupes, établit un rapport entre la peur de la maladie

* Sociologue, chercheur au CNRS. Il étudie depuis plusieurs années l'épidémie de sida et ses conséquences et a écrit un livre intitulé *Les Homosexuels et le sida, sociologie d'une épidémie* aux éditions A.-M. Métaillé.

et la précarité de l'emploi par exemple, l'isolement des individus, la plus ou moins grande possibilité d'information et les moyens de la comprendre. Pour lui également, les campagnes de prévention échouent parce qu'elles ne tiennent pas compte des liens sociaux, des lieux géographiques, des modes de vie, des couches sociales et des médias capables de les divulguer. Il insiste sur la rapidité avec laquelle la population homosexuelle a compris l'urgence de la prévention et l'a mise en pratique. Les moyens internes à ce groupe en France (journaux spécifiques dont principalement *Gai Pied Hebdo,* services minitels, associations) ont diffusé une information dont la population générale n'a aucun exemple similaire.

Il est heureux que le déclenchement de la maladie en France, ou du moins son émergence visible, n'ait pas seulement donné lieu à un tapage médiatique dangereux (souvenons-nous des titres de journaux et notamment de l'expression « Cancer gay ») mais ait conduit les médecins, les chercheurs, des organismes et des associations, à envisager le sida avec compétence dans le milieu homosexuel. En 1985, lorsque Michaël Pollak commence ses recherches, le sida concerne presque exclusivement les homosexuels masculins et les toxicomanes.

En France, en 1985, sur 260 cas de sida répertoriés, toutes nationalités confondues, on comptait 176 homosexuels et sur 184 malades de nationalité française, 160 homosexuels. La même année en Europe, homosexuels et homosexuels-toxicomanes représentaient 85 % des malades. Il est aussi significatif que dans les chiffres diffusés il y a trois ans, les hétérosexuels n'apparaissaient pas!

Ce retour en arrière est nécessaire pour mieux comprendre le silence qui a entouré le sida dans un premier temps. Parler du sida c'était parler de l'homosexualité masculine, en d'autres termes que ceux utilisés jusqu'alors : sujets scandaleux et racoleurs, présentation caricaturale des « pédérastes » entre la monstruosité et la mythologie. Le sida imposait de mieux comprendre des modes de vie, de ne plus les laisser dans l'ombre et le secret. C'est le sens de la lettre parue dans *Libération,* entre les deux tours des présidentielles, dans laquelle Frank Arnal * et moi-même attirions l'attention sur le danger de vouloir ignorer que la maladie était avant tout, et pour longtemps, cantonnée à la population homosexuelle masculine (attitude qui au premier regard pouvait satisfaire les homosexuels eux-mêmes : ne pas créer d'ostracisme, ne pas désigner de bouc émissaire) :

« [...] les deux tiers des cas connus en France sont dus à une transmission par contact homosexuel. Au simple énoncé de ce fait, la tâche si simple de prévention, d'information, d'accueil se transforme en une épineuse affaire morale. Jamais maladie n'a donné lieu à autant de commentaires et à si peu d'initiatives publiques. Lutter contre le mode de transmission, c'était pour beaucoup, lutter contre l'homosexualité. Raisonnement qui était avant tout un alibi pour ne rien faire car il cachait une autre logique, il fallait combattre " avec " l'homosexualité donc " avec " les homosexuels. [...] Cette reconnaissance nécessaire de la réalité homosexuelle sera un des enjeux fondamentaux de la réussite d'une politique de lutte contre la maladie. [...] Cela demande des moyens financiers mais aussi la rupture avec certains tabous. [...] Parler d'homosexualité sans détours, la banaliser enfin, c'est l'unique façon de dépasser un des écueils qui nuit à la prévention et à l'information. Certes, il faut envisager aussi les contaminations intergroupes : les campagnes générales ne sont pas inutiles, au contraire. Reste qu'il n'y a pas des malades plus innocents que d'autres. Tous le sont et ont droit à notre sollicitude, notre aide, notre attention. Les coupables sont ceux qui refusent la dignité à une majorité de malades **. »

Ce silence relatif quant aux homosexuels atteints du sida n'est pas totalement négatif s'il faut choisir entre une condamnation de l'homosexualité et cette forme de trop grande discrétion. Il est déjà plus que regrettable que l'extrême droite, sans expressément nommer les homosexuels, ait rangé les « sidaïques » parmi les signes d'un monde en décadence. Rappelons une manifestation lepéniste auprès de

---

* Journaliste, un des directeurs de la rédaction de *Gai Pied Hebdo*.
** « Reconnaître la réalité homosexuelle », *Libération,* 2 mai 1988.

madame Barzach (avril 1988) et un groupe : « Sida, la vérité pour nos enfants », brandissant des pancartes « Dépistage national systématique obligatoire et anonyme ». Nous savons les faciles dérapages qui peuvent condamner une minorité au nom de la morale. Mais dans leur ensemble, les Français sont restés lucides et n'ont pas dépassé les limites des réactions admissibles. Selon le sondage IPSOS-GPH dont nous avons déjà parlé, 71 % des Français s'opposent à l'interdiction des revues et journaux homosexuels. Pour mieux saisir l'évolution des attitudes de la population générale vis-à-vis des homosexuels responsables de la diffusion du sida, il est significatif d'ausculter la répartition des réponses à la question : « D'après ce que vous savez, quels sont les rapports sexuels qui entraînent un risque de contamination du sida ? »

Les réponses révèlent clairement que d'une maladie d'homosexuels, le sida est devenu « en plus » une maladie sexuelle. En 1985, le même sondage indiquait que 64 % des personnes interrogées pensaient que la relation homosexuelle était en cause et seulement 38 % accusaient les rapports avec des partenaires multiples, 33 % la sexualité de groupe. En 1988, les pourcentages s'équilibrent avec en même temps une connaissance plus réaliste des causes de l'infection : 77 % pensent que les rapports avec un partenaire homosexuel sont en cause mais 76 % admettent que les rapports avec des partenaires multiples sont aussi dangereux, 67 % avec des prostitué(e)s, 63 % dans des rapports sans précautions, 60 % par la sexualité de groupe, 59 % avec un partenaire bisexuel... Ces chiffres qui oscillent entre 60 et 77 % marquent combien, en l'espace de trois ans, le regard porté sur l'homosexualité comme seul initiateur du sida a évolué.

Heureux pays que la France qui garde une attitude rationnelle ! Ces réactions de la population générale correspondent d'ailleurs aux nouvelles orientations de la maladie. En 1988, selon les chiffres les plus crédibles (Comité de surveillance du sida en Europe), la répartition du Sida en France se modifie. 59 % de la transmission est homosexuelle ou bisexuelle, 13,6 % émane des toxicomanes et 10,2 % est une transmission hétérosexuelle.

Toujours en Europe, la transmission homosexuelle concerne

103

principalement l'Europe du Nord (par ordre ascendant, la France, la République fédérale d'Allemagne, la Norvège, la Suède, le Danemark, le Royaume-Uni et les Pays-Bas) alors que la contamination par les toxicomanes est largement majoritaire en Italie et en Espagne, et par les hétérosexuels en Belgique...

Retenons aujourd'hui le chiffre total en Europe d'une transmission homosexuelle descendue à 55 %, ce qui bien sûr bouleverse les options de la prévention et des mises en place des structures d'accueil, sans oublier le changement, déjà amorcé, des mentalités vis-à-vis de la maladie.

Pour mémoire

Les homosexuels, interrogés individuellement, ne cachent pas un certain soulagement à l'énoncé de chiffres qui ne les isolent plus dans le clan des groupes à risques. Toujours maladie d'hommes (89 % des malades sont de sexe masculin), maladie des homosexuels certes, les nuances apportées par les statistiques et leur libellé montrent la généralisation de l'épidémie et libèrent les homosexuels d'un double opprobre. La classification des groupes de transmission associent homosexuels et bisexuels et cette alliance met en évidence la difficulté d'enfermer l'homosexualité dans un ghetto rigide, elle permet aussi de mieux saisir le passage du virus d'un groupe à un autre. Ces mêmes statistiques sont obligées d'inclure une voie de transmission qui n'apparaissait pas jusque-là : les hétérosexuels hommes et femmes. Cet affinage de la transmission de l'infection, aussi dramatique soit-elle, a le mérite de mettre en lumière des modes de vie qui ne sont pas aussi cloisonnés qu'on voulait l'imaginer. Mais le passé est lourd. Les homosexuels enfermés dans le silence ont subi et assumé la maladie alors qu'elle s'installait, avec tout ce que cela comportait de mystère, d'ombre, de tâtonnements. Aujourd'hui, ceux qui meurent sont les héritiers de la première phase de l'épidémie : homosexuels et drogués. Ce sont les homosexuels qui ont contribué à préciser plus rapidement les attitudes des médecins : la première « clientèle » des hôpitaux était une clientèle d'homosexuels jeunes et appartenant à la classe moyenne supérieure. Des hommes seuls mais exigeants, bien informés, cultivés, sans doute plus faciles pour le personnel médical. Maintenant que le groupe des toxicomanes va s'amplifiant et que se développe le groupe des hétérosexuels, des problèmes cruciaux vont surgir dans l'approche de la maladie. Aux individus solitaires vont s'ajouter des personnes directement reliées à une famille ou un groupe social précis. Un homosexuel atteint du sida est très souvent isolé (s'il ne l'est pas, il le devient) : les soins, les consignes de prévention, la discipline de vie n'entraînent pas une modification spectaculaire de son statut précédent. Si l'homosexuel a un ami, celui-ci coopère immédiatement : il sait ce que cela veut dire. Jean-Louis n'a pas changé grand-chose à son mode de vie (sinon supprimer ses aventures sexuelles) mais combien plus démunis sont Arnault ou Muriel, directement tributaires des ukases du monde hétérosexuel.

Depuis le tout début de l'apparition de la maladie, l'homosexuel a très rapidement assimilé les consignes de prévention. Il est plus facile pour un homme qui rencontre des hommes d'inclure le préservatif dans la relation sexuelle, il lui est plus facile aussi de transformer des relations sexuelles qui déjà pouvaient se limiter à des contacts superficiels sans que le partenaire s'interroge ou soit choqué : des homosexuels entre eux peuvent parler. La peur du sida précède automatiquement toute rencontre, surtout à Paris ou en Ile-de-France où plus de la moitié des homosexuels sont séropositifs et le savent. Pour eux, le dépistage est une nécessité proche. En France où les gouvernements, la médecine, ont su préserver la liberté des homosexuels, ceux-ci très naturellement, et avec un sens réel de leur responsabilité, subissent facilement le test (chaque homosexuel sait qu'il a toutes les raisons de s'y soumettre!) et appliquent les consignes de prévention. Un homosexuel a l'habitude d'assumer sa vie solitairement et, s'il la partage, l'homme-ami est dans les mêmes dispositions d'esprit. La sexualité des homos est aussi, il faut le dire, dans la ligne directe des « jeux » adolescents ou infantiles (curiosité du sexe de l'autre semblable mais en même temps liberté et simplicité d'une sexualité qui s'exprime sous des formes que l'on connaît depuis toujours : étreintes, masturbation)... aisance difficile dans la relation hétérosexuelle surtout quand elle débute, relation marquée par la différence des sexes qui lui donne tout son prix mais crée d'autres obstacles.

Il est vrai, a contrario, que l'homosexuel est symboliquement celui qui favorise la sodomie, très souvent assimilée à l'homosexualité masculine. Il faut d'abord dire que la sodomie ne fait pas automatiquement partie de l'homosexualité, qu'elle est certes un fantasme hautement masculin mais participe de l'hétérosexualité. Il serait faux de supposer qu'une relation homosexuelle inclut automatiquement les pratiques de pénétration. S'il en était ainsi, on peut supposer que la population homosexuelle serait décimée, sinon anéantie. Mais il est vrai aussi que les pratiques sexuelles anales ont accéléré la contamination. J'ose signaler ces éléments parce que je suis conscient qu'il ne peut y avoir de véritable prévention sans ces précisions. Sur huit livres de classe de sciences destinés aux enfants de Quatrième des collèges, un seul complétait l'énoncé abrupt des 64 % de transmission homosexuelle (chiffres de 1987 quand les bouquins ont été composés) par deux indications qui me paraissent primordiales : pourquoi le sida s'est-il d'abord répandu parmi les homosexuels et comment cette contagion est-elle possible? On ne peut escamoter les muqueuses fragiles de l'anus si l'on cite celles du vagin. Mes propos peuvent sembler relever d'un prosélytisme dangereux et soulever la question d'une enfance préservée... à qui il n'est pas souhaitable d'indiquer trop crûment les formes du plaisir, mais si l'on pense à juste titre qu'il est impératif que les jeunes soient informés, il faut être à même de répondre à « toutes » leurs questions. Il y a des ombres qui sont nuisibles et quant à débloquer l'éducation sexuelle (ce qui dans d'autres temps n'était peut-être pas absolument compatible avec l'attente de l'amour) il faut en éclairer tous les aspects et ne pas diviser la sexualité en escamotant une part que le sida a définitivement mise en lumière.

Les homosexuels français sont privilégiés, par rapport à

106

ceux d'autres pays. Nous verrons dans le chapitre « Le sida dans tous ses États », comment à Munich, par exemple, les mesures prises contre la propagation du sida font des homosexuels des victimes et des individus traqués. Les solutions préconisées par Peter Gauweiler *, secrétaire d'État attaché au ministère de l'Intérieur, n'aboutiront d'ailleurs qu'à l'inverse des buts invoqués, mais satisferont un électorat traditionaliste et catholique. En France, on sait – même s'il n'en est jamais rien dit – l'importance de la « coopération » homosexuelle dans la lutte contre le sida. On le sait, on l'utilise. Sagesse à ne détruire sous aucun prétexte au risque de nuire aux efforts entrepris.

Le sang des autres

En juillet 1988 mourait André Leroux, le président de l'Association française des hémophiles. Il est mort du sida à l'âge de quarante-neuf ans. Environ 60 hémophiles sont déjà morts en France à la suite d'une contamination par le virus et plus de 1 500 sont séropositifs.

Les hémophiles, les transfusés sont sans doute, avec les enfants infectés, nés de mères séropositives, les victimes qu'aucune morale aussi subjective soit-elle ne peut entacher de responsabilité.

Ce sang que l'on a reçu en toute innocence était contaminé. Aucune intervention ne peut enrayer le mal ainsi inoculé. On parle peu des hémophiles, on parle peu des transfusés. L'imaginaire n'a pas de prise sur cette forme quasi clinique de contamination. Mais ceux qui sont atteints du sida par la faute d'un sang anonyme infecté du virus souffrent violemment, non seulement dans leur corps, mais aussi dans leur esprit. « Je vis maintenant, si l'on peut appeler cela vivre, avec le sentiment épouvantable de la plus grave injustice », raconte Marcel M., un homme de cinquante-quatre ans qui me reçoit dans le pavillon de banlieue où il habite,

* A la mort de Franz Joseph Strauss, le nouveau ministre-président de Bavière, M. Steibl, a démissionné Peter Gauweiler, ce qui apparaît comme un geste de libéralisme.

avec sa femme et son dernier fils. « Quand j'ai appris que j'étais malade, je n'ai pas voulu comprendre. J'étais fatigué depuis longtemps, je maigrissais, je souffrais de douleurs dans le dos et régulièrement j'étais dérangé par des troubles intestinaux. Je mettais ces malaises sur le compte de l'âge. Lorsque, après plusieurs tâtonnements, une série éprouvante d'examens, le médecin m'a enfin révélé ma maladie, je n'ai absolument rien compris. Il a fallu plusieurs discussions avec lui pour que j'établisse un rapport avec une transfusion sanguine à la suite d'un accident stupide : en février 1984 j'étais tombé de mon vélomoteur, renversé par une voiture. L'accident n'était pas grave et n'a laissé aucune séquelle – si ce n'est bien sûr cette terrible maladie! – mais j'avais perdu beaucoup de sang à cause de la lenteur des secours. Je m'étais heurté à la grille qui entourait un tronc d'arbre. [...] Les gens qui s'approchèrent n'ont pas songé à me faire un garrot. Bref, le sang pissait de partout. Mais les médecins étaient bien plus préoccupés, et moi aussi, par les résultats des radios que par ce sang perdu, vite récupéré. Et voilà, voyez où j'en suis! On ne peut pas m'accuser de m'être envoyé en l'air avec n'importe qui ou de m'être drogué! J'ai même pas le " réconfort " de payer pour des choses comme ça. La vraie malédiction. Ah, oui ça c'est la vraie malédiction! »

En France, 1,1 % des cas de sida concernent les hémophiles (ce chiffre est stable mais, dans ce groupe, 50 à 70 % sont infectés par le virus). La stabilité est aussi reconnue chez les transfusés qui représentent 6,8 % des cas, ce qui est important. Le débordement par le haut des tranches d'âge habituellement reconnu s'explique en grande partie par une contamination due aux transfusions d'avant 1985. La stabilité est d'ailleurs relative. Ces pourcentages ont légèrement augmenté au cours du deuxième trimestre 1988, conséquence d'une longue incubation. En Europe, les pourcentages sont assez proches de ceux repérés en France. En ne considérant que les adultes (au-dessus de treize ans), le chiffre global en Europe de sidas en liaison avec l'hémophilie est de 4 %, en liaison avec les transfusions sanguines de 4 % également. Mais ces chiffres s'amplifient en Afrique et en Amérique du

Sud, et surtout ils prennent un sens plus grave quand on observe le pourcentage d'enfants (moins de treize ans) infectés : 12,1 % d'entre eux le sont par transmission hémophile, et 13,2 % par transfusion... sans compter les enfants nés de mères atteintes de sida ou à risque élevé de sida, elles-mêmes contaminées par transfusion sanguine.

Marcel M. penserait peut-être que le cas d'Arnault, contaminé par utilisation d'une seringue infectée, n'a rien de comparable avec le sien. Se laisserait-il attendrir par sa jeunesse? Il est à craindre qu'il penserait que la drogue, on la choisit. Nous avons évité de lui poser cette question. Nous redoutions d'entendre la vindicte qui accuse les toxicomanes de s'inoculer eux-mêmes le sida! Et pourtant, pour Arnault, se droguer avec des amis, se passer la seringue n'était pas une déchéance mais une forme de convivialité, une manière (destructrice peut-être) de communiquer, de se sentir parmi les autres, de s'évader quelques heures, quelques minutes parfois, du carcan de la vie quotidienne, des difficultés d'une adolescence en mal de vivre, du cercle pernicieux où l'on s'enferme pour échapper à des décisions, une discipline momentanément au-dessus de ses forces.

« Quand le copain me passait la seringue qu'il venait d'utiliser, c'était comme un acte d'amitié. Ce sang de l'autre qui aujourd'hui nous fait frémir, c'était un peu comme des serments d'enfants qui se jurent une amitié éternelle... Je ne sais pas si tu comprends mais, à ce moment-là, il ne me serait pas venu à l'idée de me shooter tout seul. Je sais, pour certains, avec l'habitude, c'était la drogue pour la drogue. Mais pour moi c'était d'abord les autres, un moment hors du temps et, puisqu'il faut tout dire, il y avait aussi les filles avec qui on baisait, et pour certains mecs complètement accros, il y avait les types avec qui ils couchaient, vite fait, sans trop y penser, pour du fric ou... pour un peu de dope. »

Arnault est lucide, effrayé sans doute quand je lui dis que l'augmentation du nombre de sidas parmi la population toxicomane est extrêmement rapide, explosive. Quand je lui cite l'Espagne et l'Italie où, en 1984, on relevait respectivement 16 et 11 cas de sida parmi les toxicomanes et, pour la seule année 1987, 409 et 639! Mais il lui est trop pénible de renier aussi cette partie de sa vie, sa jeunesse, d'autant plus qu'il affirme qu'il n'était pas accro, qu'il avait presque arrêté quand il avait commencé à peindre.

Sur l'ensemble de l'Europe (trente pays étudiés, les États de l'Est semblent ne pas être atteints par la drogue), 24 % des cas de sida sont localisés dans la population toxicomane. L'éclosion de l'infection déclenchée dans les années 1983-1984 atteint aujourd'hui 60 à 80 % de ces groupes. On peut dire que la population toxicomane est carrément en voie d'être complètement infectée d'autant plus que le mode de vie entraîne une plus grande propension du passage de la séropositivité à la maladie avérée, que ce même mode de vie est en contradiction avec la prévention et que les toxicomanes répandent l'infection de deux manières qui sont en train de changer complètement l'appréhension de la propagation du virus : le passage à l'hétérosexualité est très importante en milieu toxicomane et l'incidence sur la population pédiatrique est alarmante. Cette progression tient au nombre de femmes infectées à la suite de pratiques toxicomanes — et elles restent infectées même lorsqu'elles cessent de se droguer — qui sont en âge de procréer et donc de donner naissance à des enfants eux-mêmes infectés.

Dans les quinze pays européens les plus touchés, 356 enfants sont atteints du sida : 137 sont nés de mère toxicomane (48 en Italie, 30 en Espagne, 28 en France, 15 en Allemagne fédérale...).

En France, 17 % des sidéens sont toxicomanes ou toxicomanes et homosexuels, ce qui donnait au début de 1988 : 359 cas de sida avérés chez les toxicomanes hommes, 117 chez des hommes pour lesquels il était difficile d'isoler la toxicomanie de l'homosexualité et 196 chez les toxicomanes femmes.

La prison du sida

« Juste cette courte lettre pour vous apprendre que je suis en détention provisoire depuis le 11 mars 1988... Mais si je vous écris, c'est pour vous signaler qu'un détenu – qui est devenu mon ami – homo et atteint du sida est en détention depuis trois mois et ce sans les soins appropriés à son état (trop cher! paraît-il). Devant le refus de sa liberté provisoire et l'aggravation de son état, il a entamé une grève de la faim depuis le 24 août. Son nom est Bernard L..., n° d'écrou 234..., 1re division 114... à la Santé donc, où je suis moi-même détenu. Il aurait besoin de soutien, de lettres, d'actions. Moi aussi d'ailleurs. Vous pouvez lui écrire mais Bernard a été transféré en 2e division (pour les grévistes de la faim), je n'ai plus aucun contact avec lui et votre lettre mettra plus longtemps que prévu, mais elle lui parviendra. Sa détention comme la mienne est une atteinte aux droits de l'homme. Pour lui, c'est une condamnation à mort! Bernard compte sur vous tous, sur nous tous. C'est un SOS! »

W.M., 233..., 1re division/13..., 42, rue de la Santé – 75014 Paris.

Cette lettre m'est parvenue le 30 août 1988. Depuis cette date, Bernard L. a été relaxé et doit affronter d'autres contraintes : pas de travail, pas de logement. Son état s'aggrave : il va entrer à l'hôpital de la Salpêtrière.

Il raconte ce qu'il a connu en prison : la promiscuité constante entre hommes, jeunes pour la plupart, avec un pourcentage considérable de toxicomanes, dans des conditions d'hygiène déplorables.

Ses propos corroborent ceux recueillis par Dominique Pascal *. André, trente ans, a passé les cinq dernières années en prison. Il a assisté à la lente prise de conscience de la population carcérale face au sida : « Moi, je ne suis pas toxico et je n'ai jamais eu de rapports homosexuels. Et pourtant le sida me fait flipper... et d'ailleurs, ça m'inquiète encore maintenant que je suis sorti. Mais ce qui craint vraiment, c'est que les mecs les plus exposés, c'est-à-dire les jeunes toxicos, n'ont absolument pas conscience des risques, ne prennent aucune précaution, ne veulent rien savoir. »

Le sida est aussi une maladie sociale et les prisons constituent un véritable vivier de séropositifs et de malades du

---

* *Gai Pied Hebdo* n° 338, 6 octobre 1988.

sida. Les chiffres parlent d'eux-mêmes : dans les prisons d'Europe de l'Ouest, un détenu sur dix serait atteint du sida. Quant au taux de séropositivité de la population carcérale, il est selon les États de 20 à 200 % plus élevé que celui de toutes les collectivités humaines de cette partie du monde.

Réunis à Athènes en août 1988, les vingt et un pays du Conseil de l'Europe ont adopté une résolution recommandant des mesures de prévention pour lutter contre la propagation du sida dans les prisons : « L'homosexualité, la toxicomanie risquent de faire des prisons des bouillons de culture du virus HIV, estimait M. Guido Martino, rapporteur de la résolution du Conseil de l'Europe. Les détenus séropositifs, une fois remis en liberté, constituant ainsi un chaînon dangereux entre le sida et le reste de la population *. »

Mais entre les avertissements et les véritables décisions, il y a un abîme, d'autant plus qu'il est difficile pour les directeurs de prison d'admettre officiellement que l'homosexualité se pratique et se développe dans le milieu carcéral et que les toxicomanes continuent à s'injecter de la drogue!

Toujours selon ce rapport, entre 20 et 30 % des prisonniers ont des antécédents de toxicomanie par intraveineuse et, parmi eux, 50 à 80 % sont considérés comme porteurs du virus (une situation qui alarme les gouvernements d'Italie et d'Espagne où, nous l'avons déjà souligné, la transmission du virus HIV provient, dans la plus forte majorité des cas, des toxicomanes).

La France n'échappe pas à cet état des lieux. Le docteur Espinoza, médecin chef à l'hôpital pénitentiaire de Fresnes, est plutôt pessimiste ** : « Fresnes est le seul hôpital pénitentaire en France. Nous avons trois cents lits dont une salle de trente lits, réservée aux femmes. 60 % des malades viennent

---

* Le professeur Jean-Albert Gastaut, qui dirige une consultation spécialisée pour les détenus séropositifs à la prison des Baumettes à Marseille, s'est déclaré « assez favorable aux préservatifs » dans les prisons. Intervenant au cours d'un débat sur le sida organisé par *Le Provençal* (21 octobre 1988), il a ajouté : « Il se passe des choses dans les prisons, nous le savons, ce ne sont pas des enfants de chœur. »
** *Gai Pied Hebdo,* propos recueillis par Catherine Durand le 24 septembre 1988.

de la région parisienne, qui concentre à elle seule 30 % de la population pénale... La population pénale étant de 50 000 détenus, notre hôpital correspond à un hôpital général d'une petite ville de province. Et nous sommes dix-neuf médecins dont deux à plein-temps [...] En prison, le problème du sida est étroitement lié à la toxicomanie; 90 % des séropositifs en prison sont toxicomanes [...] A New York, les prisons comptent 25 % de séropositifs! Ici, il n'y a pas de dépistage systématique, c'est interdit, donc il est difficile d'établir des chiffres. J'ai fait une enquête, fin 1987, à laquelle quatre-vingt-trois médecins sur les cent soixante-dix prisons existantes ont répondu. Bien qu'ils atteignent parfois 20 à 30 % de l'effectif d'une prison, les toxicomanes représentent en moyenne 12 % de l'ensemble de la population pénale... On aboutit au chiffre de 6 % de détenus séropositifs, soit vingt à trente fois plus que dans la population générale. A Fresnes, nous avons 12 % de séropositifs. »

Tout le monde sait qu'il y a des relations sexuelles en prison : homosexuels mais aussi hétérosexuels qui découvrent les pratiques homosexuelles en prison. Une note est à ce jour parvenue à l'administration pénitentiaire qui préconise une distribution de préservatifs individuelle dans la confidentialité du cabinet médical. La mise en pratique est délicate. Les détenus se méfient et réagissent mal : « Pourquoi? On n'est pas des homosexuels! » disent-ils et il est vrai que l'homosexualité des prisons ne se nomme pas comme telle et ne peut se vivre que violente et furtive.

Relevons ce « fait divers », un parmi tant d'autres mais qui dans sa brutalité exprime une réalité que nous ne devons pas ignorer : Franck Pentecôte, vingt-trois ans, séropositif et porteur sain du virus de l'hépatite B, a été condamné à cinq ans de prison pour le viol d'un de ses compagnons de cellule. Cinq ans seulement, parce que « la preuve du non-consentement de la victime a été impossible à apporter ». Malgré ça, la victime présentait, quelques jours plus tard, des traces de l'hépatite B. Quant à la séropositivité, il faudra attendre pour savoir si le virus a été transmis. Un élément propre à transformer le viol en homicide.

Demander un préservatif, c'est avouer que l'on envisage

posément d'avoir un rapport homosexuel. Il ne s'agit pas d'être mis à l'index dans un milieu qui a sa morale même si les pulsions sexuelles y sont exacerbées.

Actuellement, 58 prisonniers séropositifs (août 1988) sont officiellement recensés dans les prisons britanniques. Mais le ministre de l'Intérieur, rappelant que l'acte homosexuel n'est autorisé qu'entre adultes consentants dans un lieu « privé », a déclaré que cette dernière condition ne pouvait être respectée dans les cellules et que, par conséquent, la distribution de préservatifs aux prisonniers constituait une promotion d'un acte illégal.

Le docteur Espinoza précise que dans ses services, ils avaient 40 cas de sidas avérés fin 1987 et six mois plus tard 20 de plus. Au total : 60 en juillet 1988!

« Suivant les procédures habituelles, quand c'est possible et tout en respectant le secret professionnel, nous proposons la libération anticipée [...] Pour un séropositif, être en prison est encore plus difficile à vivre [...] il est mis à l'index par les autres détenus [...] Et nous manquons de moyens. On donne de l'AZT depuis avril 1988. Cela pose un problème; en prison tout médicament doit être dilué, et l'AZT se prend en six prises toutes les quatre heures. Si, à l'avenir, beaucoup de malades doivent être traités à l'AZT, comment allons-nous faire? [...] Je m'inquiète pour l'avenir. Pour l'instant, à Fresnes, nous avons 60 cas de sida, mais énormément de séropositifs. Avec le temps de dédoublement [...] combien de malades dans deux ou quatre ans? »

A Londres, un prisonnier de trente ans atteint du sida, condamné pour vol à main armée, a vu sa peine réduite de sept à quatre ans par un juge de la cour d'appel. Ce dernier propose que les condamnations des détenus malades du sida fassent l'objet de « mesures spéciales ». Cette décision a été qualifiée d'« émotionnelle et d'illogique » par un ancien secrétaire d'État à la Santé, qui a adressé une lettre de protestation au Lord Chancelier, responsable du système judiciaire. Pour sa part, le ministre de l'Intérieur a rappelé que les décisions des juges sont souveraines.

Les préoccupations du docteur Espinoza sont justifiées. La prison est un lieu clos où le secret n'existe pas. Les détenus propagent les informations mais aussi la panique. Un malade du sida est repérable, suspect, nouveau bouc émissaire d'un univers où une morale stricte prévaut : celle des prisonniers entre eux. Et les séropositifs qui vivent parmi les autres, et ceux qui ont de fortes présomptions quant à leur contamination et se taisent? Le parlement européen a élaboré au printemps dernier un texte portant sur la prévention et la propagation du sida dans les prisons : « Les détenus ayant développé le sida [doivent être] transférés dans les hôpitaux spécialisés, et l'on doit permettre la libération définitive des détenus condamnés par la maladie pour des raisons humanitaires. » Mais comment peuvent être créés des hôpitaux quand on sait les difficultés générales et du milieu hospitalier et du milieu carcéral?

Les détenus partagent souvent la cellule avec un malade du sida et assistent à ses souffrances. Les sidéens sont soignés aux calmants et à l'aspirine avant d'être transférés à Fresnes. Certains séropositifs, qui ne reçoivent aucun soin pendant plus d'un an, se retrouvent trop souvent développant un ARC. Et il reste la question grave de la drogue qui se développe en prison... et dans quelles conditions? Les psychologues attachés aux hôpitaux sont insuffisants en nombre et en moyens pour inverser le processus de « suicide » qui détermine le comportement des drogués.

En prison, on n'avoue pas son homosexualité (et l'homosexualité se répand dans des conditions où la prévention est bien difficile à se glisser). En prison on n'ose pas avouer sa séropositivité ou sa crainte de l'être : on se ferait traiter de pédé. Les malades avérés sont seuls rapidement identifiables... Mais en prison la drogue n'est pas « immorale » et la rapidité de la contamination (ceux infectés en prison s'ajoutent à ceux qui entrent contaminés) ne peut s'expliquer par le seul fait d'une promiscuité sexuelle. La drogue et les seringues infectées en sont une des causes majeures. Et l'information? Comment faire intervenir l'information sur le sida, comment adapter les stratégies de prévention, en prison?

Au risque d'inquiéter tous ceux qui veulent encore que le sida et la séropositivité soient maintenus dans des lieux fermés, n'éludons pas la gravité de la diffusion du virus à la sortie de prison, d'autant plus que la politique carcérale risque (face à l'augmentation de la contamination et des cas à soigner) de se décharger sur l'extérieur d'un problème qui va imploser.

Médecins du monde et Aides se sont joints à l'administration pénitentiaire pour aider 2 000 détenus dans la région parisienne, qui bénéficiaient de la loi d'amnistie, à se réinsérer. Un centre d'accueil a été mis en place rue Ferrus, à Paris. Ces deux associations ont profité de cette expérience « anti-récidive » pour faire une campagne de prévention du sida, en collaboration avec les centres de dépistage anonyme et gratuit, et pour lutter contre la toxicomanie avec l'aide du docteur Olievenstein.

Maladie sociale, le sida, hélas, pose des questions et exige des solutions que les seuls médecins ne peuvent régler. Maladie d'ailleurs qui, de plus en plus, fait intervenir les tribunaux!

A sa sortie de prison, Abdelmajid Slama, un Tunisien atteint du sida, âgé de trente-deux ans, résidant à Lyon, avait obtenu que l'arrêté d'expulsion pris à son encontre soit transformé en une assignation à résidence dans le département du Rhône, les soins qui lui sont prodigués en France n'ayant pas d'équivalent en Tunisie. Mais le parquet a fait appel, estimant qu'une relaxe ne pouvait être fondée sur un état de santé. Cette complexe bataille juridique fait jurisprudence.

Le jeune homme devait être relaxé le 18 novembre. Le président de la cour d'appel de Lyon, Camille Carlioz, a ordonné une expertise médicale pour déterminer si Slama peut être soigné dans son pays d'origine. Il s'est rendu auprès du malade (juin 1988).

Les prisons, les détenus sont au centre d'une hantise qui surprend la population dans son ensemble. Est-on en mesure de résoudre une propagation de la maladie que l'on a trop longtemps évité d'envisager dans tous les aspects de sa diffusion? Et nous n'abordons pas les cas particuliers, les dommages intimes qui détruisent une vie, comme pour ce jeune détenu à qui l'on apprend brusquement qu'il est séropositif (après une analyse de sang provoquée par une hépatite). Enfermé, coupé de son milieu familial, peu préparé à comprendre la maladie et confondant séropositivité et sida avéré, il pique une crise de nerfs qui n'inquiète pas outre mesure la surveillance pénitentiaire. Quelques jours plus tard, il se suicide dans sa cellule.

Et maintenant?

La diffusion du sida parmi la population hétérosexuelle et parmi les enfants a marqué d'une pierre noire l'évolution de la maladie en 1988.

La contagion diminue dans le principal groupe à risques, les homosexuels, augmente de façon alarmante parmi les toxicomanes, déborde les couches d'âge habituelles, se déplace dans des milieux socioprofessionnels jusque-là épargnés.

En France, 4 211 cas de sida ont été recensés * : 4 091 cas d'adultes et 120 cas pédiatriques (moins de treize ans), 3 653 sujets masculins et 558 sujets féminins. Sur les 4 091 cas d'adultes, 59,2 % restent liés à la transmission homosexuelle et bisexuelle masculine, 1,1 % aux cas d'hémophilie, 6,8 % chez les transfusés, 6,3 % restent indéterminés...

Les chiffres qui bouleversent les notions admises sont ceux des drogués et des personnes hétérosexuelles qui sont infectées par un partenaire lui-même infecté ou à risque. 13,6 % de toxicomanes hommes et femmes, 10,2 % d'hétérosexuels hommes et femmes. Nous l'avons précédemment souligné, ces deux groupes sont liés. Il existe bien sûr une transmission du virus par un partenaire bisexuel – c'est le cas de Muriel – mais cette transmission (nous avons vu l'exceptionnelle série de circonstances qui ont conduit Muriel à la maladie!) n'a pas de commune mesure avec la transmission provenant d'un partenaire toxicomane et d'un échange de seringue

* Les chiffres que nous indiquons peuvent être légèrement différents d'un chapitre à l'autre. Dans la mesure où nous rédigeons cet essai à mesure que les informations nous parviennent, nous tenons à respecter les sources les plus récentes. Ces modifications marquent aussi le caractère constamment évolutif de l'épidémie. Ces 4 211 cas correspondent aux sidéens en France et dans les DOM en juin 1988.

infectée. Dans beaucoup de cas, l'origine très nette (seringue ou sexe) n'est pas évidente dans les milieux de toxicomanes : on relève d'ailleurs 2,9 % de cas où la transmission ne peut être différenciée entre toxicomanie et homosexualité. Ce qui devient nouveau et en même temps préoccupant et excessivement difficile à « prévenir », c'est la transmission hétérosexuelle au deuxième stade, c'est-à-dire entre hommes et femmes qui eux n'ont aucun lien ni avec la drogue ni avec la bisexualité, ce qui était l'angoisse de Muriel : « Ai-je transmis le virus à mon mari? »

Nous savons combien il est difficile d'être totalement intelligible quand on évoque la transmission du virus, mais nous savons aussi que c'est la première préoccupation des individus aujourd'hui. Dire qu'il y a une contamination hétérosexuelle ne suffit pas. Les questions que pose Virginie, une adolescente de quinze ans, font apparaître les zones floues qui entourent encore le sida et la séropositivité, alors même que l'on veut « sensibiliser » la population générale.

« Moi, avoue Virginie, je n'ai encore jamais couché avec un garçon. Du moins complètement. Ma mère m'a demandé plusieurs fois si je désirais prendre la pilule. Elle me laisse très libre et, dans la petite ville où nous habitons, elle est au courant de mes sorties avec les garçons. J'ai eu plusieurs flirts mais ici, à B., je ne connais pas de gens malades du sida. Il n'y en a pas ou on ne le sait pas. Je connais deux jeunes homosexuels, ce sont des camarades, mais ils ne font pas l'amour avec des femmes. Maintenant je commence à me poser d'autres questions : et si l'un d'eux avait eu des relations avec un garçon que je fréquente? Et si l'un de ces garçons avait connu, lors d'un voyage (tous les garçons sont allés un week-end faire une virée à Paris!) une prostituée? Comment savoir? Est-ce que j'oserais en parler à un garçon qui me plaît? Et d'ailleurs tout est confus. Est-ce que c'est l'homme ou la femme qui peut transmettre le virus et dans quelles conditions? Je comprends mal. Nous répéter qu'il faut utiliser des préservatifs ne suffit pas. Il y a bien d'autres choses que je voudrais savoir. Sinon je crois que je vais me bloquer complètement. Ça va être pire que pour ma grand-mère, qui raconte que la peur d'être enceinte l'a toujours privée du plaisir, avant de se marier! »

Une enquête menée entre février 1987 et janvier 1988 auprès d'un millier d'étudiants au centre de santé de la MNEF permet de mieux cerner la réalité chez les jeunes. Compte tenu que la population étudiante concernée par l'enquête ne représente pas la population étudiante globale (73 % de femmes et 30 % de consultants de nationalité étrangère) et que d'autre part le nombre d'étudiants soumis au test de dépistage (641) reste relativement faible, cette étude met toutefois en évidence l'obligation d'une prévention ciblée sur les jeunes. Pour notre propos, nous retenons deux conclusions de cette enquête : une quantité importante d'étudiants ont eu des contacts avec des prostituées sans aucun mode de protection et sur les cinq étudiants séropositifs ainsi dépistés, on trouve un jeune toxicomane de vingt-huit ans, deux homosexuels masculins à partenaires multiples, un hétérosexuel ayant eu des contacts avec des prostituées africaines et un étudiant sans facteur de risque connu. Il existe donc un risque de contamination hétérosexuelle en milieu étudiant par la prostitution, l'homosexualité et la drogue. Il existe surtout parmi les jeunes, où les expériences sexuelles ne sont pas encore maîtrisées, des non-dits qui ouvrent les portes à toutes sortes d'« itinéraires de transmission sexuelle ».

Cette évolution de l'épidémie parmi les hétérosexuels ne se prête pas encore à une analyse aussi précise et par là même à des mesures de prévention aussi efficaces que lorsque la contamination se limitait aux groupes à risques. Selon un organisme de recherche privé américain, l'Institut Hudson (du nom de l'acteur mort du sida), le nombre d'Américains porteurs du virus du sida se situerait entre 1 900 000 et 3 millions. Soit beaucoup plus que les estimations les plus sombres du Centre de contrôle des maladies d'Atlanta, selon lesquelles 1 400 000 Américains seraient séropositifs. Pour l'Institut Hudson, le nombre d'hétérosexuels infectés serait sous-estimé, ce qui expliquerait la différence entre les deux estimations.

Nous manquons du recul nécessaire et de données statistiques fiables et bien délimitées pour étudier correctement la diffusion du virus dans la population hétérosexuelle.

Nous l'avons remarqué, la classification maintient des catégories comme bisexuels, drogués, transfusés. Ce sont des hétérosexuels aussi et d'abord. Faut-il alors différencier les hétérosexuels appartenant à des groupes à risques de ceux, « innocents », infectés par des personnes émanant de ces groupes à risques, qui transmettent à leur tour le virus? On se rend compte combien l'étude en est compliquée.

En Europe, on estime à 1 043 le nombre de personnes infectées par contact hétérosexuel, soit 7,5 % de l'ensemble des cas de sida. On ne compte pas dans ces chiffres les séropositifs, mais tout en restant dans le cadre des sidas avérés, la même étude donne un pourcentage de... 44,9 % si l'on additionne tous les cas où l'hétérosexualité intervient ou peut intervenir. Ce chiffre, que certains trouveront abusif, n'est pas inutile car il exprime l'importance des foyers d'infection à partir desquels les hétérosexuels risquent d'être rapidement contaminés si la prévention ne touche pas la totalité de la population. Et n'oublions pas que... 5 % seulement de la population générale a modifié ses pratiques sexuelles depuis sa connaissance de l'existence du sida.

« Nous habitons Créteil, déclare Suzanne H., mère de trois enfants de dix-sept à vingt-quatre ans. Je commence à me faire du souci. Je n'ai aucun contrôle (et d'ailleurs notre mode de relations familiales me l'interdit) sur la vie privée de ma fille et de mes deux garçons. Comment voulez-vous que je ne sois pas inquiète? J'ai quand même demandé à mon aînée, qui vit avec un garçon de son âge depuis un an, de me promettre de se faire tester si elle était enceinte! »

Les enfants ne sont pas épargnés. C'est sans aucun doute ce qui, dans cette année 1988, a le plus traumatisé les gens par rapport au sida. Rappelons que des enfants naissent de mère malade ou séropositive et qu'un sur trois, au moins, sera atteint par la maladie, ce qui conduit presque inéluctablement à une mort plus ou moins rapide.

Sur 356 enfants atteints du sida dans quinze pays européens particulièrement envahis par l'épidémie *, 43 sont hémophiles, 47 transfusés et 2 sont infectés pour des raisons inconnues ou non révélées.

Sur les 264 enfants nés de mère atteinte du sida ou séropositive, 88 le sont d'une mère infectée par contact hétérosexuel sans qu'elle appartienne pour autant à un groupe à risques. Ces naissances liées à la relation hétérosexuelle sont le signe d'une phase nouvelle de la maladie et, à notre avis, le cri d'alarme qu'il serait bon que tout le monde entendît.

La France est le pays d'Europe le plus touché par le développement de l'infection pédiatrique. Le dit-on assez fort ? 120 enfants développent un sida et 90 d'entre eux sont sidéens dès leur conception. La mère est toxicomane, transfusée ou a eu des relations sexuelles avec un partenaire infecté. Détachons ce chiffre de 46, qui comptabilise les enfants sidéens dont la mère n'a eu pour tout « crime » que de « connaître » un homme dont elle ignorait l'infection (il l'ignorait peut-être lui-même). 46, c'est beaucoup dans un pays où il ne se passe pas de semaine sans que les médias informent sur le sida !

Sophie ** n'était ni droguée ni transfusée quand elle a fait l'amour avec Bruno. Lui-même n'a pas songé, dans ces moments exaltants de la relation amoureuse, aux incidences que pouvaient avoir « les jeux sexuels » partagés avec Thierry. On peut imaginer qu'il les avait évacués de son esprit depuis plusieurs mois ! Le docteur D. a bien compris que la naissance annoncée dont Sophie était si heureuse n'était pas souhaitable. L'avortement est vivement conseillé. Sophie ne peut pas tenter le destin. Très jeune, elle fait la terrible expérience d'un virus qui maintenant pénètre la société dans sa globalité. Une épreuve qu'il faut oser dire. Nous ne sommes plus dans l'ère du soupçon. Nous entrons dans l'ère d'une âpre réalité. Comment allons-nous vivre avec le sida ?

---

* France, République fédérale d'Allemagne, Italie, Royaume-Uni, Espagne, Pays-Bas, Suisse, Belgique, Danemark, Suède, Autriche, Portugal, Grèce, Irlande, Yougoslavie : les 15 pays européens les plus touchés par les cas de sida pédiatrique.
** Voir le chapitre « L'ère du soupçon », p. 54.

II

LA VIE IMMÉDIATE

Savoir et vivre

1

UNE MALADIE D'ÉTAT

Le IVᵉ congrès international sur le sida qui s'est tenu à Stockholm, du 12 au 16 juin 1988, présentait les deux visages d'une maladie qui est à la fois la plus privée et la plus spectaculaire. D'un côté les représentants de l'OMS annonçaient ensemble la « journée mondiale contre le sida », qui a eu lieu le 1ᵉʳ décembre de cette même année. D'autre part, dans tous les halls du congrès étaient suspendus des *patchworks* où s'inscrivaient les noms de la plupart des victimes américaines terrassées par le virus. Deux visages indissociables qui symbolisent le heurt de deux univers dissemblables : la souffrance individuelle, impossible à ressentir si l'on ne fait pas partie des malades ou de leurs proches et l'immense médiatisation médicale, politique et humanitaire qui mobilise le monde entier.

« Si je suis très honnête, explique Jean-Louis, cette prise en charge de la maladie par les hommes politiques et les organisations européennes et mondiales me terrifie. J'ai l'impression que mon corps, et surtout mon esprit, sont livrés en pâture à une masse de gens bien intentionnés mais somme toute intimement indifférents. Indifférents n'est peut-être pas le mot exact : les États, par l'intermédiaire de leurs représentants, sont concernés au plus haut point. Il est vrai qu'il faut conjuguer les efforts de tous pour la recherche et la prévention. Il est vrai aussi que les libertés sont menacées dans certains pays et dans certains cas. Mais pour moi qui me bats dans la solitude et qui n'ai qu'un seul ennemi : mon corps en train

125

de pourrir, cet énorme remue-ménage médiatique, ces décla-rations tonitruantes et surtout cette guerre que se livrent les hommes politiques à travers nous, tout ce bruit me donne le sentiment d'être encore plus seul, un objet, l'enjeu d'un débat monstrueux. Moi, je ne supporte plus que la présence des gens qui m'aiment. Et je sais pourtant que d'autres malades tirent satisfaction de ce combat général. Ils y voient une reconnaissance et, plus pragmatiquement, une chance sup-plémentaire de guérison. Ils ont sans doute raison, mais je serais curieux de savoir ce qu'ils pensent réellement quand ils se réveillent en pleine nuit, seuls, face à leur mal, ce corps qui résiste, qu'ils ne contrôlent plus, cette chair qui se souvient du bonheur et qui s'échappe, les quitte lentement! »

Jean-Louis ne dit pas qu'une autre hantise le détourne des discours et des manifestations publiques. D'autres sidéens, d'autres séropositifs s'insurgent et le disent : à travers l'agi-tation médiatique, ils s'éprouvent comme les responsables d'une épidémie qui terrifie l'ensemble des populations. Ils ont peur. Muriel avoue qu'elle se cache, qu'elle souhaite qu'on la laisse tranquille :

« Bien sûr, pour moi qui vivais bien à l'abri dans mon milieu de petits-bourgeois, je découvre tout un monde, je découvre les autres, je me sens solidaire et parfois je suis tentée d'y retrouver une seconde famille, mais en même temps je pense à mes enfants, à cette idée qu'ils se feraient de moi si par exemple ils font un lien entre ma maladie (pour le moment je suis censée être très malade mais ils ignorent le vrai nom de ma maladie) et ce qu'ils vont voir à la télé, le 1er décembre par exemple *. J'ai téléphoné à mon mari pour qu'ils les amènent au cinéma ce jour-là, je ne veux pas qu'ils voient ça... Mais les copains en parleront, on en parlera en classe... Au fond, ce que je souhaiterais, c'est être soignée chez moi, entourée de mes enfants et de mon mari. Mais c'est impossible. C'est pour cela que je me mets à haïr mon mari de ne pas avoir compris cela. De m'abandonner... C'est pour cela aussi que de " voir " ma maladie à la télé me culpabilise! »

* Entretien avec Muriel du 7 octobre 1988.

Le héros banni

Il est très difficile pour un sidéen de se reconnaître et s'accepter dans la généralisation de la maladie. Ces manifestations collectives les projettent sur la scène médiatique mais ils n'ont pas droit à la parole. On parle pour eux et, d'ailleurs, ont-ils réellement envie de dire une histoire douloureuse qui les terrifie? Héros malgré eux d'une tragédie, ils sont livrés en pâture au public. Pour un Jean-Paul Aron qui désire parler au plus grand nombre, combien de Guy Hocquenghem qui considèrent qu'on n'a pas le droit de rendre public ce qui est gravé au plus profond de l'intimité, sa mort... Combien sont-ils, anonymes, qui préfèrent mourir dans le silence?

L'escalade médiatique est telle, le droit que s'arrogent des personnages publics d'intervenir dans une maladie qu'ils jugent sans la vivre devient si lourd, que les organismes compétents se voient obligés de revenir régulièrement sur la défense des droits individuels. En février 1988, déjà, le Conseil national de l'ordre des médecins faisait une mise au point sur le thème « Sida et secret médical ». Il rappelait que le secret professionnel n'est pas un privilège du corps médical, mais un droit fondamental du patient. Pour le Conseil, les médecins ne doivent en aucun cas révéler à des tierces personnes la séropositivité ou la maladie de leur client. Le seul acte obligatoire du praticien est de déclarer au médecin de l'Action sanitaire et sociale les cas de sida avérés de façon non nominative. Réunis lors de leur 68e congrès à Dijon, les 24, 25, 26 juin 1988, la Ligue des droits de l'homme réaffirmait le droit au respect de la vie privée, la nécessité de maintenir le dépistage anonyme et volontaire en l'absence de traitement efficace, le droit pour les individus de ne pas déclarer leur infection à leur employeur et de refuser de se soumettre à un test de dépistage. Ces prises de parole officielles ne sont pas gratuites. Elles annoncent une inquiétude : une logique de désignation porte en germe une politique d'exclusion. Notons néanmoins par souci d'objectivité que les homosexuels, à une forte majorité, sont sans aucun doute ceux qui, atteints du sida, pensent qu'une action générale et la prise en compte de la maladie par les pouvoirs publics est indispensable. Cette attitude doit être nuancée et surtout bien interprétée. Les homosexuels ont déjà subi les dommages de l'oubli. Longtemps, la société les a relégués dans des zones interdites.

A la libération, les « Triangles roses * » n'ont pas été reconnus, à l'instar des juifs et des autres déportés, comme victimes de l'extermination nazie. Les associations d'anciens déportés elles-mêmes s'y sont refusé! Les homosexuels savent combien nuisible peut être le silence. Nous verrons d'ailleurs que ce sont les homosexuels, quand ils l'ont pu, qui ont déclenché directement, ou par la bande, l'action des gouvernements, dans les pays où ils ont le droit de s'exprimer, les pays qui admettent qu'une partie de la population soit homosexuelle. Les mêmes qui constatent la gravité du sida et l'ampleur de la lutte. Nous vivons une époque où chaque partie du monde observe les autres. Jusqu'à l'apparition du sida, ce « regard » obéissait à des règles immuables. Le regard était politique et humanitaire : les pays d'Occident observaient les pays de l'Est; les pays « libéraux » jugeaient les pays « communistes »; les pays développés venaient en aide au tiers monde; le Nord de l'Europe donnait des leçons au Sud. Le sida bouleverse l'ordre du regard et l'origine de l'exemple. La maladie est certes répandue et alarmante dans les pays d'Afrique, mais elle est aussi alarmante dans les pays européens et en Amérique du Nord. Les pays industrialisés n'ont plus le monopole de la santé. Cette inversion des valeurs reste ambiguë : la distribution des comportements et leurs clivages sont contradictoires et paradoxaux. Les pays communistes rejoignent les pays de dictature : ils nient le sida comme ils nient toute déviance. Les pays d'Europe du Nord sont plus atteints par la transmission homosexuelle du virus que les pays du Sud où elle est hétérosexuelle et toxicomane. La maladie est prise en compte, avec une relative absence de passion, par les États libéraux à gouvernement socialiste ou centriste, elle est condamnée, réprimée par les gouvernements

---

* Les déportés pour cause d'homosexualité, pendant la Deuxième Guerre mondiale, portaient un triangle rose comme signe distinctif.

de droite réactionnaire. Là où l'homosexualité est stigmatisée, le sida est contrôlé de manière policière, là où l'homosexualité a déjà installé des modes de vie reconnus par la loi, le sida est abordé avec lucidité. Mais tout s'entrecroise. Des pays comme la Grande-Bretagne peuvent intégrer deux attitudes : une lutte efficace contre le sida et une morale répressive vis-à-vis des homosexuels. Aux États-Unis, le gouvernement Reagan a longtemps négligé le sida mais les homosexuels et des associations de particuliers mènent un combat de tous les instants. La seule véritable classification obéit à la liberté d'expression. D'un côté les pays où la parole est libre : le sida est combattu dans le respect des individus, d'un autre les pays où le discours est contrôlé : le sida est au départ récupéré par la morale collective au nom de la sauvegarde de la population.

Des organismes mondiaux et européens comme l'ONU examinent attentivement le rapport entre sida et liberté individuelle, mais ces « sommets » se heurtent à la politique intérieure de chaque État.

Le sida est une maladie transmissible sexuellement. Mais c'est aussi une maladie transmissible médiatiquement et politiquement. Le malade bouleversé et confronté à son propre regard, sans références, atteint par le vertige de l'incompréhension et de l'injustice, est dans l'obligation de se reconnaître une deuxième fois dans le regard des médias et de la politique. Sa maladie est une affaire d'État.

Le sida médiatique

Dans son roman *Ève* *, Guy Hocquenghem fait dire à son héros Adam : « [...] mon corps, mon pauvre corps douloureux, crucifié, demandera la paix. Qu'on me laisse mourir en paix est une prière japonaise. » L'exclamation d'Adam à propos de l'acharnement thérapeutique pourrait définir la lassitude des malades face au déploiement médiatique qu'engendre le sida.

* *Ève :* un roman exceptionnel de Guy Hocquenghem (Albin Michel), paru en septembre 1987. L'écrivain l'a écrit alors qu'il était déjà gravement atteint par le sida.

Dans ce domaine révéré – tant nos habitudes deviennent des certitudes – la différence entre une information nécessaire voire indispensable et l'utilisation mercantile d'un sujet hautement mobilisateur est difficile à établir. Les limites sont dangereuses et peu nombreux sont ceux qui osent prendre quelque distance avec les dieux modernes que sont les journaux à gros tirage et la télévision. A chaque manifestation médiatique, une question insidieuse surgit : dans quelle mesure n'essaie-t-on pas, sous couvert d'information, d'expulser le trop plein des signes avant-coureurs de l'angoisse collective?

Les médias ont annexé le sida. D'aucuns se plaignent qu'on n'en fait jamais assez, d'autres s'insurgent qu'on en fait trop. Tout le monde s'accorde à dire qu'on le fait mal! Quelles que soient les intentions généreuses qui animent les hommes publics, acteurs véritables du sida-spectacle, ils ne sont pas à l'abri des dérapages de la subjectivité. La morale rôde. Ces « tentations » hantent les réalisateurs et les journalistes, et parfois ils se laissent aller à les satisfaire, rétablissant l'équilibre d'un article à l'autre, d'une prestation télévisée à une autre. Mais bien souvent, le désir véritable pointe son nez : faute de trouver le remède (c'est la pénicilline qui a vaincu la syphilis et pas les discours moralisateurs du XIXᵉ siècle!), on exploite une idée au premier abord logique : circonscrire la maladie. Nous avons le droit de connaître la vérité et de regarder la réalité en face. Nous disons oui à toutes les mesures d'hygiène, oui à la prévention, à la recherche, à la solidarité... Mais au-delà de cette information rigoureuse commence la surinformation, très proche de la désinformation car elle ne peut exclure les mensonges et certaines manœuvres. La difficulté est de détecter ces manœuvres, quand leurs auteurs n'ont pas vraiment conscience des mobiles qui les guident.

Le sida médiatique a débuté par le tristement fameux « cancer gay » et maintenant nous savons que le principal foyer de développement est en Afrique et que la transmission y est très majoritairement hétérosexuelle.

Le sida médiatique a inauguré l'expression « groupes à risques » sans en expliquer le sens. Et bien sûr il était réconfortant de cerner la contamination en satisfaisant les préjugés racistes et homophobes. Le sida c'était les autres, ceux qui encombrent la société... Il a fallu rectifier le tir lorsqu'on s'est rendu compte que les hétérosexuels s'en trouvaient apaisés et ne prenaient aucune mesure de prévention. Dès le départ, il aurait fallu parler de pratiques potentiellement à risque comme la proximité sexuelle, le coït anal, l'échange des seringues souillées, les rapports sexuels avec les séropositifs à quelque groupe qu'ils « appartiennent ».

Le sida médiatique réveille une peur ancestrale d'origine religieuse, l'idée de la fin du monde provoquée par une épidémie. La peste a décimé des villes entières. L'agent pathogène n'a été découvert qu'en 1894 (par le Français Yersin). L'humanité n'a pas été détruite et, à des époques de ravages incontrôlés, ont succédé de longues périodes de rémission.

Le sida médiatique, et c'est là sa plus grande erreur, s'adresse aux gens bien portants et utilise le langage qui leur convient. On a vu en Autriche le troisième âge assiéger les hôpitaux pour subir le test : était-ce vraiment le but recherché ? Le sida médiatique a commis une erreur encore plus grave. Il a porté atteinte à ce qui a été gagné de longue lutte : la liberté homosexuelle, la liberté des femmes, la liberté de disposer de son corps, la nécessité du brassage humain et l'éloignement du racisme. Et voici que resurgissent des « valeurs » qui font le jeu de certains partis politiques, de l'Église, des adeptes d'une morale paralysante et même de ceux qui voient dans le sida une source de revenus. Chasteté, couple hétérosexuel monogamique, exclusion des immigrés, disparition des marginaux : un vieux rêve de nationalisme sans fissures et de moralité sans déviances.

Et pourtant, on sait que le tabac, les catastrophes « naturelles », la famine provoquent de véritables hécatombes si on compare le nombre de victimes à celui des morts du sida.

L'information est sacrée mais l'information est partielle quand elle n'est pas partiale. Si nous sommes si sévères sur les messages transmis par les médias, c'est qu'en quatre ans les objectifs essentiels n'ont pas été touchés. Je ne citerai que le plus grave : l'ignorance dans laquelle la jeunesse française est plongée, la sous-information flagrante. A quoi le pilonnage des médias a-t-il servi ?

Sans doute on a pu voir des médecins expliquer la maladie

mais depuis combien de temps ose-t-on dire sans sous-enten-dus : utilisez un préservatif chaque fois que vous êtes dans une nouvelle situation sexuelle? A-t-on réellement expliqué, dans les plus infimes détails, ce qu'est la contamination? Encore faudrait-il que la plus élémentaire éducation sexuelle ait été entendue : combien d'écoles l'ont de toujours escamotée ou livrée dans un charabia où le vécu réel des jeunes n'était pas pris en compte. Un sondage dévoile que 2 % de la population croit que l'on peut attraper le virus du sida par la masturbation solitaire!

Ceux qui parlent du sida n'ont pas le sida, ceux qui interrogent (et par là même dirigent les réponses) n'ont pas le sida. Pour un grand nombre de médecins, de penseurs, de journalistes, de personnalités, de prêtres, de membres d'une association, combien y a-t-il de sidéens et de séropositifs qui se sont exprimés librement? Lorsque des personnes publiques (on les compte, dans le monde, sur les doigts de la main) ont parlé de leur propre maladie, leur notoriété et l'habitude d'une élaboration synthétique et philosophique du discours les ont aussitôt situés sur un plan intellectuel qui déconcertait les téléspectateurs. Ne parlons pas des joutes oratoires que se livrent les éditorialistes par journaux interposés.

Qui a parlé? Un groupe de travestis prostitués du bois de Boulogne, quelques homosexuels (masqués souvent, démas-qués parfois), quelques femmes. Oui il y a eu des témoignages émouvants, oui, il y a eu des reportages très bien faits. Mais y a-t-il eu de grandes émissions tous publics qui soient menées clairement, sans allusions, de véritables débats; y a-t-il eu surtout des émissions d'information précises, adaptées à des auditoires différents par leur âge, leur culture, leur rapport à la maladie? Les médias ne sont pas inutiles, loin de là : c'est par eux que les adolescents sont informés, en grande partie. Une enquête réalisée du 23 au 27 mars 1988 par l'association Jeunes contre le sida et portant sur 7 545 jeunes posait la question : « Par quel moyen as-tu entendu parler du sida? » Les réponses montrent combien les journaux et la télévision jouent un rôle capital : 69 % en ont entendu parler par la télévision, 48 % par les journaux, 18 % par leurs amis contre

132

12 % grâce au spot publicitaire, 11 % par les parents (!), 9 %
par les professeurs (!) et 5 % par les affiches.

Les médias ne sont pas inutiles mais une politique véritable
qui définirait les objectifs et les moyens n'a jamais été mise
en place. Les producteurs, les animateurs, soucieux du taux
d'écoute ont sacrifié au sida-spectacle tout en craignant de
« choquer » les téléspectateurs en laissant parler trop longtemps les malades eux-mêmes. Et pourquoi choisir toujours
des émissions surpeuplées d'intervenants qui ne peuvent pas
aller au bout de leur propos? Trop de discours différents
déroutent le téléspectateur qui n'entend plus rien. Les émissions de télévision grand public n'osent pas aborder un sujet
tabou : le sexe. Les journalistes se heurtent à une difficulté
qu'ils ne sont pas préparés à surmonter, car eux-mêmes
seraient impliqués : une approche claire de la sexualité, sans
faux-fuyants, sans moralisme.

Nous savons que cela est très difficile et, en France notamm-
ment, ces sujets sont toujours traités « ailleurs » dans des
émissions « légères », émissions qui passent le soir très tard.
En France, le sexe est encore « gaulois ». En France, il y a
plus délicat encore : la mort est un sujet interdit quand il
n'est pas récupéré par la fiction. On peut montrer des meurtres...
dans des films policiers, on peut montrer des enfants morts
de faim au Soudan... on ne peut pas montrer la mort voisine.
Le grand mouvement médiatique américain : le Names Project *, qui se voudrait un mouvement international, aura beaucoup de mal à s'implanter en France. Le Names Project est
né en août 1987 à San Francisco, sous l'impulsion d'un militant gay réputé, Cleve Jones, lui-même séropositif, entouré de
malades, et cerné par la mort d'un grand nombre de ses amis.

Il incite les proches, les familles des morts du sida à créer
des « carrés-souvenirs » avec des photos et des affaires person-
nelles ayant appartenu aux disparus. Ces souvenirs sont

---

* Names Project (*Names* : noms) : face à l'inertie des pouvoirs publics et aux
informations contradictoires ou faussées publiées à propos du sida, un mouvement
très important est entré dans la lutte en manifestant par l'« exposition » dans les
rues des villes et dans les lieux publics ou officiels d'immenses *patchworks* réalisés
avec les portraits, les noms et des objets souvenirs de victimes du sida. Une
sorte de *come out* militant des sidéens, des séropositifs et de leurs amis.

regroupés et liés entre eux par des collages, des dessins, des peintures. Ce sont de véritables œuvres d'art inspirées par l'amour et la mémoire. Le 11 octobre 1988, plus de 500 000 personnes étaient réunies à Washington et plus de 2 000 carrés-souvenirs exposés devant le Capitole. Les manifestants se sont recueillis devant ce qui s'appelle désormais The Quilt. L'association a entrepris ensuite une immense tournée de 17 000 kilomètres à travers les États-Unis. Des milliers de personnes sont venues et ont pris conscience du problème : la mort n'est plus anonyme, des individus précis sont morts du sida, ils ont une famille; des hommes et des femmes les ont aimés. A San Francisco : 100 000 visiteurs ont « vu » les visages des victimes, leurs noms. Après une émission sur une télévision locale, le Names Project a reçu 30 000 appels téléphoniques de gens demandant des informations pour aider la lutte contre le sida. Ce style de médiatisation paraît impossible en France. Les malades français ne s'affichent pas. Ce sont les stars médiatiques qui sont chargées de focaliser l'intérêt du public sur tous les sujets quels qu'ils soient. Aux États-Unis, l'énorme différence c'est que des particuliers peuvent déclencher un vaste mouvement d'information et de solidarité. Le Quilt réunit maintenant plus de 12 000 carrés. Un de ces carrés est dédié à Michel Foucault, philosophe français mort en 1984. En octobre 1988, treize pays seulement participaient au Quilt.

Le Names Project est un exemple de mobilisation par la « base », un exemple très loin des coutumes françaises. Je le répète, la mort en France est discrète et les malades, les séropositifs le sont aussi. C'est pourtant en France que le nombre de sidéens est le plus élevé d'Europe.

Les partis... pris

Le sida est une affaire d'État. Comme toutes les maladies graves, et particulièrement les épidémies, le sida entre dans les préoccupations des gouvernements. Mais le sida est avant tout une affaire politique. Ceci peut davantage surprendre. Comment une maladie qui touche l'individu dans son corps peut-elle engendrer des divergences sur le plan politique? On voit mal le cancer déclencher des oppositions. On peut imaginer des discordances sur les mesures prises pour enrayer ou combattre le mal, on peut comprendre que le déblocage de crédits pour la recherche pose des problèmes en regard d'autres urgences. Ce n'est pourtant pas sur ces points qui dépendent de la gestion de l'État que les partis politiques se heurtent, mais sur des questions d'éthique.

Le sida alerte les hommes politiques de la même manière que la peine de mort, l'immigration ou la sécurité. Le sida n'est pas perçu en premier comme une maladie incurable mais comme une maladie sexuellement transmissible. Et même si l'on sait aujourd'hui que la diffusion par les toxicomanes est la plus incontrôlable, c'est davantage le sida transmis par le sexe qui focalise l'attention des hommes politiques. Sous l'idée de sexe s'inscrit l'homosexualité comme déviance sociale, attitude marginale qui fait fi de la morale traditionnelle et bafoue le credo des politiques : l'intouchable famille hétérosexuelle.

En France, disons-le immédiatement, nous n'avons assisté à aucun abus de pouvoir définitif par rapport au sida et, contrairement à d'autres pays que nous citerons, les libertés n'ont pas été gravement endommagées en dépit des tentatives de l'extrême droite et de la longue prudence de la droite traditionnelle. En ce sens, les attitudes et les prises de position politiques en France ont épousé la tendance générale qui s'est déployée en 1987-1988 : un recentrage des partis politiques, un consensus entre les socialistes modérés et une droite centriste tolérante.

L'agitation inévitable que provoque le sida dans le milieu politique, relayé par les médias, s'est accélérée durant l'année 1987 et dans la période pré-électorale du premier trimestre 1988. Elle s'est atténuée ensuite avec une reprise en septembre 1988, à propos du dépistage obligatoire. Il semble pourtant que le gouvernement socialiste de Michel Rocard refuse de laisser le sida envahir la scène politique *.

L'année 1987 fut l'année Barzach. N'oublions pas l'im-

* Claude Évin présentait, le 4 novembre 1988, une série de mesures contre le sida : déblocage de crédits importants, création de plusieurs conseils de réflexion et de coordination et une campagne d'information intensive.

portance médiatique de Michèle Barzach, ministre de la Santé. Un sondage, réalisé en février 1988 auprès des médecins, révèle que les praticiens désignent Mme Barzach comme « la plus efficace » des cinq derniers ministres de la Santé (49 %), devançant de loin Simone Veil (23,7 %). 64 % des médecins trouvent sa démarche pragmatique, 22 % idéologique. Près de 70 % ont une bonne opinion des actions menées par le ministre et... 75 % des médecins estiment avoir été sous le charme de Michèle Barzach! Et il est vrai que le RPR a su se servir du bon sens de son ministre de la Santé, image apaisante qui dissimulait ou contrebalançait les propos contradictoires de Jacques Chirac et les attitudes nettement conservatrices de Charles Pasqua. Mais derrière son sourire séducteur, lors de ses nombreuses apparitions télévisées, quelles mesures importantes le ministre de la Santé a-t-elle prises pendant son mandat? Accordons-lui immédiatement d'avoir suivi la ligne de conduite mise en place par Laurent Fabius qui, Premier ministre et par là même vulnérable, n'a pas hésité lors de la première manifestation officielle du gouvernement face au problème du sida, à mettre en garde les Français contre toute attitude de discrimination vis-à-vis des homosexuels. Propos qu'il reprend le 6 juin 1988 : « Il faut tenir compte de plus en plus des minorités. » * Mme Barzach n'a pas eu que du bon sens mais un sens politique véritable. Elle a été ministre dans la période la plus aiguë du sida médiatisé, du sida passionnel, du sida-panique. Ses mesures ont pris en considération la « clientèle politique » de son parti, sans jamais tomber dans la complaisance. On lui doit des décisions importantes : le 8 janvier 1987, elle nomme le professeur Alain Pompidou conseiller technique chargé du sida et je me souviens avoir été reçu par lui en tant que rédacteur en chef de *Gai Pied Hebdo* : la dimension homosexuelle de la maladie ne lui échappait pas. Le 27 janvier de cette même année, la pub pour les préservatifs est autorisée à la télévision, le 24 février, dans une conférence de presse, Michèle Barzach présente son programme de lutte, annonce la mise en vente libre des seringues et confirme que le sida est « grande cause

* Interview *Gai Pied Hebdo* n° 273.

nationale » pour 1987. Le 5 mars, elle donne son accord à la commercialisation de l'AZT. Le 7 mars, Jacques Chirac annonce l'attribution de 100 millions de francs à la recherche contre le sida et le 31 mars est signé à Washington l'accord franco-américain sur l'antériorité de la découverte du virus HIV par une équipe de chercheurs français; le 27 avril, Michèle Barzach lance la première campagne d'information, « le sida, il ne passera pas par moi », un film de J.-J. Beineix, et le 16 mai le décret autorisant la vente libre des seringues en pharmacie apparaît au *Journal officiel*. Le 24 juin, 24 millions de brochures d'information sont envoyées avec les factures de téléphone. Le 30 juillet, promulgation d'une loi prévoyant dans chaque département une consultation anonyme et gratuite sur le sida. Le 23 septembre, l'AZT est mis à la disposition du corps médical en quantité suffisante. Michèle Barzach a pris des mesures de bon sens et s'est opposée aux discriminations. Cela n'évite pas quelques bavures dans son propre parti et dans les partis alliés, mais des personnages politiques comme Raymond Barre et Simone Veil, et même le député RPR Michel Hannoun ont eux aussi compris que le sida ne pouvait pas servir d'alibi à une politique d'exclusion, à une politique de chasse aux sorcières. En mars 1988, Raymond Barre se déclare hostile au dépistage systématique du sida : « Cette mesure, choquante pour beaucoup, n'est pas réaliste [...] Le dépistage de la séropositivité ne saurait être obligatoire à l'embauche [...] Les droits des malades du sida doivent être ceux de tous les malades : leur horizon professionnel ne saurait être limité autrement que par la perte objective de leurs capacités et aptitudes. » *

Simone Veil considérait le sida avec davantage de réalisme. A la question : « Iriez-vous plus loin que Mme Barzach? », elle affirmait : « Il faut chercher à être le plus efficace possible, je ne dirais pas alarmiste, mais vraiment insister beaucoup sur la prévention [...] Il faut que l'éducation sanitaire, faite par les médecins, les éducateurs, les parents, puisse s'appuyer sur une grande campagne d'opinion [...] Oui, j'ai l'impression qu'à l'étranger, les campagnes sont mieux faites. D'ailleurs,

* Interview dans le *Journal international de médecine*.

137

je pense que le fait d'avoir tellement peur d'en parler, de ne pas appeler un chat un chat, est déjà une discrimination. C'est considérer qu'il s'agit d'une maladie qui ne serait pas comme les autres [...] C'est une maladie qu'il faut affronter. Ne pas l'affronter, c'est la considérer comme une maladie honteuse et déjà désarmer devant Le Pen. » *. Jacques Barrot, secrétaire général du Centre des démocrates sociaux, interviewé à la même époque, exprimait ce qui nous paraît être le credo de la droite modérée : « La sexualité est certes un domaine privé, mais il y a longtemps que l'on a accepté l'idée d'information sexuelle. Celle-ci se justifie en raison des risques de MST, parmi lesquels le sida. Le sida ne fera que renforcer une nécessité et accélérer ses manifestations concrètes. Le rôle du gouvernement n'est pas d'intervenir dans le domaine de la morale, ni même de chercher à garder la maîtrise complète de l'information. Son rôle est d'agir dans le cadre de la politique de prévention pour encourager l'information, d'assurer sa coordination et sa qualité. S'agissant des jeunes, l'information doit être systématique (à partir d'environ dix ans), complète (il apparaît normal d'envisager tous les aspects de la sexualité, y compris l'homosexualité), objective et évolutive, décentralisée et adaptée au public auquel elle est destinée **. » Peut-on mieux dire? « Le rôle du gouvernement n'est pas d'intervenir dans la morale! » Si Jacques Barrot précisait cette évidence, c'est que le danger de l'ingérence de la politique dans la vie privée est toujours menaçante. Cette menace perçait dans des propos trop vite énoncés de René Monory, alors ministre de l'Éducation, qui déclarait à propos des droits des homosexuels : « Je ne vois pas pourquoi ce genre de chose devrait figurer dans les manuels scolaires », paroles en contradiction avec celles de Jacques Barrot mais déclaration faite à l'université des jeunes du CDS le 1er septembre 1987!

Les centristes, la droite raisonnable n'expriment pas ce qui sous-tend toute attitude vis-à-vis du sida. Admettre une lutte complète et efficace contre la maladie, c'est aussi « revoir » les

* *Gai Pied Hebdo* n° 318, 21 avril 1988.
** *Gai Pied Hebdo* n° 316, 14 avril 1988.

conceptions anciennes sur les modes de vie. Et les partis politiques achoppent sur ce point. Parler librement du sida c'est parler librement de la drogue, de l'homosexualité masculine, de la promiscuité sexuelle, de l'échangisme... C'est donc attenter aux valeurs traditionnelles. Monsieur Barre conclut un entretien du 14 avril 1988 : « Mais je ne peux dissimuler que ma préférence va à la famille légitime, que je considère comme la cellule de base de la société. »

Mais soyons justes : Mme Dorlhac, secrétaire d'État chargée de la famille dans le gouvernement de Michel Rocard, déclarait le 10 septembre 1988 : « La valeur famille reste en tête des préoccupations des jeunes [...] La famille est pour l'enfant un milieu d'équilibre et d'enrichissement... » (Puis-je rappeler que 11 % des jeunes seulement prennent connaissance du sida et des problèmes qui lui sont liés par... la famille?) Georgina Dufoix déclarait sous un précédent gouvernement socialiste : « Une famille, c'est le lien qui unit un homme, une femme, un enfant. » On ne peut pas être plus clair.

L'extrême droite, elle, ne s'est pas entourée de précautions. Pour Jean-Marie Le Pen et ses amis, le sida est un élément criant de la décadence de notre société. Pour eux, sida et immoralité ne font qu'un. Jean-Marie Le Pen et le docteur Bachelot, alors porte-parole du Front national en matière de santé, ne mâchaient pas leurs mots : il y a les *sidaïques* qui sont un danger public, il faut créer des « sidatoriums ». Le docteur Bachelot dans son livre : *Une société au risque de sida* parle des « sodomites qui contaminent la jeunesse » et, en octobre 1987, il n'hésitait pas à déclarer * : « Si j'avais un gamin, je lui apprendrais à ne pas mettre sa zigounette dans n'importe quel trou. »

Jean-Marie Le Pen dit clairement : « Mon sentiment est que le sida s'est transmis très largement par la transfusion. Mais il est évident que la sodomie a joué un rôle, je n'ai pas dit l'homosexualité, je dis la sodomie. Il me paraît que c'était sage d'en avertir tout le monde [...] Dans un certain nombre de domaines, il y a des comportements dangereux,

* *Gai Pied Hebdo* n° 288.

139

et le devoir des hommes publics est d'avertir tous les citoyens, quels qu'ils soient, que certains comportements sont dangereux, plus dangereux que d'autres [...] Je ne suis pas un persécuteur, moi je vous ai dit ce que je pensais : je suis un adversaire du prosélytisme, disons des comportements marginaux *... » Le leader du Front national, à « L'Heure de vérité » du 6 juin 1987, avait imputé le sida aux « sodomisateurs à 75 % ».

Le Front national a exploité le sida à des fins politiques, d'une manière violente. Sid'aventure, l'association qui regroupe 1 200 médecins et personnes s'occupant du sida, l'a bien compris. En mai 1988, elle s'est fait connaître en signant l'appel : « Le docteur Bachelot n'est pas notre cher confrère », pour dire « non aux sidatoriums [...] non à l'utilisation du discours médical à des fins ségrégatives [...] non à ceux qui confondent médical et national ». Cette même organisation a organisé un colloque le 18 mai sur le thème : « Sida, éthique et discrimination ».

Une affaire d'État

Nous savons combien le choix du vocabulaire est subtil en politique. Les hommes de partis semblent toujours dire la même chose mais les mots pour le dire trahissent le but recherché. Pour le Front national, ce qu'il s'agit d'accuser, c'est la permissivité d'une société où s'immiscent les minorités qui viennent déstabiliser la saine organisation sociale. Même si Jean-Marie Le Pen accepte de dire à un journaliste de *Gai Pied Hebdo,* à propos de la sodomie comme facteur majeur de transmission du sida : « [...] Il me paraît que c'était sage d'en avertir tout le monde, ce n'était pas une condamnation d'ordre moral, qui n'appartient pas à notre secteur d'activités, mais un avertissement », les mots qu'il utilise inlassablement, « sidaïques, sodomites, sodomisateurs », résonnent avec autant de force que lorsqu'il parle

* Interviewé par Catherine Durand le 7 avril 1988, lors de la Convention européenne des Jeunesses d'extrême droite.

des « étrangers » à propos des travailleurs immigrés. Il accuse les hommes et les idées qui ont traversé nos frontières d'être la cause de tous nos maux : le sida vient d'ailleurs, il faut expulser les porteurs du virus ou les parquer.

Les socialistes n'ont pas seulement évité tout débordement langagier, dès la prise de conscience de l'importance grandissante du sida en France, ils ont pris les devants en plaçant immédiatement la maladie dans son contexte général. Les médecins ont fait de même et les médias, à quelques exceptions près, ont vite révisé leurs perspectives.

Lors de la dernière campagne électorale, les socialistes ont voulu mieux comprendre le lien entre homosexualité et sida, dans un éclairage diamétralement opposé à celui du Front national. A l'autre extrémité de l'éventail politique, la question homosexuelle est mise à l'ordre du jour, sous l'impulsion d'un mouvement important : Les Gais pour les libertés, groupe homosexuel politique affilié au socialisme et présidé, avant les élections, par Henri Maurel.

Pour les homosexuels militants, on ne peut combattre le sida qu'en intégrant les modes de vie homosexuels. La stabilité affective des homosexuels entraînerait une plus forte limitation des dangers de la contamination. Pour que les « gais » assument pleinement leurs responsabilités, il est nécessaire que la société les reconnaisse comme citoyens à part entière de notre pays. Au Danemark, une série de dispositions ont été prises pour que les homosexuels jouissent des mêmes garanties que les hétérosexuels. Le gouvernement danois voit dans ces lois, pour nous « révolutionnaires », un moyen efficace d'empêcher la diffusion clandestine du virus mais aussi de donner aux homosexuels les moyens de mieux vivre et de créer ainsi des relations plus stables.

C'est dans cette optique que Françoise Gaspard, député socialiste, ancien maire de Dreux, anima en février 1988 une commission réunissant d'éminents spécialistes du sida et des sociologues : « Les droits civils des homosexuels de la gauche entre 1981 et 1986 demeurent incomplets et fragiles et doivent être réexaminés. » Et elle précisa son raisonnement, devant le bureau exécutif du parti qui a sanctionné son rapport dans un sens positif : « Il y a un fait historique incontournable : le premier groupe fortement touché par l'épidémie a été la communauté homosexuelle [...] Aujourd'hui, une majorité de malades appartient à cette catégorie [...] Ce constat nous oblige à nous interroger sur la vie des homosexuels dans notre pays, et notamment sur les droits qui pourraient favoriser une meilleure information, une vie moins dissimulée qu'elle ne l'a été jusqu'à maintenant. »

La « commission sida » socialiste fait le même constat que le... Front national, du moins dans l'affirmation que l'épidémie a touché gravement les homosexuels. L'interprétation qu'elle en déduit est aux antipodes des propos lepénistes. Toute la politique est là, dans la manipulation saine ou douteuse des faits. Chaque mot, chaque phrase compte parce que le malade s'identifie aux étiquettes qu'on lui colle sur le dos. Lorsque Lionel Jospin avouait qu'il avait subi le test de dépistage (« C'est un choix individuel que j'ai fait à la suite d'une proposition médicale. Je ne suis pas hostile au test mais contre le fait qu'il puisse être obligatoire »), il délivrait la maladie et le virus HIV de leur carcan de malédiction.

Le test obligatoire? C'est la question qui, à la rentrée parlementaire 1988, a pris le relais des divergences politiques à propos du sida. L'avènement du gouvernement Rocard semblait avoir éteint les discours outranciers dans le débat sur le sida. Mais les oppositions suscitées par les « coupables » du mal ont glissé vers une préoccupation apparemment plus légitime et qui semble, dans sa formulation, recueillir l'adhésion de la population. Le test imposé serait le moyen radical pour enrayer la propagation du virus. Ce cheval de bataille reste néanmoins entaché de moralisme et cache, sous ses dehors raisonnables, une possibilité d'abus qui irait à l'encontre des libertés individuelles sans avoir le mérite d'être véritablement la panacée. La propagation du virus en Europe et particulièrement en France, la rapidité de sa transmission et sa pénétration repérable dans les couches hétérosexuelles de la population posent de manière urgente les problèmes de prévention jusque-là très mal enregistrés parmi la population générale. Cette panique qui se déplace apaise la recherche d'un bouc émissaire et crée un consensus orienté vers l'action. Mais le dépistage et les confusions qui s'y rattachent sont encore politiques. Obligatoire, systématique, volontaire, anonyme, généralisé... autant d'adjectifs qui divisent la classe politique parce qu'ils divisent les individus.

Ce nouveau débat (là aussi Jean-Marie Le Pen peut se vanter de n'avoir rien déclaré d'autre!) révélait le poids des mots et les chemins dissimulés qu'emprunte le moralisme des hommes publics.

A l'instigation du professeur Schwartzenberg, les professeurs Paul Milliez et Jean-Claude Chermann ont intimement lié médecine et morale en appelant solennellement les pouvoirs publics et les citoyens à préconiser un dépistage généralisé du virus. Ce message visait les politiques et le professeur Pompidou déclarait : « La lutte contre le sida doit dépendre directement de Rocard. » En septembre 1988, le sida faisait une deuxième rentrée politique fracassante. « Le sida devient en effet une véritable menace pour notre société [...] C'est la raison pour laquelle je propose aujourd'hui la création, de toute urgence, d'un centre national de lutte contre le sida, qui aurait la charge de mener des actions concertées et complémentaires, d'accélérer et d'améliorer les processus d'évaluation, de développer et de renforcer notre potentiel de soins et de recherche déjà mobilisé [...] Nous sommes désormais confrontés à un problème d'envergure nationale qui se situe bien au-delà des divergences partisanes [...] » *

Le sida entrait dans sa dernière phase politique. Mais qu'adviendrait-il si la diffusion de la maladie s'amplifiait, si aucun espoir de vaccin et de remède n'intervenait?

Dans l'attente du rapport d'expertise sur le sida dont il a chargé le professeur Got, Claude Évin, ministre de la Santé, réitérait son opposition à un dépistage tant soit peu dirigiste : « Le dépistage est organisé par la loi. » Mais il répondait un « non » catégorique à son ancien ministre délégué Léon Schwartzenberg et aux professeurs Milliez et Chermann. Dans l'entretien accordé au *Journal du Dimanche* du 11 septembre 1988, il déclarait : « Mieux vaudrait d'abord

* Déclaration du professeur Alain Pompidou dans le *Quotidien de Paris* du 9 septembre 1988.

se mettre d'accord sur ce que l'on entend par " systéma-tique ". Pour ma part, je suis favorable à un dépistage proposé à toutes les personnes " à risques " ou les plus exposées [...] Il ne faut pas que le débat engagé sur le dépistage masque la nécessité de mettre en œuvre une politique de prévention. »

Politique, médias prennent le devant de la scène. Pour nous il est bon de rappeler l'action discrète mais ô combien efficace, depuis déjà plusieurs années, de ceux qui, sur le terrain, sont confrontés chaque jour aux malades et aux problèmes concrets qui envahissent leur vie et s'ajoutent à la maladie. Je veux parler de plusieurs associations qui luttent jour après jour contre le sida et principalement la plus ancienne d'entre elles : Aides. Le gouvernement n'ignore pas le travail considérable de telles associations. Le docteur Bernard Kouchner, secrétaire d'État auprès du Premier ministre, chargé de l'action humanitaire, remettait, le 13 octobre 1988, les insignes de chevalier de l'ordre de la Légion d'honneur à Daniel Defert, président de l'association Aides. C'est dans cette reconnaissance, ignorée du grand public, que réside sans doute la véritable compréhension d'une action qui privilégie le malade, au-delà des débats et des prises de position publiques qui font encore partie du spectacle.

Le battage médiatique, le déploiement des prises de parole politiques et les controverses qu'ils suscitent ne sont ni négligeables, ni inutiles. A travers ces discours qui heurtent les malades et leurs amis, se dessine, dans nos pays « développés », le désir louable de ne pas retomber dans la vieille croyance d'une fatalité incontournable. En abordant le sida, maladie sexuelle, transmissible et jusqu'à ce jour mortelle, les hommes publics savent qu'ils livrent un autre combat : persévérer dans leur foi en l'homme, croire à la science, maintenir les notions de bonheur et d'amour humains et préserver la sexualité des entraves de la morale. Deux siècles de progrès ne s'effacent pas. Les libertés gagnées et sauve-gardées ne doivent pas mourir. Le sida et la réaction des sociétés face à l'angoisse de l'échec sont les signes d'un autre test qui met en cause la civilisation. Les individus en res-sortiront-ils plus armés, plus confiants, plus sûrs de la maî-trise de l'homme sur son destin?

2

LE SIDA DANS TOUS SES ÉTATS

L'OMS s'est prononcée *contre* un dépistage systématique du sida pour les voyageurs à l'entrée d'un pays. La Cour suprême des États-Unis a décrété, le 3 mars 1987, qu'une loi fédérale protégeant les handicapés contre les discriminations dans le travail concernait également les personnes atteintes de maladies contagieuses et, le 2 août 1988, le président Reagan a demandé aux agences fédérales des États-Unis de ne prendre aucune mesure discriminatoire à l'égard de leurs employés atteints du sida *. Le Conseil de l'Europe déclarait qu'il fallait respecter le principe du consentement et de l'anonymat pour les tests. Le 11 juin 1987, le président Mitterrand demandait au Sommet des sept pays les plus industrialisés, à Venise, de créer un Comité international d'éthique sur le sida, pour éviter que se généralisent les mesures coercitives adoptées par un certain nombre de pays. Aides et Médecins du Monde ont signé une « Déclaration universelle des droits des malades et des séropositifs » en dix points, le 16 octobre 1987. Le 3 juillet 1987, la Commission consultative des droits de l'homme en France rendait public un avis *défavorable* sur les tests de dépistage aux frontières et la Commission européenne s'opposait aux mesures anti-sida envisagées en Bavière, pour les ressortissants communautaires.

Cette énumération de déclarations et de décisions n'est pas superflue. Elle souligne l'inquiétude des hommes de bon sens

* *Le Monde,* 4 août 1988.

quant à une législation qui, face à une épidémie galopante, deviendrait extrémiste. Elle signale le climat de suspicion qui menace les individus malades ou séropositifs.

Virus sans frontières

En Europe, on avançait le chiffre de 13 281 personnes atteintes du sida en juillet 1988. Ce chiffre concerne 32 États. Il faut mettre à part les États de l'Est qui s'isolent et ferment leurs frontières : peu d'informations nous parviennent. L'URSS déclare 1 cas de sida, la Yougoslavie 38, la Hongrie 12, la Pologne 3. Dans ces pays de l'Est, la prise de conscience est lente et passe par la visibilité plus ou moins possible de l'homosexualité. Pour la première fois en URSS, la télévision a diffusé un reportage sur un couple d'homosexuels, mettant fin à des années de silence sur la « déviation bourgeoise. » *

En Hongrie, l'association gaie Homeros Lambda a été officiellement reconnue par les autorités en 1988, après trois ans de démarches. Les hommes politiques ont pensé que le meilleur moyen d'enrayer la maladie était de « travailler » avec les homosexuels. En Pologne, la population est à 90 % catholique, l'homosexualité y est inconcevable. Le gouvernement semblait vouloir autoriser la création d'organisations homosexuelles. Une révolution! En Hongrie, un magazine pour adultes traitant d'éducation corporelle et sexuelle a vu le jour pour la première fois. Szex Press, tiré à 100 000 exemplaires, est le premier mensuel du genre à paraître dans un pays communiste. Cette publication « familiale et pédagogique » ouvre ses colonnes au sida et à la prévention.

Les pays de l'Est sont conscients de l'avancée du sida mais supportent mal un virus qu'ils considèrent extérieurs à eux, le signe d'une décadence et l'expression de la permissivité nocive des pays occidentaux. Les autorités médicales soviétiques viennent de lancer un concours (juin 1988) pour la

* L'URSS présentait, au Festival international du film d'Amiens (novembre 1988), un long métrage vidéo d'Andreï Nikichine : *Groupes à risques,* où sont interviewés des homosexuels, des prostituées et des toxicomanes.

146

meilleure affiche sur le sida, sur le thème : « Sida, la peste du XXe siècle. » Les affiches doivent être très explicatives : montrer que c'est une maladie incurable, rappeler la prévention et les préservatifs, désigner les groupes à risques. En URSS, la volonté d'expulser le sida entraîne des mesures draconiennes. En août 1987, la *Meditsinskaia Gazeta* se faisait l'écho d'un décret : les citoyens soviétiques ainsi que les étrangers et les apatrides résidant ou se trouvant dans le territoire de l'URSS pouvaient désormais être soumis à un dépistage obligatoire, pratiqué s'il le fallait avec le concours de la force publique; ce décret allait encore plus loin en précisant que « faire courir sciemment à une autre personne le risque de contagion par le sida était passible de cinq ans de prison [...] que la transmission par une personne qui se sait atteinte du sida était passible de huit ans de privation de liberté ». En juin 1988, le ministre de la Santé affirmait que l'URSS ne comptait qu'un cas de sida et 57 séropositifs. Il ajoutait qu'on avait relevé 3 cas mortels de sida chez des étrangers mais aucun décès parmi les Soviétiques, qu'il existait déjà 300 laboratoires de diagnostic et qu'ils seraient plus de 1 000 fin 1988. Une jeune Soviétique de vingt-neuf ans décédée le 5 septembre 1988 serait morte du sida. Quelques journaux ont annoncé la mort de la jeune femme en parlant « du premier décès dû au sida officiellement recensé en URSS ». Les autorités ne confirmaient pas l'information et continuaient d'affirmer que l'URSS ne comptait qu'un seul cas de sida et 83 séropositifs (contre 57 en juin 1988) *.

Les pays de l'Est ne s'encombrent pas de réflexions éthiques à propos du dépistage. Il est obligatoire en Hongrie, pour plusieurs catégories de la population, et les séropositifs (154 en juin 1988) doivent se soumettre à une surveillance et un

---

* A Odessa (URSS), un nourrisson contaminé par sa mère est mort du sida à l'âge de cinq mois. D'après le journal *Sovietskaya Koultoura,* ce serait un cas sans précédent en Union soviétique et la seconde victime dans ce pays... officiellement.

La première victime officielle du sida en URSS, Olga Gaievskaya, une jeune prostituée de Leningrad, s'était adressée à 23 reprises à une clinique de la ville qui n'a jamais pu déceler la nature de son mal. Ce n'est qu'au moment de sa mort que l'on s'est aperçu qu'elle avait le sida, et ce malgré la présence de nombreux symptômes évidents.

traitement. Si quelqu'un s'y refuse, l'Inspectorat régional « prend des mesures nécessaires ». Curieusement, en Hongrie, il n'est jamais fait mention des homosexuels (officiellement). En Allemagne de l'Est, les citoyens est-allemands qui se rendent en URSS doivent apporter la preuve qu'ils ne sont pas infectés par le virus. Cette disposition est imposée aux étrangers souhaitant séjourner dans la République démocratique allemande pour une longue période. La déclaration obligatoire et nominative des sidéens et des séropositifs est imposée. * 6 cas de sida seulement sont déclarés en Allemagne de l'Est.

Le dépistage et le contrôle par l'État des sidéens et des séropositifs est beaucoup plus complexe dans l'Europe de l'Ouest, où le mouvement aux frontières et les habitudes de circulation de pays à pays sont entrés dans les mœurs. Ces pays très atteints par l'infection se préoccupent davantage de stopper la propagation de la contamination et savent que toute mesure coercitive irait à l'encontre du climat de confiance et de responsabilisation indispensable pour réussir.

La France (4 900 cas) **, la République fédérale d'Allemagne (2 210 cas), l'Italie (1 865 cas), le Royaume-Uni (1 598 cas) et l'Espagne (1 471 cas) sont pourtant les plus touchés, ainsi que des petits pays comme la Belgique (340 cas), les Pays-Bas (539 cas) et la Suisse (502 cas) confrontés, compte tenu du brassage de leur population, à des problèmes graves. L'Espagne, l'Italie et la Belgique affrontent une épidémie où la transmission est en grande partie toxicomane et hétérosexuelle. Dans leur ensemble, les gouvernements se refusent à prendre des mesures d'exclusion ou de discrimination. En Belgique néanmoins, des mesures particulières sont en vigueur : les prisonniers séropositifs sont isolés et le Conseil des ministres a donné son accord à l'administration de la Coopération au développement, désireuse de soumettre les boursiers originaires

* *Le Monde,* 5 janvier 1988.
** Chiffre annoncé dans *Le Monde* du 4 novembre 1988. Ce chiffre doublerait tous les onze mois (tous les six mois dans la région Provence-Alpes-Côte d'Azur et parmi les toxicomanes). Les derniers chiffres dans le monde (novembre 1988) sont indiqués en fin d'ouvrage.

du tiers monde et leurs partenaires à un test et de supprimer le bénéfice de leurs bourses aux séropositifs et aux récalcitrants.

En revanche, le Centre danois pour les droits humains (263 cas au Danemark) a publié un ouvrage, *Sida et droits de l'homme,* dans lequel sont énoncées les législations sur le sida en vigueur dans les différents pays industrialisés du monde, aussi bien à l'Ouest qu'à l'Est. Le livre critique notamment la levée du secret médical, la ségrégation imposée aux malades et aux séropositifs, les tests obligatoires d'embauche, l'isolation des personnes contaminées et leur traitement forcé.

La Suisse est un des pays européens les plus menacés par le sida. 30 000 séropositifs recensés et 502 cas de sida avérés, c'est beaucoup pour un pays de 7 millions d'habitants, un pays où le bien-être général et l'encadrement social et sanitaire ont toujours été prioritaires. Le taux de sida par million d'habitants est le plus fort d'Europe et s'explique sans doute par sa vocation touristique et son rôle de relais international. A Genève, un homme d'affaires, Philippe Nordmann, a créé en juin 1987 l'association SidAide, d'abord rattachée aux associations françaises Aides et Aparts. Cette association très active trouve un écho dans l'attitude des autorités, qui subventionnent les associations gaies en déclarant : « Il faut combattre la maladie et non les humains malades », et si quelques « erreurs » se glissent dans le quotidien des libertés, elles sont rapidement mises à l'index par les associations vigilantes. A travers la Confédération helvétique, on comprend mieux le lien qui existe entre le regard « libéral » des autorités face aux minorités et les mesures de prévention et de soins qui respectent totalement l'individu.

On pourrait comparer la Suisse au Royaume-Uni, où des dispositions souvent spectaculaires sont prises pour soigner les malades *, mais où la Clause 28 **, homophobe, limite

* Royaume-Uni : le London Lighthouse, un centre de soins entièrement gratuits, destiné aux personnes atteintes par le virus du sida, a été inauguré le 22 septembre 1988 à Londres. Un centre pilote où l'on apprend à mieux vivre pour mieux accepter la maladie et la mort. Un véritable défi élaboré et en grande partie financé par la communauté gaie britannique.
** Clause 28 : un article de loi britannique qui interdit à tout pouvoir local (municipal, élu), de « promouvoir » l'homosexualité. Dans les écoles publiques,

et bloque une véritable prévention consciente de toutes les données humaines de la maladie.

C'est à Genève qu'ont été présentées des affiches de prévention qui, pour d'autres pays d'Europe et même la France, sont des incitations à la débauche et à l'homosexualité! Elles sont pourtant simplement explicites. La Suisse ne connaît pas une adhésion totale des Helvètes à une telle compréhension. Mais ce n'est pas de problèmes moraux qu'il s'agit, plutôt de problèmes d'argent!

Une compagnie d'assurances, La Neuchâteloise, a décidé, pour la première fois en Suisse, de soumettre tous les candidats à un emploi dans sa compagnie au test de dépistage du sida. Raison invoquée : tous les employés sont assurés par la société elle-même : cela reviendrait trop cher si ceux-ci tombaient malades!

En République fédérale d'Allemagne, près de 15 000 séropositifs ont été enregistrés au 1er mars 1988. Selon le ministre ouest-allemand de la Recherche, M. Heinz Riesenhuber, la RFA aurait rejoint le rang des pays à la pointe de la lutte contre le sida. 500 chercheurs travaillent en permanence sur 70 projets consacrés au sida et 35 autres allaient être mis en route. 200 millions de francs de fonds publics ont déjà été débloqués. Mais en RFA aussi les sociétés privées interviennent : c'est le cas du groupe électroménager AEG qui offre à ses 65 000 salariés des tests de dépistage anonymes et gratuits. Que cache une telle générosité?

La Bavière est une enclave réactionnaire dans les pays européens de l'Ouest, enclave de l'autoritarisme et d'une ingérence dictatoriale dans la maladie et ses conséquences. Berceau du national-socialisme, la Bavière, sous l'impulsion de M. Peter Gauweiler *, secrétaire d'État à l'Intérieur, a fait triompher les mesures d'exclusion et de discrimination depuis l'apparition de la maladie. L'anonymat est violé, des contrôles policiers sont opérés dans les lieux soupçonnés d'encourager les pratiques contraires aux bonnes mœurs, le test de dépistage

par exemple, il est interdit désormais, dans le cadre des cours d'éducation sexuelle, de promouvoir une image « positive » de l'homosexualité et notamment lui accorder une valeur équivalente à une véritable relation familiale.

* Peter Gauweiler n'occupe plus ses fonctions.

est rendu obligatoire pour les prostituées, les toxicomanes, les candidats à la fonction publique, les magistrats... les accidentés, les étudiants désireux de s'inscrire dans une université bavaroise. Le gouvernement a également demandé à ce que la déclaration de séropositivité soit obligatoire. La police a fermé tous les clubs homosexuels et le ministère de la Santé tente de concentrer les malades dans des hôpitaux particuliers. Attitude d'intolérance qui trouve un écho dans la population mais qui pourtant ne produit pas les résultats escomptés par le gouvernement. L'application de ce que M. Gauweiler appelle « la solution finale du fléau » n'est pas aussi rigoureuse qu'il le souhaite. Les résultats statistiques montrent que l'exécution des mesures décrétées a été plutôt laxiste. Sur les 11 millions d'habitants, 1 037 personnes soupçonnées d'être contagieuses ont été soumises à un examen épidémiologique, soit 0,01 % des Bavarois. 870 personnes avaient été priées de se soumettre au test HIV mais 8 personnes seulement (!) se sont révélées positives : six toxicomanes, une prostituée et un prostitué à qui l'on a interdit d'exercer. Ces résultats ont plusieurs causes : une partie des Bavarois et certaines villes comme Nuremberg ignorent les décrets et il se crée, pour les malades ou pour ceux qui s'inquiètent, des filières clandestines où l'on est sûr de rester anonyme tout en étant soigné. De nombreux malades quittent la Bavière. Cet exemple démontre que les mesures les plus coercitives sont souvent aussi les plus inefficaces.

L'Afrique de tous les dangers

La population africaine est décimée par le sida. Les chiffres que l'on avance restent certainement très en dessous de la réalité. Il faut déjà isoler les pays que l'on classe parmi ceux des régions méditerranéennes comme l'Égypte, le Maroc, la Tunisie, le Soudan, la Libye, la Somalie... associés à l'Iran, la Syrie, la Jordanie... L'OMS les étudie à part sous le sigle « Eastern Mediterranean Region », où il est curieux néanmoins de trouver le Maroc (l'Algérie appartient aux pays africains).

Cette partie du monde semble peu touchée par le sida, du moins si l'on tient compte des chiffres officiels. 172 sidas avérés, avec des États qui signalent ne pas connaître de cas de sida à l'intérieur de leurs frontières (Égypte, Iran, Yemen, Afghanistan, Libye, Somalie...), pays protégés par une autre catastrophe : la guerre, qui limite les échanges avec l'extérieur. Pays islamiques, souvent refermés sur l'intégrisme religieux. On peut aussi supposer que le gouvernement de ces pays n'a pas encore cru bon de se préoccuper du sida. Seul le Soudan annonce 82 cas de sida, mais le Soudan connaît d'autres fléaux dont la famine n'est pas le moindre.

C'est principalement dans l'Afrique francophone que la connaissance du sida est la mieux perçue. Pays d'Afrique également où les États européens interviennent pour des raisons économiques et humanitaires. Les partenaires étrangers de la République centrafricaine se sont engagés en août 1988 à débloquer 14 millions de francs pour la première année d'un plan de lutte contre le sida qui devrait durer cinq ans. Parmi les sept objectifs principaux de ce plan, on note : l'estimation de l'importance de l'épidémie et la surveillance de sa progression, des mesures de prévention, l'amélioration de la prise en charge des séropositifs, le développement et la coordination de la recherche. En juillet 1988, Danielle Mitterrand, présidente de la fondation France-libertés, s'est rendue en Afrique afin d'apporter une aide matérielle et logistique aux médecins spécialisés du sida : 300 000 seringues, un chèque de 400 000 francs pour la création d'une banque de sang et 20 000 francs pour pratiquer 200 sérologies; première étape d'une grande action commencée aux côtés de l'OMS. Mais c'est aussi le moyen de sensibiliser les réseaux de solidarité dans les pays industrialisés et surtout d'informer objectivement sur la réalité du sida en Afrique.

Une réalité alarmante : 15 000 sidéens connus et des pays éprouvés dans leur survie comme l'Ouganda (4 006 cas répertoriés), la Tanzanie, le Kenya, la Zambie, le Burundi, le Zaïre, le Congo...

Au Ruanda, 22 % des victimes du sida sont désormais des enfants, 5 à 10 % de la population adulte des grandes métropoles africaines est contaminée par le virus; 30 % dans certaines villes.

A Kinshasa, capitale du Zaïre, le pic de prévalence du

sida apparaît avant l'âge d'un an et chez les adultes de seize à vingt-neuf ans.

Chez les prostituées africaines, la proportion de femmes contaminées oscille entre 27 % (Kinshasa) et 88 % (Nairobi). Rappelons que le sida se transmet en Afrique à 80 % par les rapports hétérosexuels et à 20 % au cours de transfusions de sang. Certains pouvoirs politiques, comme au Congo, prennent le relais de l'intervention européenne. Mais les structures économiques, la pauvreté et la corruption qui lui est liée, rendent plus difficile l'approche de la maladie. Vingt-quatre ministres du gouvernement du Niger se sont soumis au test de dépistage du HIV, mais cette expérience inédite et spectaculaire ne peut pas masquer le fléau qui se propage en Afrique. Au seul Kenya, 300 personnes sont mortes du sida en l'espace d'une année. C'est ce qu'annonçait M. Kibaki, ministre de la Santé. Il ajoutait que, de janvier à juin 1988, 1 235 cas de sida ont été dénombrés (en six mois!) et que 2 732 séropositifs ont été recencés depuis 1984. Les malades sont âgés principalement de dix-neuf à quarante ans et sont des citadins. M. Kibaki a invité les Kenyans à « discipliner » leur comportement sexuel, en les incitant à utiliser des préservatifs. Nous sommes loin de la... Bavière et de ses actions policières!

L'Afrique du Sud, elle, n'est pas éloignée de la Bavière; 120 cas de sida sont « officieusement » déclarés. Il est difficile dans le pays de l'apartheid de savoir exactement le développement du sida. Un médecin de Johannesburg a affirmé, devant un congrès de spécialistes, que les homosexuels en traitement pour le sida étaient moins bien soignés en Afrique du Sud que les autres malades. Il a accusé par ailleurs certains secteurs de l'administration de licencier des employés séropositifs. Le ministre de la Santé n'a fait aucun commentaire, mais il avait annoncé en février 1988 qu'un millier de mineurs originaires du Malawi et porteurs du virus seraient reconduits à la frontière *.

* En octobre 1988, on indiquait que 106 personnes sont mortes des suites du sida en Afrique du Sud, soit 61 % de celles portées malades en 1982. La plupart des victimes sont des hommes blancs homosexuels, les autres étant des hémophiles (8) et des transfusés (5). 174 cas de sida ont été enregistrés en Afrique du Sud.

L'Asie de tous les mystères

La région du Sud-Est asiatique n'échappe pas totalement au virus du sida mais, selon les chiffres officiels de l'OMS toujours en date de juillet 1988, cette partie du globe semble pour le moment à l'abri de l'épidémie.

Sur les 23 cas recensés, seuls quatre pays déclarent des sidéens parmi leur population : 9 cas en Inde, un cas unique en Indonésie et au Sri Lanka, 12 en Thaïlande.

Les modes de vie d'une société traditionnellement sectorisée proposent peut-être une réponse facile : isolement des régions, vagabondage sexuel limité par la pauvreté, la guerre, les difficultés internes. C'est bien sûr une analyse qui satisferait les tenants du nationalisme lepéniste. Il ne s'agit pas ici d'une interprétation empreinte de moralisme, mais les pays les plus « visités » touristiquement sont les plus atteints.

Cette situation, ô combien favorable si l'on compare ces chiffres à ceux des États-Unis, de la France et du Brésil par exemple, conduit les autorités prévoyantes à la préserver. Le docteur Paintal, directeur général du Conseil indien pour la recherche médicale, vient de prôner l'interdiction de relations sexuelles entre Indiens et étrangers. Selon lui, « la contamination provient des étrangers seulement ». Il souhaite même que le Parlement indien vote une loi interdisant ces relations sexuelles mixtes. La plupart des gouvernements locaux y seraient favorables, mais cette proposition viole les principes de la Constitution qui protège la vie privée des gens. D'ailleurs cette loi punirait les seuls Indiens coupables!

En Thaïlande, qui se démarque avec ses 12 cas de sida, une conférence internationale sur le sida a eu lieu à Bangkok en décembre dernier. Avertis des ravages de la maladie en Occident, les pays peu touchés s'attaquent au mal dans ses prémices.

Plus vulnérables sont les pays du Pacifique Ouest, avec dans cette région aussi une concentration du sida dans les pays développés économiquement ou à forte présence touristique. Sur les 1 144 cas de sidas, l'Australie enregistre

914 sidéens, la Nouvelle-Zélande 85, le Japon 100, les Philippines 15, Hong-Kong 12. Les autres États enregistrent entre 0 et 4 cas.

La Chine comptabilise 3 cas de sida. Mais la Chine, longtemps enfermée dans ses frontières, n'est pas indifférente aux conséquences de la propagation du sida en Occident. Elle vient de se doter (juin 1988) d'une fondation pour organiser et financer la recherche sur le sida, former des techniciens, informer, pratiquer des échanges avec les chercheurs étrangers. Cette fondation est un organisme non gouvernemental ouvert à tous. Il a déjà créé une antenne à Hong-Kong pour collecter des fonds et s'ouvrir à l'étranger. Selon *Chine nouvelle,* trois personnes sont décédées du sida en Chine et trois autres sont séropositives. Le mal serait totalement contrôlable.

Aux Philippines, l'inquiétude est plus grande. La Commission de l'immigration de Manille exige désormais un certificat attestant que les étrangers restant plus de six mois dans le pays ne sont pas porteurs du sida. Cette mesure est destinée aux touristes, hommes d'affaires, marins et étudiants. Les diplomates, les soldats américains (suppose-t-on que les États-Unis font leur propre contrôle au... départ?), les membres d'organisations internationales en sont dispensés! Les Philippines témoignent par cette discrimination de la difficulté, voire l'impossibilité, d'anéantir la contagion par les contrôles de dépistage. Seules les mesures d'information et de prévention sont susceptibles de responsabiliser les individus.

Le phénomène du sida nous éloigne d'une vision longtemps souriante d'une Asie conciliante avec le sexe. A Singapour, deux pièces de théâtre sur le sida devaient être jouées en coproduction avec le ministère des Affaires culturelles. Celui-ci a refusé de donner son accord, estimant que « l'homosexualité y est représentée comme une forme naturelle et acceptable de la sexualité ». Les auteurs n'ont pas accepté de modifier leurs textes, afin de ne pas en altérer l'impact. Les représentations ont été annulées.

Le professeur Chermann, lors de sa prestation à l'émission « 7 sur 7 », le dimanche 25 septembre 1988, a cité en exemple le Japon comme pays modèle de la prévention. A juste titre, il s'interrogeait sur le petit nombre de sidéens (100 d'après les chiffres de l'OMS en septembre 1988) dans un pays aussi peuplé, économiquement à l'avant-garde de la productivité et (c'est nous qui le disons) où la prostitution est non seulement tolérée mais fait partie des mœurs depuis toujours et où le tourisme d'affaires est très important. Il met cette « réussite » sur le compte de la vigilance quant à la responsabilité individuelle et principalement l'utilisation des préservatifs qui ne pose aucun problème au Japonais et fait partie des pratiques sexuelles. On pourrait également réfléchir sur le rapport paradoxal (en surface) qui s'installe entre une conception traditionnellement déculpabilisée de la sexualité, si différente de celle des pays occidentaux, et surtout latins, et l'adaptation au sida. Il y aurait donc un bénéfice à vivre dans des pays qui ne font pas du sexe « toute une affaire » et qui ne s'émeuvent pas davantage lorsqu'il s'agit de sauvegarder sans fausse honte le bénéfice d'une telle banalisation qui peut inclure, sans problèmes, et presque spontanément, les moyens de prévention, par habitude du contact sexuel, rapide et « hygiénique ».

Peut-être faudrait-il aller plus loin dans l'analyse de ce chiffre si bas. La transmission du sida ne serait-elle pas liée aux modalités du rapport sexuel, aux préférences sensuelles dans cette matière, à l'hygiène intime, à la prévalence d'une pratique sexuelle?

Le professeur Chermann n'a pas indiqué que le Japon se ferme aux malades. M. Juro Saito, ministre de la Santé, envisageait déjà en 1987 de placer sous surveillance la sexualité des personnes contaminées et d'infliger des pénalités aux contrevenants. Le délégué du Japon à une conférence internationale confirmait que, dans son pays, les médecins participaient à la recherche des partenaires infectés *. Nous pouvons imaginer sans peine que les Japonais, si totalement disciplinés et depuis longtemps habitués à s'adapter à des situations nouvelles sans renier leur sens de l'efficacité et de l'honneur, se soumettent sans contrainte à toutes les exigences

* *Le Monde*, 23 octobre 1987.

imposées par la propagation du virus, même lorsqu'elles émanent de l'État et sont promulguées par des lois.

Les États cibles

Les États-Unis sont au cœur brûlant de la propagation du sida et de ses conséquences. Ils sont les premiers témoins et les premières victimes de la pénétration et du développement d'une épidémie dans un pays occidental rassuré par sa technologie et ses découvertes de pointe. L'infection devient pour eux sournoise et suspecte et bouleverse tragiquement une société qui a tout misé sur la conquête individuelle du bonheur à travers la possession matérielle.

Les réactions des individus et des pouvoirs publics y sont donc d'abord passionnelles, accompagnées de tous les excès qu'une telle attitude suscite. Elles sont violentes ou pragmatiques selon les groupes sociaux envisagés. Les États-Unis expriment, avec un temps d'avance sur l'Europe, les paniques irrationnelles, les débordements incontrôlés mais aussi les errements des pouvoirs publics, les contradictions des responsables médicaux, les luttes d'influence commerciale. *Patchwork* de comportements, affrontements entre la prise en compte officielle et les initiatives privées ou associatives structurées et très actives, telle est la version complexe d'un Européen lorsqu'il observe le sida outre-Atlantique.

Contrairement à la France où les associations reçoivent la caution et l'appui du gouvernement mais par là même respectent un *modus vivendi* qui les rend plus discrètes, les associations américaines agissent toujours contre le gouvernement fédéral, agressent les gouverneurs de chaque État. Dans un pays si étendu et si peuplé où se côtoient des ethnies différentes, il est difficile de dégager les lignes définitives d'une action concertée. A l'opposé de la France également, le sida aux USA est moins tributaire des manifestations médiatiques orchestrées par le pouvoir. Les médias et plus particulièrement les journaux et les multiples chaînes de télévision se font l'écho des manifestations de grande envergure, et toujours spectaculaires, des associations et des actions privées.

Le dimanche 16 octobre 1988, sur Canal + lors de l'émission « Zénith », Mme Mitterrand, présidente de France-libertés, révélait que son association apportait son soutien à d'autres associations qui luttent contre l'exclusion des minorités et citait Aparts, l'une d'elles, chargée de la réinsertion sociale des sidéens et de l'entraide matérielle. La solidarité, en France, traverse les grandes associations, les associations naissantes et les instances gouvernementales. Cette centralisation a ses avantages, certes, mais aussi ses périls. En France, la mobilisation militante dans la lutte contre le sida et pour l'évolution des mentalités – en dehors des collectivités qui agissent sur le terrain – est faible, difficile, peu efficace. Aux États-Unis, elle est première, en permanence sur le qui-vive. J'ai déjà parlé de Act Up qui ne craint pas de faire défiler ses membres devant la présidence des États-Unis pour dénoncer la négligence gouvernementale : chaque fois qu'un groupe militant, sur une exigence ponctuelle, déclenche un mouvement, très vite une grande partie de la population s'y intéresse. La lutte est dans la rue, comme ces jours d'octobre 1988 où, sous l'impulsion d'Act Up, un nombre massif de personnes ont manifesté pour protester contre le *black-out* sur les nouvelles découvertes thérapeutiques reconnues valables médicalement, au bénéfice du seul AZT, mondialement commercialisé.

Les malades du sida, les associations homosexuelles, les familles et les amis des sidéens harcèlent les autorités publiques. Cette exaspération des mouvements créés par les personnes concernées est inconnue en France où la médiatisation et la lutte contre le sida sont récupérées par quelques personnes, porte-parole d'une minorité silencieuse.

Les États-Unis, il faut le souligner, vivent la phase la plus tragique de la maladie. En septembre 1988, le Centre de contrôle des États-Unis, situé à Atlanta, annonçait officiellement 72 766 cas de sidas avérés et prévoyait que ce nombre devrait quintupler au cours des quatre prochaines années pour atteindre 365 000 cas en 1992. Sur les 72 766 cas comptabilisés à ce jour, 41 064 victimes du sida étaient décédées, soit 56 %. A la fin de 1992, le nombre de morts dues au sida atteindrait 283 000 sur 365 000 cas, soit 72 %! Avenir sombre qui ne peut qu'alerter et angoisser une population peu encline à accepter les défaites de la science et les échecs de la médecine.

La maladie devient hétérosexuelle : la peur s'intensifie car les Américains ont trop longtemps cru que le sida ne creuserait que les rangs des homosexuels et des toxicomanes. Hantés par la contagion, les Américains développent des attitudes d'exclusion et de secret. Un médecin du Texas reconnaît respecter les requêtes de ses patients : il ne mentionne pas l'origine du décès et s'en tient à sa cause directe qui, effectivement, n'est plus le sida puisque le virus provoque des maladies opportunistes qui entraînent la mort et peuvent être honorablement désignées. Les raisons de ce camouflage ont deux causes principales : les compagnies d'assurances, par le biais du sida, tentent de prétendre que la maladie pouvait être antérieure au contrat d'assurance; les entreprises de pompes funèbres refusent de prendre le corps en charge quand il s'agit de sidéens (ou seulement pour une crémation) et opposent une fin de non-recevoir à ce qui « réconforte » tant les Américains : embaumer leurs disparus.

La presse elle-même devient timide et parle de pneumonie ou de « longue maladie » quand des gens célèbres comme le *designer* Perry Ellis, le chorégraphe Michaël Bennett ou l'avocat conservateur Cohn meurent du sida, selon toute évidence.

La propagation des ravages causés par le sida parmi les enfants est aussi une raison majeure de ce silence. On comprend les réticences des parents quand on apprend qu'une école de Floride a refusé d'accueillir trois enfants, hémophiles et séropositifs, de peur qu'ils contaminent les autres élèves, préférant verser un million de dollars (7 millions de francs) pour dédommager les parents qui menaçaient d'intenter un procès. A la suite de cette affaire, la famille des trois enfants a vu sa maison incendiée et a été obligée de déménager!

Ces comportements paranoïaques sont en partie la conséquence des mesures prises par les autorités : tests imposés aux immigrants, aux réfugiés désirant obtenir un permis de résident permanent (directive des services de santé réellement appliquée à partir du 1er décembre 1987). Les diplomates en poste à l'étranger, les chômeurs en formation professionnelle, les détenus des prisons fédérales, les militaires, les 300 stagiaires en formation de l'armée néerlandaise aux USA, se voient eux aussi imposer le test de dépistage.

La pratique du test du sida sans consentement se développe, comme en Grande-Bretagne où le gouvernement n'hésitait pas à diffuser un message pour le moins ambigu, lors de sa dernière campagne télévisée : *« You can't tell by looking who's infected »* (« Vous ne pouvez pas dire qui est infecté en le regardant »).

La commission présidentielle sur le sida (créée en 1987) remettait ses conclusions sous forme d'un rapport au président Reagan en juillet 1988 seulement. Conclusions qui vont trop loin aux yeux de certains milieux conservateurs, en particulier en ce qui concerne les propositions qui combattent la discrimination subie par les victimes du sida. Pays de tous les excès, les États-Unis vivent une panique collective et hésitent entre les tenants des actions violentes mais courageuses et les prédications des replis totalement irrationnels. D'un côté les membres du Names Project affichent les noms des morts, de l'autre un enfant enfermé dans une cage de verre survit au milieu de la classe! Hantise qui conduit à des actes de folie : au Colorado deux personnes ont essayé de se « contaminer » en mettant du sang infecté sur des blessures qu'elles s'étaient volontairement infligées...

États de crise

Le continent américain avec ses 100 000 cas de sida déclarés est en état de crise, comme l'Europe et l'Afrique. A l'exception des États-Unis et du Canada, il est difficile de suivre exactement la progression de la maladie. Les États d'Amérique centrale et d'Amérique du Sud affrontent des problèmes aigus de société, doivent gérer la misère, sont régulièrement ébranlés par des coups d'État et des changements de régime. Dans nombre de ces pays, la population privilégiée est coupée du peuple. Comment évaluer l'infection, comment comprendre la transmission quand on ignore le fonctionnement général des organismes sanitaires?

Que les troubles sociaux et les fluctuations politiques

influencent les décisions du pouvoir et les comportements des individus est une évidence. On ne perçoit pas nettement l'action menée par des associations ou des groupes privés et les prises en charge des gouvernements n'ont de vrai que ce qu'ils en disent eux-mêmes.Comment de toutes nouvelles actions marginales orientées vers la lutte contre le sida pourraient-elles prendre corps, se développer et réunir des moyens financiers dans des pays où le droit associatif n'est pas reconnu, où les populations sont habituées à survivre dans des conditions misérables? On évalue le nombre de sidéens dans ces régions à une dizaine de mille mais ce chiffre est une donnée théorique.

Il est possible néanmoins d'avancer quelques chiffres pour le Brésil (3 000 cas de sida), Haïti (1 400), le Mexique (1 300), la République dominicaine (504); mais ne sont-ils pas sous-évalués pour des pays comme l'Argentine (163), les Bahamas (188), le Venezuela (140), Cuba (27), le Nicaragua (0)...

Au Panama, où l'on dénombre 30 cas de sida, le ministre de la Santé a déclaré le 31 octobre 1988 « jour national contre le sida ». Il a ajouté qu'il allait s'investir davantage pour combattre la maladie en précisant un plan national mis en place en janvier 1988 et qui visait la lutte contre la propagation du virus en particulier parmi les homosexuels, les drogués et les hémophiles.

Au Brésil, fortement atteint, les malades subissent des discriminations considérables. La psychose du sida s'est retournée contre les homosexuels. Des homosexuels sont assassinés (12 dans la seule ville de Rio de Janeiro dans le dernier trimestre 1987) : crimes atroces sans mobiles apparents, souvent perpétrés sur des personnes appartenant au milieu du théâtre et du cinéma. La société brésilienne, qui a toujours accepté ses homosexuels créatifs, voit maintenant en eux les principaux porteurs potentiels du virus du sida. L'extrême droite, très en pointe notamment à São Paulo, a favorisé la création d'un « commando antigai » qui tente d'expulser les homosexuels des académies de musculation et des écoles de ballet! Ces adeptes d'une sexualité sans déviances portent un tee-shirt illustré par un homme qui soulève une femme dans ses bras avec, dans le dos, un démon qui figure l'homosexualité...

Et peut-on croire cette information, transmise officiellement, qui indiquait en janvier 1988 que le ministre de la Santé allait stopper la distribution gratuite de préservatifs pour les gens pauvres! Raison invoquée : les pauvres sont contaminés dans des proportions infimes. Les couches moyennes et aisées seraient les plus touchées. Le ministère ajoutait que le gouvernement aurait mieux à faire en améliorant la qualité du sang transfusé plutôt que d'importer des préservatifs pour « une couche de population qui n'en a pas besoin ».

En juin 1988, l'OMS annonçait 27 cas de sida à Cuba. Ce chiffre est proche des déclarations officielles du gouvernement qui précisait, un mois plus tard, que « l'action du virus dans la population cubaine est très basse ». Toujours d'après les instances officielles, ce chiffre serait le résultat de mesures appliquées avec rigueur : dépistage de masse (2 260 000 tests effectués sur un tiers de la population sexuellement active), étude épidémiologique de chaque séropositif et isolement des porteurs dans un « sanatorium ». A l'issue de ces mesures pour le moins impératives, le rapport indique qu'il y aurait 230 séropositifs à Cuba, dont 34 ont développé la maladie et 8 sont décédés. Tous les séropositifs seraient soumis à l'isolement dans une unité spécialisée.

Tous les pays du monde se sentent concernés par le sida. Le combat n'en est certes pas au même point. A Mexico, lors d'un congrès international sur le sida, en septembre 1988, le professeur Montagnier de l'Institut Pasteur a demandé aux pays industrialisés qu'ils agissent dans la lutte contre le sida dans les pays du tiers monde. Dans les années à venir, a-t-il annoncé, 60 % des 5 à 10 millions de personnes dans le monde, supposées porteuses du virus, risquent de développer la maladie. Les gouvernements font les comptes, après avoir négligé bien longtemps sa progression. Mais les exigences idéologiques, les dictatures peuvent-elles s'incliner face à un mal qui trouble les certitudes d'une politique basée sur l'inégalité et la privation des libertés individuelles?

Le Brésil se réveille et, en septembre 1988, propose une

loi qui assimilerait le sida aux maladies incurables : les sidéens « bénéficieraient » des avantages des invalides : droit à la retraite et à une aide médicale.

En Grande-Bretagne, on ose déclarer que 965 personnes seraient mortes du sida (octobre 1988); les organisations spécialisées avancent les chiffres de 40 000 à 50 000 séropositifs.

Un journal de Leningrad, le *Leningradskaya Pravda*, a publié en octobre 1988 la photo d'une prostituée, morte du sida, qui serait le premier cas de décès dû au sida reconnu en URSS. En publiant cette photo (malgré les objections des médecins et de la police soviétique), le même journal demandait aux partenaires sexuels de la victime de subir un test de dépistage!

A Prague (Tchécoslovaquie), un homosexuel porteur du virus n'a pas respecté le mode de vie déterminé par les médecins d'une clinique spécialisée, engagement qu'il avait signé... Il a été condamné à trois ans de prison pour « propagation délibérée du sida ».

Le sida est une maladie sous haute surveillance. Surveillée par les médecins et les chercheurs : par la mise en fiches des observations faites sur les sidéens, ils s'efforcent de comprendre les étapes de l'infection. Surveillée aussi, d'une manière policière, par les organismes gouvernementaux : cette deuxième surveillance, que nous retrouvons dans chaque pays sous des formes plus ou moins déclarées, tente certes d'endiguer la contamination; sous couvert d'une protection de la population, elle s'égare bien souvent et ignore ceux qui subissent la maladie, quand elle ne les anéantit pas. Au cœur de la tragédie, il y a un homme, une femme qui souffre et craint de mourir. Son corps lutte contre la douleur et l'épuisement, son esprit lutte contre la capitulation.

D. vivait à Paris, il est martiniquais. Il tombe malade lors d'un voyage à Fort-de-France. Une partie de sa famille vit en Martinique mais l'abandonne. Isolé, incapable de comprendre nettement sa situation, privé d'affection et d'amitié, coupé surtout d'une information claire et intelligemment diffusée, il vit un double mal : le sida et la solitude. Une femme qui prenait soin de lui en métropole est le seul espoir qui lui reste. Nous publions ici la lettre qu'il lui adressait le 17 août 1988. Tel quel, dans sa simplicité, ce SOS naïf donne la mesure exacte de ce qu'aucune décision ministérielle ne peut sauver : le désarroi profond d'un sidéen seul face à la maladie qui l'emporte. Cette lettre pose aussi une question plus grave : les ingérences dictatoriales de l'État sont-elles le meilleur moyen de combattre une maladie d'abord individuelle? Épiés, recensés, les séropositifs ne cherchent-ils pas la clandestinité? Un comportement fataliste n'est-il pas le pire obstacle à la régression de la contamination?

« [...] J'ai subi une seconde intervention, le 16 mai, *de condylômel* [crêtes de coq]*. Apparemment ça revient. Ce serait souhaitable une troisième intervention, avec l'azote. Ce n'est pas évident et j'ai fait un séjour du 30 mai au 30 juin. En médecine je suis sous traitement AZT : 6 gélules par jour. Je supporte très mal. Plus 2 polaramine et un lysanxia au coucher. 270 comprimés que j'ai absorbés dans un mois. L'estomac en prend un sacré coup. En plus je n'ai pas d'appétit. J'ai piqué plusieurs fois des crises de nerfs [tétanies] : tout ce qui se trouvait sur la table a été balancé. L'AZT me rend dépressif, aigri, etc.

« J'ai des taches qui sortent sur le corps. J'ai demandé aux médecins d'où viennent ces taches. Ce qu'ils m'ont répondu? C'était dû à ma maladie... C'est dur à vingt-huit ans. C'est un âge où l'on fait plein de projets et moi, personnellement, je n'ai pas encore réalisé grand-chose et je n'aurais pas voulu mourir bêtement et je ne suis pas encore prêt à affronter l'éventualité de la mort. L'AZT fatigue énormément, ça donne des nausées, vomissements, éruptions cutanées, migraines, maux de ventre, etc. J'ai eu une discussion avec mon frère aîné durant mon séjour à l'hôpital. Je lui ai demandé s'il n'y avait pas de microbes et combien j'avais de temps à vivre... dans ma cellule familiale, je ne

---

* Nous avons respecté la syntaxe de cette lettre et le vocabulaire utilisé.
Les « crêtes de coq » ou condylomes acuminés sont des excroissances de chair, ressemblant à des verrues pointues, d'origine virale, regroupées au pourtour du gland, à la commissure des lèvres, dans la région anale (interne ou/et externe). Elles sont contagieuses.

suis pas accepté. Mon billet est valable jusqu'au 1er février 1989. Je reviendrai en France d'ici là. J'aurai mon stage qui sera nourri, logé et rémunéré, car ici ce n'est pas évident : tout se sait et tout se répète. En plus ils se sont aperçus que j'avais une hépatite virale B, donc tous les lundis, je monte à l'hôpital faire un prélèvement sanguin, et tous les mercredis je remonte voir l'interne. Il y a un stage le 12 septembre, mais le médecin me conseille d'attendre un peu. J'en ai marre. Je vois tout noir. Je ne suis pas libre ici. Il faut que je parte. Ma mère est en France pour une durée indéterminée. Ces jours-ci, il pleut. Malgré la pommade, les taches ne partent pas facilement. Ma famille m'a dit que j'ai cherché la maladie. Est-ce que tu crois que ce serait ça que j'aurais cherché? Que je n'étais pas HIV mais que j'étais sidéen, leur a dit le médecin de la S. ... et que je ne ferai pas long feu en Martinique. Ici ils n'ont aucun secret professionnel. Je monte régulièrement à l'association Aides, tous les jeudis de 19 heures à 21 heures. Je suis le seul malade à y être. Ils ont beaucoup d'appels mais les gens ne viennent pas, de peur qu'ils rencontrent quelqu'un qu'ils connaissent. Je suis très malheureux de tout. Si je m'écoutais, je me flinguerais. Écris-moi, j'ai le moral à zéro. Je craque.

« Sincères amitiés »

« D. »

La destinataire nous a fait lire cette lettre. Son authenticité ne fait aucun doute. Elle-même a pris contact par téléphone avec D. Elle désire qu'il revienne en France. D'après V.H., qui veut garder l'anonymat parce qu'elle met l'hôpital martiniquais en cause, le drame de ce jeune homme c'est la solitude et aussi la trahison du secret médical. Elle accuse aussi le côté « expérimental » des soins qu'il reçoit : « Je voudrais également soumettre à votre réflexion un autre aspect de la situation de D. qu'hélas il doit partager avec beaucoup d'autres malades, obscurs malades des casernes médicales. Malade reconnu par le corps médical, D. subit des interventions chirurgicales et ingère des substances chimiques sans que jamais une explication, une information lui soient fournies. Aussi, D. est bien l'un de ces cobayes

165

anonymes qui, une fois morts, auront l'ultime satisfaction d'avoir fait progresser la science... »

Loin de sa mère, de ses amis, seul aux prises avec des membres de sa famille qui le repoussent, D. utilise des mots qu'il n'ose pas appliquer à son sort, avec une intuition pitoyable de la gravité de son mal.

Les médecins le savent : la résistance psychologique joue un rôle primordial dans la stabilisation de la maladie. Peut-on accepter que la crainte d'une exclusion familiale et sociale viennent endommager l'équilibre déjà compromis d'une rémission de la maladie? Le sidéen n'aurait-il pas ce droit élémentaire : garder ses forces dans le seul but d'améliorer son état général? Vivre dans la paix, la compréhension et l'amour?

UNE JOURNÉE DANS LA VIE DE VINCENT

De sa fenêtre, Vincent me jette la clé de la porte principale. Il habite depuis huit mois un petit studio, dans une maison à Belleville. La rue est un vrai chemin de province avec des jardins et des arbres. Il m'attend sur le palier du quatrième : « Je vis dans un bel endroit? J'ai eu cet appartement grâce à mes amis d'Aparts et d'Aides. Ce n'est pas grand mais j'ai tout ce qu'il me faut. Tu vois le lit? C'est un cadeau, comme le reste d'ailleurs. Ils ont repeint, ils ont acheté les étagères, la table. Le lit, ça va te surprendre, mais c'est le lit d'un garçon mort du sida. Son ami me l'a donné en me disant : " C'était le lit de Roland. Je voudrais que tu l'acceptes! " Toi, ça te choque sans doute que l'on offre ainsi le lit d'un homme mort du sida? Non? Pour moi ce n'est pas un don de mort, mais tout le contraire : un don de vie! »

Ce qui me trouble ce n'est pas tant l'histoire du lit mais qu'il m'en parle d'emblée comme s'il fallait conjurer l'infection, déblayer le terrain entre nous, très vite. Ce qui me trouble c'est qu'il prononce le mot sida (il m'expliquera, plus tard dans la journée, ne pas aimer ce mot mais qu'il vaut mieux le dire, comme ça, simplement, pour acclimater la peur).

Moi-même je prononcerai le mot, chaque fois qu'il sera nécessaire. Je ne vais pas hésiter. Dire : la maladie? L'infection? ou utiliser de stupides euphémismes : « ce mal », « ce qui t'arrive », périphrases inutiles avec Vincent. Vincent n'est pas dupe. Il sait pourquoi je viens le voir. Nous nous connaissons un peu. Je l'avais rencontré deux ou trois fois il y a huit ans. Il travaillait alors : photographe de théâtre. J'avais eu affaire à lui, puis il avait disparu. Je l'ai retrouvé par hasard − ce n'était pas tellement un hasard − lors d'un colloque sur le sida. Il accompagnait Daniel Defert, président de l'association Aides. Bien sûr j'ai compris : Vincent avait toujours été mince mais j'avais été frappé par sa maigreur, son visage émacié, son regard et aussi un râclement de la gorge, constant, pendant qu'il me parlait. Aujourd'hui, je le trouve beau, comme « habité », les yeux plus clairs et surtout je remarque son aura, un feu intérieur.

« Tu me trouves changé? Ou plutôt, tu as eu un choc quand tu m'as revu, vendredi dernier? Non? Ne mens pas! Je me rends compte. Je te guettais par la fenêtre. Je savais que tu serais à l'heure. Je t'ai jeté la clé parce que j'ai du mal avec les escaliers. Les monter surtout. J'évite le plus possible de descendre. En partant tu remettras les clés dans la boîte aux lettres. »

La table est dressée, nos deux couverts. Il a insisté pour que je déjeune avec lui.

« Tu n'as pas trop chaud? Je suis un peu frileux depuis que je suis malade. »

Les murs sont blancs. La pièce est sans fioritures. Le lit derrière des étagères de livres, une armoire, une planche bureau et la table ronde, blanche aussi. Nous nous asseyons autour de la table. Le vin est bon. Je le dis à Vincent.

« Tu aimes le vin? Moi aussi, je ne devrais pas en boire trop. Mais je suis raisonnable. D'ailleurs nous avons failli en être réduit à l'eau. Je ne peux pas porter les bouteilles. Ça me fatigue trop. C'est la dernière. Deux fois par semaine le " volontaire " vient faire le ménage à fond et il me monte les provisions de la semaine. »

Nous sommes interrompus par une sonnerie. Une minuterie qui l'avertirait de la cuisson d'un rôti? Il rit : « C'est ma boîte à pilules. C'est l'heure de l'AZT. Toutes les quatre heures. Et je n'ai droit qu'à un battement d'un quart d'heure! La nuit c'est pénible... mais on s'y fait, on se fait à tout! »

Mon corps altéré

« J'ai quelques contraintes mais beaucoup moins qu'on ne se l'imagine. L'AZT, toutes les quatre heures, je te l'ai dit. La nuit, je suis obligé de me réveiller et j'ai du mal à me rendormir. Minuit, quatre heures, huit heures : le sommeil en prend un coup! Puis le matin la vie me reprend. J'écoute les infos. Ma chance c'est de continuer à m'intéresser à tout ce qui se passe. Certains se replient sur la maladie. Moi c'est le contraire. J'ai des obligations, et tant que j'ai des obligations, j'oublie la fatigue.

« Ce médicament provoque des effets secondaires, mais c'est la seule chose qui me tient debout. Même mon Kaposi va mieux. Les tumeurs disparaissent et les taches se décolorent. Tu ne peux pas savoir combien c'est important que ma peau redevienne à peu près normale. J'en arrivais à ne plus pouvoir me regarder. Je m'impose pourtant d'être toujours impeccable. Quand je suis entré pour quelques semaines dans l'appartement de relais thérapeutique * (c'était avant que je trouve ce studio), j'étais complètement démoli par mon Kaposi, ils m'ont dit – les gens d'Aparts et même ceux d'Aides –, ils m'ont dit : " On ne te demande pas les soixante francs – c'est ce que l'on paie par jour quand on a un revenu – on ne te demande rien pour l'instant, mais il faut que tu t'achètes des vêtements pour les fêtes. " C'était à trois semaines de Noël 1987. Ils avaient raison. Je tiens à parer mon corps, j'essaie même de me donner un style. (Il rit.) Tu vois, toujours en noir ou en gris! Mais ce matin, avant que tu arrives, je me demandais si j'allais pouvoir ouvrir la bouche...

« Oui, c'est très fatigant de se laver, et pendant de longs mois je ne pouvais pas regarder mon corps. Mais avec l'AZT, les lésions disparaissent. De toute façon je ne capitule pas. J'ai tellement à dire. Et je sais que pour les autres, oui les autres malades, ceux qui n'ont pas ma chance de comprendre,

---

* Appartements gérés par l'association Aparts où vivent, en communauté libre, trois à cinq malades du sida.

je suis un exemple... C'est drôle d'être un exemple dans ces conditions? Mais c'est vers moi qu'ils viennent. Je leur parle. Je crois qu'ils en ont besoin. Je suis soigné à l'AZT depuis un an. J'ai eu le Kaposi en 1986. Alors ça, le Kaposi, c'était le plus grand choc, parce que c'est visible, le corps est souillé. Ça va mieux. Mais il reste une grande peur. Quand tu as une maladie grave, tu sais son déroulement possible. Avec le HIV tu ne sais jamais rien, tu peux avoir toutes les maladies. Tu es sur le qui-vive. A la moindre fatigue, tu penses : " Qu'est-ce que je vais avoir maintenant? " Tu penses aux traitements, aux examens, tu vois déjà les transfusions, les tuyaux qui relient ton corps à l'appareillage clinique. A ce moment-là, c'est la solitude. Je pense à ceux qui restent seuls ou dans leur famille. Nous, nous appelons immédiatement Aides. Ils savent. Tu te sens mal, ils viennent, tu parles, tu expulses l'angoisse. Les autres, malades ou volontaires, te rattachent à des choses connues, tu n'es pas seul avec ce lourd silence. Pour moi ce qui me sauve, c'est la parole. Mais tu sais, je suis un cas. Il y a sept ans que je suis malade. Sept ans! Il y a de quoi espérer... ou démissionner! (Il rit.) Moi je n'ai pas baissé les bras. Mais mon expérience de la maladie est tout à fait particulière. Je ne suis pas un cas type, loin de là. Pour Valérie par exemple – je te parlerai d'elle – tout a été réglé en sept mois. C'est le délai pour les drogués qui attrapent le virus, sept mois à un an. Elle, ça a été fini en sept mois... »

Ma si longue histoire

« Moi, je suis un cas particulier. J'étais d'abord cancéreux. On pense que j'ai été infecté fin 1981, début 1982. Mais on a pensé au sida en 1984 seulement. En février 1982, j'ai été opéré d'un cancer du testicule. Je suis entré dans un service de cancérologie et, pour moi, dans ma tête et celle des médecins, j'étais dans la logique d'un jeune cancéreux. C'est au cours des soins et des opérations pour le cancer que j'ai su. Mais pendant deux ans, personne n'a pensé au sida.

170

J'étais un homme de trente-trois ans qui faisait un cancer du testicule.

« Mais tu peux imaginer ce que ce cancer signifiait déjà : avant d'être opéré – le 4 mars 1982 – on m'a fait signer l'autorisation de castration. C'était un tel traumatisme. En tant qu'homme et en tant qu'homosexuel. Dans la famille, il y a une hérédité cancéreuse et spécialement le cancer du testicule. Mais ne plus être un homme, et pour nous, les homosexuels, ne plus éjaculer! Nous qui concentrons tout sur le corps et qui attachons une importance considérable au sperme comme manifestation du plaisir et de la virilité.

« Pendant tout ce temps, je lisais les journaux. Mais bloqué sur mon cancer, je ne pensais pas un seul instant au sida. Dans mon service, j'ai été le premier à être testé. On m'en a parlé. On m'a dit que, dans la foulée de tout ce que je subissais comme examens, prélèvements, etc., on me ferait le test. Il faut dire que ça n'allait pas du tout, biologiquement parlant. Ma colonne vertébrale commençait à être atteinte, alors... Le test de dépistage venait d'être mis au point. On m'a transporté à Pasteur. C'était en juillet 1984. On me fait le test. Les résultats arrivent. Ils étaient positifs. J'étais tellement dans mon trip de jeune cancéreux type que je n'ai pas bien réalisé. Aujourd'hui, on apprend d'abord que l'on est séropositif, sans avoir encore aucun signe d'une quelconque maladie : c'est très traumatisant. Moi je n'ai pas connu cette révélation qui tombe brusquement alors que la vie est apparemment normale. Et puis, moi, j'avais déjà assumé tant de difficultés, et comme j'étais seul, que j'avais déjà trente-cinq ans et que j'ai toujours voulu savoir, les médecins me parlaient, j'étais ami avec eux, ils m'expliquaient au fur et à mesure. Alors le sida en plus!

« Je ne t'ai pas dit qu'en 1983, à propos du cancer, j'avais eu un très mauvais passage. Le professeur S. (je ne peux pas te dire son nom parce qu'il est un des rares qui refuse complètement toute publicité, même depuis qu'il soigne le sida! Un homme admirable qui m'a aidé d'une manière exemplaire), donc il m'avait prévenu qu'en tant que cancéreux, je n'en avais pas pour longtemps à vivre...

« Non, ne te récrie pas! C'est ce que je voulais, la vérité :

c'est d'ailleurs ce qui me tient encore, la vérité. Mes parents ne sont pas venus une seule fois parler au professeur! Alors tu sais, si on est seul, autant l'être complètement. Et puis quand tu crois que tu en as fini avec la vie, si on vient te parler de séropositivité, c'est un champ nouveau qui s'ouvre. Oserais-je le dire? Ma séropositivité déplaçait le problème. Une sorte d'espoir. Les toubibs me disent alors : " On va marcher ensemble, on va voir ce que l'on peut faire! " En 1984, aucun traitement n'était possible, mais ils savaient que j'avais une force psychologique extraordinaire. Ils ont beaucoup joué sur ma coopération. Avec moi, si l'on peut dire, ils sont devenus spécialistes du sida. Le professeur S. a maintenant tout un étage de malades du sida, en plus de l'hôpital de jour. Moi, ce qui me sauve, c'est que les médecins supposent que j'ai été infecté par le premier virus, très peu virulent par rapport à celui qui s'est développé à mesure que l'infection se divulguait. Ce virus n'attaquait pas le système nerveux. Et puis ce cancer, qui m'a soumis à d'immenses troubles sexuels et psychiques, m'a placé dans une position de prévention automatique, très tôt. Ce que les gens savent mal c'est que les séropositifs qui ignorent leur état, ou le négligent, se réinfectent et le virus devient de plus en plus virulent. Moi, ma " chance ", c'est que j'ai été automatiquement mis en retrait de la contamination. J'ai développé un cancer et mon sida est uniquement cette manifestation cancéreuse. Ce qui est très rare. Les gens atteints du sida font toutes sortes de maladies qui les épuisent. Officiellement, je n'ai pas fait de maladies opportunistes. C'est vraiment exceptionnel. Si tu veux, je continue à développer des cancers. J'ai eu quatre opérations en six mois. J'ai été castré à trente-trois ans. On m'a opéré pendant huit heures. On m'a ouvert depuis le sternum. Tout ça te paraît terrible. Mais je sais que ce sera toujours sous forme de tumeurs que l'on peut résorber, tant que mon état général résiste. J'ai fêté mes quarante ans. J'ai eu ma première transfusion, il y a quelques semaines. J'ai quarante ans. L'âge de faire le point. J'ai quarante ans, bientôt sept ans de souffrances. Comment je tiens? Ah, tu te poses la question, je le vois dans ton regard! Tu penses : *Mais comment tient-il? Pourquoi ne s'est-il pas encore flingué?* »

Moi et les autres

« Les volontaires? Ce n'est pas le mot qui convient. J'appelle ainsi les femmes et les hommes qui, bénévoles, s'occupent de nous. L'association Aides a mis en place depuis 1984 un extraordinaire réseau d'entraide et de solidarité. Moi j'ai " un volontaire " : Antony. Antony a vingt-neuf ans. Il travaille bien sûr, il n'est pas malade, ni séropositif, mais son temps libre, tout son temps libre, il le consacre à Aides. Les volontaires se réunissent, ont des entretiens avec leur chef de groupe, des psychologues. Ils traitent ensemble ces questions difficiles car on peut faire beaucoup de faux pas dans l'aide matérielle et psychologique qu'on apporte aux malades. Je ne voudrais pas que tu vois là une espèce de générosité exaltée au bénéfice du bénévole qui y puiserait un contentement de soi. Ils reçoivent un enseignement spécial et on n'accepte pas n'importe qui. Et surtout, quand ils débattent entre eux, c'est sous le complet anonymat des malades.

« Ce qui est très important, c'est ce qui se passe exactement entre le malade et " son " volontaire...

« Oui, c'est toujours le même : moi c'est Antony. Il me téléphone, je peux l'appeler, lui demander de venir. Deux fois par semaine, il fait le ménage ici, mes courses, il dîne avec moi. Nous discutons. Il me parle de lui, je lui parle de moi. Il y a aussi des infirmiers dans les cas de soins intensifs. Aides fait tout pour nous soulager, côté problèmes administratifs, matériels et moraux. Je rencontre aussi Jacques, mais Jacques c'est maintenant un ami, il a un cancer et il a eu un accident de voiture, il s'occupe des archives d'Aides. Avec lui, je sors, je vais au spectacle. Nous dînons au restaurant. Nous sommes très souvent ensemble.

« Car pour moi, ce qui compte avant tout c'est la vie culturelle, j'ai toujours été passionné par les autres, par la politique, les causes sociales. Plus que jamais je suis rattaché au monde, à ce qui s'y passe.

« Ma plus grande peur c'est de perdre mes facultés intellectuelles. Je crains par-dessus tout d'être physiquement atteint au point d'entrer, comme certains, dans une sorte de torpeur. C'est pour cela qu'il ne faut pas que tu t'inquiètes. Tu ne me fatigues pas. Quand je parle, quand je sens que mes paroles sont d'un quelconque secours ou qu'elles sont utiles, je vais mieux, ma lassitude se retire. »

Après le repas, j'avais demandé du café à Vincent. Pris par son discours, ébloui par sa lucidité et passionné par son histoire, je n'avais pas pris garde à son épuisement. Quand je lui ai demandé du café, il m'a dit : « Ah, tu veux du café ? » J'ai pensé qu'il n'en prenait pas, que j'exigeais quelque chose qui ne se trouvait pas dans l'appartement. Je me trompais. J'avais interrompu sa concentration. Quand Vincent parlait, il oubliait son extrême fatigue. Je percevais bien sûr quelques silences soudains : il faisait effort pour rassembler ses pensées; son regard, brusquement, se perdait au loin, au-delà de moi, de ces murs blancs, au-delà de cet arbre qui frottait ses feuilles contre la vitre, feuillage d'automne, déjà, ici, si loin de Paris, en plein cœur de Paris. Je lui ai dit : « Je vais faire le café ! » Et je l'ai suivi dans la cuisine où chaque objet miroitait de propreté. Mais déjà Vincent posait le filtre, allumait le réchaud.

« Oui, toi tu peux comprendre, on se sauve par la culture. Avant, j'étais partout : meetings, théâtre, cinéma, conférences... J'adorais mon métier. Je faisais des photos de théâtre. Pendant ces sept ans de maladie, je n'ai jamais perdu l'amour de l'humanité. Les autres? Oh, je ne suis pas plus indulgent! Non, ne va pas croire ça : les imbéciles sont toujours les imbéciles. Je suis beaucoup plus compréhensif avec les malades, les jeunes (ils sont souvent si jeunes!) mais les autres, je les vois tels qu'ils sont et la maladie n'exclut pas la mesquinerie. Les instants de grandeur sont rares.

« Je préfère les films, les pièces de théâtre, les livres qui me parlent de ce qui me préoccupe. Le divertissement? Tu veux dire oublier? Pas pour moi, bien au contraire. Je suis en train de lire un bouquin sur la mort : *La Solitude des mourants* de Norbert Élias. Je reste vigilant. Je n'ai jamais aimé la légèreté. Je ne vais pas commencer... Ils disent que j'ai l'air d'un curé! (Rires.)

« Je vais parfois me promener. Je m'assois à la terrasse du Sarah Bernhardt, c'est un café place du Châtelet. Là, je suis seul. Je regarde les gens. Je fais ça quand je ne me sens pas très bien. Mais la plupart du temps, maintenant, je fréquente des gens d'Aides, des gens d'Aparts. Oui, c'est mon nouvel engagement, ma militance si tu veux! J'ai toujours aimé les contacts. Je crois que je n'aime pas beaucoup rester seul. Il faudrait pourtant que je me repose, que je fasse la sieste tous les jours. Mais je me dis aussi que si j'arrête d'agir, je vais m'écrouler. Le jour même de la transfusion, je participais à un colloque. Comme témoin, mais je devais être là. Le médecin me dit : " Bon, vous allez être épuisé, mais je sens qu'il faut que vous y alliez, je ne vais pas vous l'interdire! "

« Même quand j'étais au plus mal, lors des opérations du cancer, je discutais avec les infirmières, les médecins. J'ai suivi ma maladie pas à pas. J'étais au courant de tout. Je n'ai jamais abandonné.

« Ma force, ce sont les autres! Et pourtant je suis souvent au bout du rouleau. Je vais à l'hôpital Saint-Antoine une ou deux fois par semaine. Les prises de sang c'est épuisant et il y a les piqûres, les médicaments en dehors de l'AZT quand je suis plus faible. Mais je tiens, je tiens... »

Mes parents

« Mon désespoir n'est pas vague. Il s'appuie sur la réalité de la maladie. J'aime les spectacles qui me font réfléchir à ma vie, à la vie en général, à la vie et à la mort, à la mienne et à celle des autres.

« Alors il y a Jacques qui est un ami, il y a Antony qui est toujours disponible et il y a ceux qui ont besoin de moi. Je crois que ma chance c'est aussi d'être le " volontaire " des autres. Le mercredi et le vendredi, Aides ouvre une salle pour le groupe Loisirs. Là je rencontre des gens, des garçons

175

jeunes souvent, des femmes très jeunes aussi, certaines ont un enfant qui a le sida... Je les écoute. Ils viennent vers moi. Je suis une sorte de " vedette " (il rit), celui qui " sait ", celui qui connaît ça depuis longtemps, un témoin. Tu ne vas pas me croire mais bien souvent c'est ça qui me tient debout : savoir que les autres ont besoin de moi. Qu'y a-t-il de plus horrible que de ne plus servir à rien?

« Mes parents? Ah, mes parents! Ils ont appris que j'avais le sida le 8 mai 1988, oui exactement le jour de l'élection de Mitterrand. Jusque-là mes parents croyaient, ou faisaient semblant de croire, que j'avais un cancer, ce qui est plus honorable que d'avoir le sida, non? Le samedi soir, ils avaient entendu sur France Inter que Mme Mitterrand était allée inaugurer, à Genève, SidAides, une association suisse reliée à Aides et à Aparts. Elle m'avait demandé de l'accompagner. Elle désirait que quelqu'un témoigne, quelqu'un qui savait. Mes parents, auxquels je n'avais pas pu m'empêcher de me vanter d'accompagner Mme Mitterrand, m'accueillent le lendemain de l'émission qu'ils avaient écoutée. Ils m'attendaient à la gare (ils habitent en province). Dès que nous sommes dans la voiture, ma mère me dit : " Qu'est-ce que tu faisais avec Mme Mitterrand, qu'est-ce que tu as à voir avec le sida? " Je lui réponds immédiatement : " Oui, j'ai tellement à voir avec le sida que moi, j'ai le sida! " Ma mère commence à pleurer. Je lui dis : " Arrête de pleurer! Qu'est-ce qui te gêne tant? Je suis déjà condamné pour le cancer! " Et alors elle marmonne : " C'est pas pareil! " Mes parents? Pour eux je suis l'affreux canard. Déjà mon homosexualité, ils ne l'ont pas supportée. Si je te disais que les amis de mes parents sont lepénistes et que mon père me dit, ce dimanche-là : " De toute façon, ta première dame de France, elle n'en a pas pour très longtemps à être femme de président! " C'était l'anniversaire de ma mère : elle avait soixante-seize ans. Je suis allé voter et j'ai pris le premier train. J'avais téléphoné à Jacques, mon " deuxième volontaire ". Il m'attendait à la gare d'Austerlitz. Du plus loin qu'il m'a aperçu, il a fait un signe : " On a gagné! " Mitterrand était élu. Ne va pas me dire que les amis c'est pas plus important que la famille! Mes parents viennent de temps en temps. Ils se sentent un peu coupables. Et puis ils savent que beaucoup de gens s'occupent de moi. Alors, l'orgueil, ils veulent pas rester à la traîne! La première fois qu'ils sont venus après avoir appris que j'avais le sida, ma mère s'est levée pour faire la vaisselle. Moi j'étais au téléphone. J'ai senti une odeur de chlore. Elle était en train de tout passer à l'eau de Javel. Alors j'ai hurlé. Elle n'a plus recommencé! »

L'homosexualité? Il faut en parler?

Vincent vit seul dans l'appartement de Belleville, depuis février 1988. Il a passé beaucoup de temps à l'hôpital, puis dans différentes maisons de repos. Il a quitté son appartement où il vivait avant son cancer. Il a quelque temps séjourné à Briançon mais l'ennui le rongeait. De retour à Paris en décembre 1987, il a vécu quelques semaines avec d'autres malades dans un des appartements de relais thérapeutique que possède Aparts, pour y loger les plus démunis ou ceux qui sont abandonnés des familles, des amis.

J'ai conscience que Vincent est une exception, que sa vie et la manière dont il assume sa maladie ne sont en rien comparables à celles de Muriel, de Jean-Louis, d'Arnault. Je me rends compte aussi que je n'ai pas le droit d'alerter ce qu'il préserve avec soin : son exceptionnelle force de combattant. Moi, qui me tiens là, dans son petit studio blanc et qui découvre un univers que je n'imaginais pas, je suis tenté de lui poser certaines questions. N'a-t-il jamais de crises de désespoir, ne s'effondre-t-il jamais? Je songe à Muriel qui vit seule dans un minuscule appartement et qui attend les coups de fil de son mari, la voix de ses enfants, un appel de sa mère. Muriel qui doit tricher, à qui son entourage familial impose le mensonge. Vincent dit qu'il a de la chance. Pendant qu'il s'allonge sur le lit – ce lit, don de vie – et qu'il ferme les yeux, je comprends pourquoi il me dit avoir de la chance, la chance d'avoir pu faire face à la maladie aux pires moments,

177

une chance qui s'appelle courage : s'adapter au point de recréer une nouvelle famille (les autres malades et les « volontaires »), au point sublime de faire de sa lutte et de sa résistance à la mort un exemple et un espoir pour les autres. Des pensées m'assaillent : les « volontaires » comme il dit, cet univers peu connu, ceux qui depuis quatre ans combattent pied à pied la maladie et ses répercussions, ce « monde du sida » est-il suffisant? Vincent ne porte-t-il pas au fond du cœur le désir d'autres contacts, avec ceux, bien vivants, qui se promènent dans la vie ordinaire? Ne préférerait-il pas que ce soit sa mère, une amie ou un ami qui se penche vers lui, le soir, qui lui tienne la main quand il se réveille à quatre heures du matin pour absorber les comprimés d'AZT?

« J'ai des crises de cafard. Je ne m'y arrête pas. De temps en temps, je fais un rêve, je " vois " mon enterrement. Mais je n'en fais pas un drame. Je me dis qu'avec toutes les morts que j'ai connues, tous les malades que j'ai " accompagnés " dans la mort, il est bien normal que des images macabres surgissent dans mes rêves.

« Le lien avec mon homosexualité? Que te dire? Très tôt et peut-être à cause de mes parents, de leur mentalité, de leur étroitesse d'esprit, j'ai compris qu'il fallait que je m'éloigne si je ne voulais pas gâcher ma vie. J'ai quarante ans, je te l'ai déjà dit. Je fais partie de tous ces garçons de province qui sont venus à vingt ans à Paris pour se sauver, pour vivre leur vie. Mais, au fond de moi, j'ai vécu cette période de libération avec angoisse. J'agissais mais j'avais du mal à me situer, j'ai beaucoup lutté aussi (tu vois, la lutte ça me connaît!) pour comprendre, pour devenir un homme libre de ses propos, de ses actes, mais aussi un homosexuel inséré dans la société, malgré sa marginalité.

« La séropositivité a partiellement remis en cause mon homosexualité. Mon cancer du testicule m'avait déjà fait saisir une part des questions que je n'avais pas trop voulu me poser alors qu'il s'agissait avant tout de me délivrer de la morale de ma famille. Quand je me suis interrogé sur cette époque où, comme tout le monde, j'ai joué le jeu du corps libéré, des back-rooms *, du sexe pour le sexe... Quand j'allais au fond des choses, ma sensibilité n'était pas en accord total avec cette frénésie du plaisir. Ça clochait un peu. Ce n'était pas tellement mes options fondamentales. Je rêvais d'un amour sur tous les plans, mais je ne condamnerai pas la liberté que nous avons imposée, nous les homos. Officiellement j'approuvais, personnellement je m'en sentais étranger. Je ne nie pas qu'il y ait une corrélation entre le développement du sida et les modes de vie des homosexuels.

« Mais je n'ai pas eu de grandes crises de culpabilité ou de remords du genre : " Ah, si je n'avais pas vécu comme ça, je n'en serais pas là ! " Et d'abord le cancer m'y a aidé... paradoxalement. Le cancer est héréditaire dans ma famille. Je n'ai pas commencé par la séropositivité, qui est une dure épreuve. Dans l'état d'angoisse où l'on se trouve − vais-je l'avoir ou pas ? − on peut renier son passé, s'insurger contre la liberté des mœurs.

« Je vais essayer d'être franc : socialement, je crois que l'apparition du virus HIV (et sa transmission) est une sorte de régularisateur. Je vais faire hurler certains de tes amis : oui dans l'histoire des sociétés, je crois que le sida intervient d'une manière symbolique. Le sida peut vouloir dire : non l'amour humain ce n'est pas le corps, ce n'est pas le corps uniquement. L'histoire des sociétés remet les choses en place quant à l'amour et ce que l'on en fait, mais moralement je ne juge pas. Je dirais même que c'est un scandale de penser que l'on puisse être puni parce qu'on a fait l'amour !

« J'ai eu des crises parfois. A Briançon, j'étais si seul : un jour j'ai brûlé toutes mes archives photographiques, toutes les photos qui avaient un rapport avec l'homosexualité. Oui, à ce moment-là, j'ai brûlé mon homosexualité !

« Pour aller complètement au fond des choses, il m'arrive de me dire que si je n'avais pas été homo, tout cela ne serait pas arrivé. Mais vraiment ce sont des flashes que je dépasse très vite. Je sais aujourd'hui que mon homosexualité m'a

---

* Les « back-rooms » (pièces du fond), nées aux États-Unis, ont été « impor-tées » en France. Ce sont des salles relativement obscures au sous-sol ou à l'arrière des bars et boîtes de nuit homosexuels, où les clients pouvaient participer à des échanges sexuels dans un certain anonymat.

aidé à vivre la maladie. Je regarde le sida qui me met encore une fois en marge de la société, comme j'avais regardé l'homosexualité, la mienne bien sûr. Je combats la fatalité du sida comme j'ai lutté (dans ma vie privée et lors des grandes manifs) contre la fatalité de l'homosexualité à notre époque. Oui, je le répète, les homosexuels ont plus de courage face à l'épidémie. Le sida dans l'hétérosexualité va poser des problèmes graves. Ils ne sont absolument pas prêts. D'ailleurs, ceux qui se rapprochent d'Aides rencontrent des homosexuels et ce sont les homosexuels qui les réconfortent. Ils s'appuient sur des gens comme moi! Ça je ne l'avais pas prévu. Il y a bien sûr aussi les récalcitrants. J'ai rencontré à Aides un couple : lui avait le sida, il était hémophile. Ils n'acceptaient pas. Lui me répétait : " C'est la faute des pédés! " Elle essayait de le calmer. J'ai rencontré aussi une jeune femme antillaise. Elle ne savait pas comment s'y prendre. Elle me disait qu'elle était inquiète. Elle mélangeait tout. Elle voulait un enfant. Une femme très belle. Elle insistait : " Je suis sûre de lui – elle parlait de son amant – mais j'ai peur, peur de faire le test, peur... " Et quand je lui demandai si elle craignait d'être séropositive à cause de l'homme avec qui elle vivait, elle a paru soulagée; " Oui, c'est ça, mais comment lui faire comprendre, comment lui demander si c'est vrai. Si je suis ici c'est parce que ce doute me ronge... " »

Vincent ferme les yeux, toujours étendu sur son lit. Puis il se redresse : « J'ai très peur pour les hétéros. Ils vont très mal le vivre! Ils n'ont pas l'habitude de prendre sur eux pour toutes ces choses comme l'amour et la solitude! Ils se réfèrent trop aux autres, à ceux qui leur ressemblent, à ce qu'ils voient ou entendent. Nous, on a dû, dès le départ, se débrouiller, inventer, créer notre chance de bonheur! »

Un an du plus grand des bonheurs!

« Je n'ai pas eu beaucoup d'amours dans ma vie. Depuis six ans, je vis seul. J'ai beaucoup d'amis. J'aime beaucoup de gens, mais si tu veux parler de l'amour, l'amour unique, le grand amour... Les histoires d'amour entre malades sont difficiles. Je connais un couple de garçons : l'un des deux est au stade terminal, on le soigne chez lui. C'est l'HAD, l'hôpital à domicile. Les infirmiers se relaient. Il veut mourir chez lui. C'est possible. Voilà encore une énorme différence avec la manière dont la société traite la mort. Tu connais beaucoup de familles où l'on s'occupe des grands malades à la maison? Lui est très malade, son ami est séropositif. Il travaille. Ces deux-là, ils vivent sur eux-mêmes, enfermés dans leur appartement. Ils se suffisent à eux-mêmes.

« Moi j'ai rencontré Gaël en 1981. C'était un hétérosexuel. Il venait d'Allemagne. Il avait une femme et un fils. Très jeune, vingt-trois ans quand je l'ai rencontré. C'était à Marseille, lors d'une université homosexuelle d'été. Le coup de foudre. Nous avons habité ensemble. Quand j'ai appris mon cancer, il m'a soutenu. Nous n'étions pas ensemble à cause de notre homosexualité, mais parce que ça collait entre nous. Nous formions un couple. Il venait me voir à l'hôpital. J'étais dans le service d'urologie avec de vieux pépères. Il entrait. Il était si beau. Il se précipitait sur moi, m'embrassait sur la bouche devant les autres malades, les infirmières, les internes. Personne ne trouvait à redire. Quand j'allais plus mal, l'infirmière lui téléphonait – à lui, jamais à mes parents – et il arrivait immédiatement, à n'importe quelle heure. Après les opérations il me tenait la main. Il croyait à la méditation, à la prière, à une force intérieure que l'on pouvait communiquer à l'autre. Il s'enfermait des heures entières et se concentrait pour me sauver. Il l'a fait toute une nuit quand, après la première opération, j'ai eu une très violente alerte. Une occlusion sur bride s'est déclenchée. En recousant la bride, des nœuds se sont formés sur l'intestin.

« Je souffrais le martyre. Si ce n'est pas pris à temps, ça peut être très grave. Heureusement, un copain médecin me téléphone, je lui explique ce qui se passe. Il me dit : " Passe-moi Gaël! " Quand Gaël l'a entendu, il a blêmi, il a reposé le combiné, m'a pris dans ses bras, m'a transporté dans notre voiture et a filé vers l'hôpital où il m'a déposé. Cette nuit-là, il a prié et je m'en suis sorti, une fois de plus.

« Et puis tout cela l'a épuisé. Il était venu vers moi pour

voir clair en lui. J'étais l'homme, celui qui enseigne et soudain j'étais atteint, vulnérable, affaibli. Il a beaucoup maigri... non, il n'est pas malade, il n'est pas séropositif... mais il était exténué et le médecin qui me soignait m'a fait comprendre qu'il fallait que Gaël se récupère, que je ne pouvais rien pour lui, que j'avais trop à faire avec mon corps en souffrance. Gaël? Un an, un an de tous les bonheurs, même pendant les opérations. Maintenant? Il vit avec une femme, ils viennent me voir. Ils sont venus à mon anniversaire. J'ai été le seul homme dans sa vie.

« Entre malades, c'est très difficile l'amour dont tu parles. Le malade se sent atteint dans son corps. Les séropositifs, pendant plusieurs mois après la révélation du test, sont dans une phase de rejet de la sexualité. Il y a bien sûr les kamikazes... ceux-là ne sont pas nombreux. Que les amours qui existaient avant la maladie continuent, sous une autre forme peut-être, certainement; mais qu'un homme ou une femme malade tombe amoureux d'un autre malade, je ne crois pas. Le grand problème c'est son propre corps. Alors, on peut voir un malade accompagné de son ami mais ce qui se passe surtout, quand on ne s'isole pas, c'est une sorte d'amour de groupe. Les hommes et les femmes se touchent, je veux dire qu'ils se caressent par-dessus leurs vêtements, ils s'embrassent dans le cou. Lorsque quelqu'un est particulièrement anxieux et que l'autre s'en rend compte, il peut venir vers lui, ou elle, et le caresser, l'étreindre, une sorte de langage du corps, des gestes tendres.

« Pour moi l'amour? Il se manifeste maintenant de cette manière-là. Pour mes quarante ans, il y a eu plusieurs fêtes, 50 personnes au moins sont venues me souhaiter mon anniversaire, me dire leur affection, me serrer contre eux. L'amour c'est aussi celui que je donne, comme ça, à des filles, des garçons que je sens dans l'angoisse. Ils ont besoin de moi, de mes paroles. C'est de l'amour, non? Est-ce que nous savons donner cet amour quand nous sommes bien-portants? Mais un amour pour soi seul, un amour exclusif, je ne sais pas si celui ou celle qui est à un stade très avancé de la maladie le souhaite. Être réconforté, reconnu, oui, sans aucun doute, mais se lancer dans une passion alors que l'on sait son corps si fragile, toujours en alerte? Je ne connais pas de cas. Le jour de mes quarante ans, je vois, au fond de la salle, un garçon, vraiment très jeune, seul dans son coin. Tout le monde venait vers moi... tout le monde me connaît! Chacun venait m'embrasser. Et lui, il était là pour la première fois. Je suis allé vers lui. Il se lève et me dit alors : " Vous êtes mon espoir; on fête vos quarante ans, moi je commence mon traitement. " C'est une forme de confiance, de l'amour... mais pas comme vous l'entendez, vous qui ne pouvez pas comprendre ce que c'est, à vingt ans, d'apprendre que l'on est séropositif et d'attendre dans l'angoisse de savoir si on va être malade : quand? jamais ou bientôt? »

La mort des autres

« L'angoisse, la peur, ça vient, ça passe, ça revient. L'essentiel, je te l'ai dit, c'est de ne pas se couper des autres. Cette douleur particulière, morale? Il ne faut pas la laisser s'installer. Des flashes : tu acceptes un instant mais si tu t'effondres, il vaut mieux appeler quelqu'un : Jacques, Antony... De toute manière je ne fuis pas l'idée de la mort. Comment le pourrais-je? On a eu quatre morts dans une semaine, je te parle bien sûr de filles et de garçons qui appartiennent à l'association. La mort, il faudrait être aveugle, se boucher les oreilles pour passer à côté. Je te parle de ces quatre parce que c'est récent. L'un d'eux a été merveilleusement entouré par ses parents. Mais c'est plutôt rare : les familles ont peur, ils s'approchent comme des étrangers, ils ne savent pas comment s'y prendre. Ils connaissent la mort des vieux, dans les hôpitaux, ils connaissent peut-être la mort brutale qui vient faucher un jeune. Mais cette mort-là qui vient lentement, s'annonce, ils ne savent pas comment la prendre. Et nous, les amis, les infirmières, les médecins, les volontaires d'Aides ou Apparts, nous savons; à côté de nous, ils se sentent démunis, presque inutiles. Mais, vois-tu, rien ne les empêche de commander une ambulance, de ramener chez eux leur fils, leur fille, d'avoir tous les soins de l'hôpital à domicile. Ils ne le font pas. Ils ne le demandent pas.

« En septembre 1987, je suis accueilli au groupe Loisirs par un garçon splendide. Un garçon d'une grande beauté, Édouard. Il voulait être cinéaste. Pour lui, à vingt-quatre ans, le sida c'était une terre inconnue, une autre planète. Ce jour-là, c'est entre nous le début d'une grande amitié. Quand on va à l'essentiel, l'intensité du dialogue s'installe tout de suite. Nous parlons toute la soirée ensemble. Lorsque nous nous quittons, il m'avoue qu'il avait un grand besoin d'échange, que je lui avais fait du bien. Il avait peu parlé de lui, il m'avait beaucoup interrogé.

« Je lui avais laissé mon numéro de téléphone. Les mois passent. Je ne le voyais plus aux réunions d'Aides. J'apprends qu'il ne va pas bien et un après-midi, en rentrant de l'hôpital, j'entends son appel sur le répondeur : " C'est moi, Édouard! " Et il m'indiquait un numéro où je pouvais le rappeler. " Appelle-moi, il faut que je te parle... " C'était le numéro de téléphone de sa chambre à l'hôpital Saint-Louis. Jacques m'y accompagne. Nous découvrons Édouard dans un état lamentable. Atteint d'un lymphôme, un cancer fulgurant des ganglions. Son corps était enflé, sa jambe énorme, plus une variante du Kaposi qui recouvrait son cou, couleur lie-de-vin. En quelques mois, il avait subi une chimiothérapie et une radiothérapie intensives. Le cancer le bouffait à l'extérieur, à l'intérieur. Il souffrait le martyre mais il était parfaitement conscient.

« Il m'avait appelé pour me dire au revoir. Ce sont les mots qu'il a prononcés : " Te dire au revoir. "

« Jacques a voulu le réconforter et s'est servi des mots qu'on utilise d'habitude avec les malades. Sont-ils dupes? Moi, je ne veux pas qu'on détourne la question. Car la seule question c'est la mort. Édouard allait mourir, je le savais. Je me suis assis sur le bord du lit, je lui ai pris la main doucement (sa main était déformée, elle aussi) et je lui ai parlé de la mort ou du moins de l'existence, ce qui est pareil. Avant de partir, je l'ai embrassé. J'avais ses yeux tout près des miens. Il a murmuré : " Je voulais que tu viennes parce que toi, tu sais ce que j'éprouve. " Il avait décidé de

184

mourir. Il a voulu qu'on le laisse mourir. Il est mort trois semaines plus tard. Pendant ces trois semaines, il a refusé de voir les gens. Il paraît que sa mère est venue les trois derniers jours.

« Les malades du sida ont la possibilité de comprendre la mort, il ne faut pas l'éluder. Ils sont jeunes pour la plupart, il ne faut pas leur faire l'offense de les traiter comme les vieillards qui préfèrent oublier. Nous savons depuis le premier jour de la maladie; nous espérons et en même temps nous savons.

« Valérie, c'est encore différent. Elle a demandé à mourir dans l'appartement où nous vivions à cinq, avant que je ne m'installe ici. Valérie a demandé à mourir parmi nous. Les derniers temps, elle savait qu'elle allait mourir : elle était très faible, elle faisait des allers-retours entre l'appartement et l'hôpital. C'était risqué mais les médecins venaient régulièrement, nous appelions SOS-Médecins au moindre malaise. Les trois dernières semaines, des infirmières se relayaient auprès d'elle. Nous allions prendre le café dans sa chambre. Elle disait qu'elle était heureuse d'entendre la voix des résidents dans les pièces voisines. Parfois elle plaisantait sur l'un ou l'une d'entre nous.

« J'ai vécu près d'elle. Elle s'est habituée à moi. J'étais plus âgé que les autres. Elle avait confiance. Quand je la quittais, je lui disais où j'allais, ce que je faisais, pourquoi, et je lui indiquais exactement l'heure de mon retour comme les parents le font pour les enfants qu'ils aiment.

« Elle avait peur de mourir. Elle était jeune, vingt-six ans. Elle n'avait jamais été heureuse. Livrée à elle-même, droguée à dix-sept ans. Elle était seule.

« Je ne lui cachais pas sa mort. Un après-midi, un résident qui croyait bien faire est venu la réveiller, pour lui parler de Dieu. Elle s'est révoltée, m'a appelé : " Fous-moi ce type dehors ! " Elle avait tout connu de la misère. Elle était incapable d'analyser intellectuellement ce qui lui arrivait. Vers la fin, elle avait perdu vingt-cinq kilos. Elle a retenu sa mort parce que enfin on la " voyait ", elle existait pour nous. C'était le sida terminal. Pendant ces trois semaines, elle a été heureuse. Elle est redevenue une petite fille, non

185

pas qu'elle ait perdu sa lucidité mais parce que enfin on s'occupait d'elle, elle qui avait à peine connu ses parents, que personne n'avait aimée! Elle jouait la petite fille, exigeante, capricieuse. Elle n'avait jamais été autorisée à le faire dans sa vie. Elle demandait toujours : " Vincent est là? " Et alors elle s'assoupissait. L'infirmière disait : " Donnez-lui ce qu'elle demande, c'est elle qui va décider de partir... " Elle est partie, comme elle l'avait demandé, ici, dans l'appartement, parmi nous. On l'a transportée à l'hôpital après sa mort. Ce n'est pas permis mais nous l'avons fait. Moi j'ai bien vérifié. Que son souhait soit exaucé, qu'elle ait eu cet amour autour d'elle. Il faut parler de la mort. Nous qui avons tout à coup une vie qui s'arrête, nous ne devons pas escamoter cette évidence. Parler de la mort est notre ultime dignité. »

4

RISQUES ET PÉRILS

Vincent n'a pas capitulé. Vincent n'est pas un cas unique. Cette vigilance active est celle de nombreux sidéens lorsqu'ils acceptent (ou sont en mesure d'accepter) de vivre victorieusement avec la maladie. Mais pour ces femmes et ces hommes qui luttent avec clairvoyance, combien sont-ils paralysés par le désespoir? Les circonstances qui inaugurent leur entrée dans la maladie, les paroles de leur médecin généraliste lors de la première alerte, la manière dont le centre hospitalier envisage les soins et son rapport au malade, la sollicitude ou le refus de la famille et même ce que le séropositif et le sidéen perçoivent des attitudes fondamentales du gouvernement de leur pays : autant de facteurs bénéfiques ou destructeurs qui jouent un rôle capital dans le mieux-être du malade, la stabilisation de son état de santé, la régression de la maladie et, pourquoi pas, sa rémission. Que savons-nous exactement d'un virus décelable par le combat que livrent les anticorps? Que pouvons-nous imaginer de l'adaptation de l'organisme humain à sa présence à long terme? Supposer que seul un vaccin miracle ou un médicament définitif peuvent anéantir le sida, c'est déjà restreindre le champ des possibles, c'est surtout amoindrir les chances immédiates d'une amélioration de la résistance immunitaire et d'une préparation à la guérison.

L'amour trahi

En France, les discours sur le sida se focalisent sur deux points essentiels et complémentaires : la contamination et sa prévention. La diffusion du sida est certes ce que la population capte en premier (bien que les comportements n'en soient pas bouleversés!). Mais limiter l'information à ces deux seuls aspects, c'est entretenir la panique sans résoudre les problèmes.

Les controverses sur la contamination et la prévention mettent implicitement la vie en accusation et rameutent les vieilles morales. Les conséquences de ce parti pris, nous les connaissons : fuir les malades, éloigner les séropositifs et, par corollaire, condamner les relations amoureuses. Conséquences graves : nous ne voyons plus que, le mal s'insinuant dans notre corps, nous divisons la société en deux groupes antagonistes : les « infectés » et les « sains ». A force de donner une vision tragique de l'amour sexuel, nous collaborons à une punition dramatique : l'annulation de l'amour dans sa totalité.

Les victimes du sida ont d'abord besoin d'amour! Suspecter la relation à autrui et le plaisir, les associer au virus, c'est propager un autre mal et refuser aux malades le principal réconfort. C'est troubler définitivement la tranquillité d'âme des séropositifs, aller à contresens de ce qui peut le mieux les aider : vivre normalement avec les autres, et surtout ne pas subir l'opprobre quant aux relations affectives.

Il est dangereux pour l'amélioration de leur santé de négliger les pulsions amoureuses des séropositifs et des sidéens, il est coupable de les déstabiliser dans leur milieu professionnel. Dans sa famille, au travail, parmi ses amis, l'individu atteint du virus doit vivre à part entière; il faut l'encourager à résister au piège de la maladie qui rend l'être humain frileux, apeuré, culpabilisé. Il se cache. Ne l'oublions pas. Moi-même, dans le souci de préciser la maladie et d'en montrer la réalité, n'ai-je pas failli à mon projet en passant sous silence que le meilleur remède et la meilleure façon de se vivre séropositif sont en premier lieu la possibilité d'une harmonie avec les autres et d'un accord avec soi-même?

La dramatisation des prises de position des responsables politiques et des porte-parole de la médecine, dans certains États, et régulièrement en France, a fait bien plus de mal aux séropositifs et aux sidéens qu'elle n'a véritablement atténué la contamination et développé la prévention. La peur n'est bonne conseillère que dans des situations ponctuelles, des états de crises passagers, des sauve-qui-peut urgents. Mais il y a beaucoup de risques et un grand péril à entretenir la peur sur une si longue distance. Le sida a plusieurs vitesses : on relève des différences surprenantes dans le développement de la maladie chez des malades au départ identiques. Le sida peut tuer en trois mois, en deux ans, en huit ans... ou ne pas tuer. La séropositivité peut basculer très vite dans les maladies opportunistes mais elle peut aussi n'être qu'une indication de la présence des anticorps. Des séropositifs ignoreront toute leur vie qu'ils vivent avec le virus. D'autres déclineront dès l'instant où ils se savent infectés. La peur, les processus d'alerte et de panique peuvent être désastreux. Ils émanent des autres – les bien-portants – qui par la projection de leur angoisse font l'économie de leurs responsabilités et de leur propre vulnérabilité.

Les meilleurs « combattants » du sida (voir chapitre 6, partie II) sont d'abord les séropositifs qui se prennent en charge. Les meilleurs combattants du sida sont celles et ceux qui construisent des remparts d'espoir en toute lucidité. Les meilleurs combattants sont celles et ceux qui, par leur action, leur écoute, les dialogues qu'ils provoquent et les lieux de communication qu'ils instaurent et soutiennent, affirment aux personnes contaminées : « Nous vous aimons, votre vie nous est précieuse, votre plus grand bien c'est votre vie, ensemble nous allons la préserver. »

Ces lutteurs de l'espoir se heurtent à des montagnes d'inertie : la famille d'abord, paniquée, défaitiste, lointaine, lâche parfois; les rescapés des associations militantes homosexuelles (principalement en France) qui se sont retirés de toute action réaliste et n'interviennent plus que dans de faibles espaces de paroles, sans moyens financiers, sans échos dans la communauté homosexuelle, sans l'imagination qui suppléerait en partie à l'absence d'argent; le milieu professionnel qui a peur des séropositifs, craint la baisse de leur rentabilité, tente de les exclure après avoir cherché à les détecter; l'État qui brandit les mises en garde au nom de la sauvegarde de la population mais qui accélère la fuite solitaire des malades en les menaçant d'exclusion (a-t-on vu de telles démarches pour lutter contre des maladies numériquement bien plus graves?) Mais il existe un dernier bastion à détruire, beaucoup plus coriace : le comportement fataliste du séropositif qui s'isole, se livre sans participation aux mains des médecins et refuse la lutte. Il accuse le mauvais sort, s'insurge contre les lenteurs de la science, se laisse envahir par un sentiment de défaite, une passivité d'autant plus grande qu'il est plus jeune, peu préparé à envisager une maladie grave, dans un monde où il lui a été répété que la jeunesse est une richesse, un trop-plein d'espérances... Comment pourrait-il en quelques mois réviser ses croyances? Les jeunes sidéens se laissent mourir. Ils ont vingt ans, ils sont submergés par l'injustice de leur sort et n'ont jamais eu à combattre véritablement pour une cause individuelle ou collective.

Un jeune homosexuel accusera les autres homosexuels, les anciens d'où lui vient tout ce mal. S'il est toxicomane, il voudra ignorer une possible rémission. Les causes de sa toxicomanie n'ont pas été éclairées, comment retrouver les forces qui manquent depuis si longtemps?

On parle peu des suicides, de ces morts trop rapides qui règlent dans l'ombre bien des situations périlleuses. L'enquête la plus élémentaire révélerait qu'une main ne s'est pas tendue, qu'un dialogue n'a pas eu lieu. Mourir n'est pas obligatoirement une manière d'en finir plus vite mais plus simplement une ultime accusation : je meurs parce que vous m'avez abandonné, vous m'avez persuadé que j'étais inutile, dangereux...

Le vrai péril, les risques réels sont signalés dans cet instant fatidique, quand une femme, un homme, croit (parce que la société l'en persuade) qu'il est chassé du groupe humain. A vingt ans, à vingt-cinq ans, si l'on n'a pas eu le temps de s'enraciner dans la vie, il est intolérable de se sentir de trop, d'être écarté de l'amitié, de n'avoir pas eu le moyen de découvrir l'image magnifiée de l'amour dans le regard d'autrui. Que voulez-vous qu'ils fassent de leur corps souillé si personne ne les aime?

Le séropositif, isolé, sans appui, sans références, livré aux informations discordantes des médias, est paradoxalement plus fragile que le sidéen dans sa phase terminale. Pour le séropositif rôde sans cesse la crainte de ne pas prendre la bonne voie. Doit-il « entrer dans la maladie », doit-il s'en écarter? Le séropositif cherche quelqu'un qui comprenne ses interrogations, qui l'aide à y répondre mais qui lui parle à égalité. Le séropositif a besoin de partager la vie sociale mais il est englobé dans le grand discours général sur le sida. C'est un discours qui porte la mort en filigrane. Le séropositif rejette cette perspective qui n'a de dignité que pour les autres. Il a raison, mais nous ne lui disons pas. Il évolue parmi nous. Des frontières indécelables à nos yeux ordinaires l'isolent. Lui, il s'y cogne et en souffre. Les signaux qu'il nous adresse sont constamment urgents. Hélas, nous sommes souvent atteints de cécité.

Le *black-out*

Enfant, j'ai posé cette question naïve chaque fois que mes parents me parlaient du génocide juif par les nazis :

« Mais pourquoi tous les gens ne se sont-ils pas unis contre eux?

— Ils avaient peur, répondait ma mère.

— Tout le monde avait la trouille, confirmait mon père. »

Et comme mes parents étaient de braves gens, ils osaient avouer : « Nous-mêmes n'avons rien fait pour les aider; on s'est contenté de se taire, ce qui déjà n'était pas si mal! »

Je me souviens de ces paroles. Se taire! Mais se taire c'est déjà accepter. Se taire, c'est dire en baissant les bras : « On n'y peut rien, le sida c'est l'affaire de la médecine! » C'est renoncer.

Des médecins savent combien le climat affectif et professionnel dans lequel vit un séropositif peut ralentir sinon interdire la manifestation de la maladie. J'ai moi-même vu la différence entre Jean-Louis et Muriel, entre Muriel et Arnault, j'ai compris la force de Vincent, puisée dans les responsabilités qu'au stade très avancé de la maladie il assume encore. La maladie n'est pas vécue de la même manière par Jean-Louis, qui vient chaque jour à son travail, Muriel qui s'enferme dans son studio, tendue vers un téléphone qui ne sonne plus, Arnault prisonnier de sa mère (mais somme toute aimé d'elle!), Vincent qui a fait le deuil du père et de la mère mais est devenu lui-même le père d'autres malades en grand mal de famille.

Les autres, ceux qui nous entourent, ne peuvent éluder la part qu'ils prennent à la maladie. Qu'ils le veuillent ou non, ils sont responsables de leurs paroles et de leurs actes.

Marie Bonheur est le nom de scène de Jean-Marie A. A Aix-en-Provence, dans les années 75, Jean-Marie et ses amis étaient proches du FHAR (Front homosexuel d'action révolutionnaire). Ils fondent une troupe de théâtre, Les Mirabelles qui, pendant dix ans, protestera à sa façon drôle et subversive contre les oppressions sociales qui mutilent les homosexuels : par la dérision d'un spectacle de travestis. La militance s'effiloche, Les Mirabelles se séparent. Il y a trois ans, Jean-Marie, alias Marie Bonheur, est frappé par le sida. Récupéré par sa famille, soigné à Aix et à Marseille, on décide qu'il ira en maison de repos. Ses parents, sa sœur veulent s'occuper de lui. Plutôt qu'un centre habitué aux sidéens, on choisit une maison de repos près d'Aix, à Bouc Bel-Air (le centre Saint-Christophe). Seule la directrice connaît les raisons véritables de la présence de Jean-Marie. Mais les soins qu'il nécessite, l'état de grande faiblesse dans laquelle se trouve cet homme de trente-sept ans intriguent le personnel qui suspecte un mystère et l'élucide. La rumeur circule : ce malade est atteint du sida. Le personnel proteste. Guerre intestine dans la maison du plus grand... repos. La directrice annonce à la famille qu'elle ne gardera pas Jean-Marie dans ces conditions. Prévenu par ses parents, Jean-Marie s'est défenestré. Marie Bonheur se suicide. Son dernier geste de protestation. Sacrifice inutile. Le silence engloutit l'ultime spectacle où il s'est mis en scène, seul face à la mort et à l'incompréhension des autres. Mutisme dans la maison qui retrouve son coupable repos. Famille muette. Sa mort n'a pas déchiré le plus grave de la maladie : le lourd silence qui l'engloutit. L'hostilité aura eu sa peau bien plus sûrement que le sida.

Muriel a reçu trois fois la visite de son mari. Des papiers à lui faire signer. Richard n'a pas dormi dans le studio de Muriel. Il a prétexté l'hôtel où il est logé avec d'autres collaborateurs. « Je dois me lever de bonne heure : nous partons tous ensemble pour visiter le laboratoire X. » Muriel n'a pas insisté. Il l'a emmenée au restaurant, préférant ne pas dîner chez elle. Il lui a donné de l'argent. Ils ont parlé un peu : « Les enfants vont bien. Ta mère s'est installée à la maison. Elle s'en occupe. » Richard ne veut rien savoir. On ne parle pas de l'hôpital où Muriel se rend deux fois par semaine, bien plus pour parler aux infirmières que pour subir des examens qui ne nécessitent pas une telle fréquence. Mais les médecins comprennent mieux Muriel que ne le fait son mari. Muriel rencontre régulièrement une psychologue. Le mal est aussi dans sa tête. Et le plus urgent est d'extirper cette culpabilité qui la ronge.

Muriel ne s'est pas encore décidée à participer aux réunions d'Aides. Elle admet lentement qu'il serait préférable pour elle de fréquenter d'autres malades, d'affronter d'autres détresses. Elle pense souvent à demander asile dans un logement communautaire d'Aparts mais ses revenus sont suffisants, elle n'a pas le droit de priver quelqu'un d'un avantage réservé à plus déshérité qu'elle.

La psychologue a osé le plus difficile, lui dire qu'il n'y avait aucun empêchement à ce qu'elle continue à vivre dans sa famille. Elle a la force d'élever ses enfants. A Bordeaux, un service spécialisé peut s'occuper d'elle. La plus grande douleur est là : dans cette certitude que son mari l'éloigne, la renie, lui enlève ses enfants, la prive de sa vie de femme, de mère, tout simplement de sa vie d'individu. Muriel est malade de solitude, Muriel est malade d'abandon. Non-assistance à personne en danger! Habituellement c'est puni par la loi! Mais qui viendra à son secours? Qui accusera

Richard d'amplifier la souffrance de sa femme? Elle est revenue chez Kevin. Il n'y avait plus de noms sur la porte. Un voisin lui a dit qu'ils étaient partis. Il croyait bien que l'un des deux était mort. Muriel regrette de n'être pas restée en contact avec l'ami de Kevin, Bruno... Il lui semble aujourd'hui que c'est la seule personne qui pourrait la comprendre. Muriel, qui se croyait si fortement imprégnée de son milieu social, se sent désormais étrangère. Elle voudrait partager un appartement avec un autre malade, une femme ou un homme, qu'importe! Quelqu'un pour parler. La psychologue lui dit qu'elle est sur la bonne voie. Il vaut mieux, quelle qu'en soit la conséquence douloureuse, ne plus compter sur son mari. Une *renaissance* dit la psychologue. Une remise en question. Chassez le passé sans rancœur! Mais Muriel sourit amèrement : une renaissance quand on ne pense qu'à la mort et que l'angoisse n'est pas tellement de mourir mais de mourir seule?

L'autre famille

Arnault étouffe. Au début, il s'est laissé dorloter par sa mère. Mais l'inquiétude de sa mère lui pèse. La mère s'affaire et elle a son fils tout à elle. Tous les deux, enfermés dans la maison de Rueil-Malmaison, ne voient personne. Ils ne se parlent presque plus. Quand il est fatigué, la mère pleure. Toutes les trois semaines, il prend le RER pour aller à l'hôpital. Ce sont ses seules sorties. Elle ne l'accompagne pas. Une victoire! Il en est heureux comme d'une liberté. Il a rencontré là-bas deux garçons de son âge, séropositifs comme lui, qui vivent avec une fille dans un pavillon à Malakoff. Il les envie. Il aimerait bien partager leur maison. Y aurait-il assez de place pour peindre? Car Arnault peint, de plus en plus, d'immenses toiles violentes de corps déchirés, des toiles rouges et noires, des corps à corps brutaux avec d'étranges zébrures comme des lames qui lacèrent la toile, qui lacèrent son corps. Il voudrait parler de ses peintures et aussi de ses nuits, quand il souffre. Dans le silence de la maison de Rueil-Malmaison où apparaît le matin la femme de ménage, seul émissaire de la vie extérieure, il ne peut que se taire. S'il disait ses malaises, sa mère appellerait immédiatement le médecin. Mais Arnault devine qu'avec des copains et des copines de son âge, il serait mieux. Il se lèverait la nuit, les rejoindrait : on parlerait. On parlerait toute la nuit! Il y a bien assez du jour pour dormir. Mais la mère l'accepterait-elle? Ne s'est-elle pas fait un devoir de le soigner, ou du moins de le garder jusqu'au bout. Au bout de quoi? Arnault a peur de cet amour qui ne parle jamais de la vie ni de l'espoir.

C'est dans notre famille qu'au travers d'inévitables conflits et d'une reconnaissance spontanée, nous avons façonné notre personnalité, personnalité unique qui fait de chacun de nous une identité précise face au monde.

Entre père et mère, frères et sœurs, les frustrations et les sublimations s'opèrent. La famille que l'on peut avoir quittée ou reniée est toujours présente : les grands malades font un retour au passé même s'ils s'en sont crus à jamais séparés. Le sidéen, parfois le séropositif, tente de faire admettre à l'autre, si proche par le sang, sa propre vérité. Il tente de retrouver cet amour qui devrait échapper aux préjugés. Ces retrouvailles sont douloureuses, quand elles n'échouent pas. Parfois un médiateur, compagnon ou compagne du malade, s'acquitte de ce subtil réquisitoire : faire comprendre à la famille que leur fille, leur fils, leur femme — je ne cite pas les hommes : leur femme ou leur amie est dans la majorité des cas prête à les accompagner — a besoin d'eux dans une situation qui ne correspond à aucun de leurs critères de vie. Les réconciliations ont lieu parfois. Souvent elles sont impossibles parce que la famille ne peut admettre une maladie qui témoigne d'une si grande rupture. « Ce sang pollué n'est pas le nôtre » doit se traduire : cette vie que tu as menée n'est pas la nôtre!

Le séropositif qui se déclare tel, le sidéen qui désigne son état font le deuil de leur famille d'origine même si celle-ci donne les signes apparents d'une affection distante. Les personnes atteintes du sida, souvent très jeunes, n'ont de recours que dans le groupe. Les homosexuels qui ont construit une seconde famille avec leur ami préféreront rester près de lui, le grand rêve étant que tous se retrouvent ensemble : ami et parents comme pour signaler l'entente finale, et surtout pour accréditer leur vie marginale.

Dans les Aparts, si l'on croise des homosexuels privés de ressources, on rencontre beaucoup de jeunes toxicomanes séparés depuis longtemps de leur famille, des garçons et leurs petites amies, des jeunes femmes seules qui ont un enfant (repris par le père ou la famille qui abandonne leur fille mais récupère l'enfant), des hommes plus âgés laissés pour compte. Le but est de leur redonner les moyens matériels et psychologiques d'effectuer une réinsertion complète au sein de la société. Ces groupes, ces mini-communautés ne sont pas l'idéal. Les filles et les garçons s'y retrouvent artificiellement et leur lien est d'abord la maladie à des stades très différents. Il faut reconnaître pourtant que le désir de vie est si fort que très vite (grâce aussi à l'exceptionnelle présence des « volontaires », des « coordinateurs », des amis et parfois des parents qui, intrigués par ce lieu où vit « mieux » leur enfant, s'en approchent lentement), des liens se créent, d'autant plus intenses qu'ils succèdent à la solitude. Le groupe de séropositifs, de sidéens et de ceux qui les soutiennent crée, en 1988, une nouvelle forme de convivialité, une réponse presque parfaite, et tout au moins inédite, à ce mal supplémentaire qui ronge les malades retirés de leur famille : l'isolement au seul contact du service hospitalier. Aides, Aparts ont ouvert des espaces de vie là où la coutume barbare du XXᵉ siècle n'avait réussi qu'à camoufler des refuges de mort.

Arnault finira par quitter sa mère et se joindra à d'autres jeunes comme il le souhaitait du temps de la drogue. Désormais il le réclame pour sa santé, pour que l'élan de vie renaisse. Muriel finira par quitter son studio et partagera un appartement avec une jeune femme et son enfant. Plus tard, lorsqu'elle ira mieux, elle plaisantera, se demandant par quel miracle elle a pu rayer tout son passé de bourgeoise soumise. Elle trouvera même la force d'exiger que ses enfants viennent en vacances chez elle; ils partageront sa vie, avec son amie, ancienne prostituée toxicomane, et son petit garçon métis âgé de deux ans et séropositif!

Travail et patrie

Jean-Louis maîtrise complètement les difficultés relationnelles liées à la séropositivité. Il a fait le pari de la médecine dans ce qu'elle permet aujourd'hui. Il suit scrupuleusement les étapes des progrès qu'il stabilise par une vie paisible. Jean-Louis puise sans interrogations superflues à toutes les forces capables de le soutenir. Il va voir sa mère comme par le passé. Il renoue des liens avec les membres de sa famille et honore ses amitiés. Mais le plus important pour lui c'est de continuer à travailler, d'être parmi ses collègues, de participer activement à la vie de l'entreprise. Le soir bien sûr, il évite les fatigues inutiles. Il reste chez lui, seul ou avec un ami mais ce mode de vie « raisonnable », il peut l'assumer. Il a quarante-huit ans et la solitude n'est pas pour lui une catastrophe. Bien au contraire, c'est un élément majeur de son équilibre. Les médecins de l'hôpital Saint-Antoine notent une amélioration progressive de son état de santé.

« Ce qui me sauve c'est le boulot, explique Jean-Louis. J'aime ce que je fais et je travaille avec des gens qui m'estiment et me témoignent leur amitié. Je sais aussi qu'en cas de coup dur, mon patron ne m'abandonnera pas. Je l'ai averti. Il a été parfait. Je me souviendrai toujours de la façon dont il m'a dit dans son bureau : " Jean-Louis, tu peux entièrement compter sur nous, sur moi. N'hésite jamais à me demander un service quel qu'il soit ! " Tu ne peux pas savoir combien ces paroles toutes simples me soutiennent. »

Des mots simples, la plus élémentaire des attitudes pour un employeur à qui un employé confierait sa séropositivité. Ne rêvons pas! Pour le directeur des Éditions du Triangle Rose qui édite le journal *Gai Pied,* combien y a-t-il de chefs à qui il vaut mieux mentir!

Ne citons, en France, que l'« affaire Didier Hutin ». Didier Hutin est un jeune instituteur de trente ans. Atteint par le sida en novembre 1986, il obtient six mois de congé pendant lesquels il se soigne. Sa santé s'améliore, il reprend un poste

197

à mi-temps en septembre 1987. Il passe brillamment ses examens. Néanmoins, le comité médical départemental, réuni le 1ᵉʳ décembre 1987, le maintient instituteur stagiaire, se proposant d'examiner « ultérieurement » sa titularisation (on lui refuse la sécurité de l'emploi). Mais Didier Hutin est un lutteur et sait que son problème ne doit pas s'enfoncer dans le silence, parce qu'il soulève la question primordiale de la législation professionnelle vis-à-vis des séropositifs et des sidéens. Cette titularisation ajournée à deux ans est une manière détournée d'évacuer les droits de tout individu au travail lorsqu'il risque plus tard d'imposer des charges financières à la collectivité. Soutenu par les parents d'élèves conscients de cette injustice, par des responsables politiques, il se bat sur tous les fronts. En avril 1988, il adresse une lettre au président Mitterrand :

« [...] N'ayant plus rien à perdre et voyant clairement que c'est du sida qu'il était question et non de mon cas personnel, j'ai porté l'affaire sur la place publique. Nous sommes malheureusement de plus en plus d'hommes et de femmes de trente ans à être atteints par cette maladie et à pouvoir, en raison de l'extraordinaire compétence et du dévouement des médecins qui nous soignent, et qui d'ailleurs déclarent que c'est une des conditions de notre survie, continuer à exercer notre activité professionnelle.

« Ce que je vous demande, Monsieur le Président de la République, gardien de la Constitution, c'est de bien vouloir dire clairement si la société française doit exclure du monde du travail des hommes et des femmes dont la moyenne d'âge se situe autour de trente ans, qui peuvent et désirent travailler, uniquement parce qu'ils ont l'infortune d'être atteints d'une maladie encore entourée d'un halo de peur moyenâgeuse... »

Le 2 juin 1988, Didier Hutin était reçu à la présidence de la République et en septembre de la même année au cabinet de Lionel Jospin, ministre de l'Éducation nationale, soutenu par une pétition de 3 000 signatures émanant de diverses personnalités dont le professeur Schwartzenberg.

« La chose la plus grave? confie Didier Hutin, c'est qu'il y a eu violation du secret médical... Le jeu est énorme, car

198

mon affaire remet en cause les conditions d'accès à la fonction publique. Les textes sont ambigus. On a toujours réglé les affaires au coup par coup, la tendance a plutôt été d'exclure les gens malades... »

En janvier 1988, l'administration de la Ville de Paris testait à leur insu les candidats à certains postes d'agents municipaux, notamment les postes de maître-nageur... Ces pratiques ont été dénoncées et répudiées. Il n'en reste pas moins qu'aux risques déjà pénibles de la maladie elle-même s'ajoutent les contraintes du camouflage professionnel, du rapport sournois avec les assurances. Combat inutile pour ceux qui, trop fatigués par la maladie, n'ont pas pu, ou n'ont pas su, en temps utile, régler des questions de sécurité sociale, d'emploi, d'allocation chômage... Ils sont particulièrement vulnérables et des enquêtes montrent éloquemment que tout problème supplémentaire met en péril les chances de guérison et surtout sabote la résistance à l'infection.

Aides et Médecins du monde ont proposé à l'approbation du corps médical une charte en dix points. Nous relevons la septième exigence :

« Toute action tendant à refuser aux personnes porteuses du virus un emploi, un logement, une assurance ou à les en priver, à restreindre leur participation aux activités collectives, scolaires et militaires doit être considérée comme discriminatoire et sanctionnée. »

Si cet article a été nécessaire c'est que la menace gronde sans cesse, encouragée par la panique d'un virus qui se propage.

L'Organisation mondiale de la santé et l'Organisation internationale du travail se sont également réunies à Genève, pendant trois jours, pour prévenir ou arrêter un processus dangereux qui porte atteinte aux droits de l'homme. Mais cette préoccupation doit requérir toute notre vigilance. Un grand nombre de lois adoptées dans le monde pour lutter contre le sida sont discriminatoires et fondées sur la crainte irrationnelle d'un syndrome considéré comme la « maladie des étrangers ». Tel est le constat d'une étude réalisée par l'École médicale de Harvard aux USA pour le compte de l'OMS :

« Nous constatons une augmentation des mesures coercitives, de la quarantaine et des poursuites criminelles contre les victimes du sida [...] Il est à craindre que nous assistions à une guerre du sida, dans laquelle les pays se blâment les uns les autres et établissent des restrictions aux frontières. »

Le sida n'envahit pas que notre corps, il contamine les relations humaines les plus précieuses, il désigne l'intrus et expulse le coupable. Le sida est, au-delà d'une grave infection, une maladie de la peur, le symptôme d'une époque qui dévoile qu'elle n'a pas encore expulsé les vieux démons de l'ostracisme, du racisme et de la violence.

Qui sera l'étranger de l'autre?

5

DOUX OISEAUX DE JEUNESSE

Le sida amplifie les carences et les lacunes de notre société. Nous pensions avoir répondu à toutes les questions après vingt années de libéralisation des mœurs mais nous n'avons pas eu le temps d'intégrer les dérapages possibles d'une telle mutation, ni d'en assumer toutes ses conséquences.

Le sida interrompt l'évolution des modes de vie adaptés aux nouveaux concepts de sexualité et de couple. Les espaces où s'inscriraient les accidents de parcours n'ont pas été imaginés : les individus ont mobilisé leurs ressources créatrices dans la découverte du plaisir sans entraves. D'abord vivre la liberté. Plus tard comprendre les nouvelles obligations et responsabilités qu'elle implique. Les adultes lèguent aux jeunes un héritage empoisonné.

La jeunesse des pays développés affronte une maladie qui ébranle l'apprentissage récent d'un code amoureux mis en place pragmatiquement par les aînés. Que pense aujourd'hui une adolescente pour qui la contraception était une composante naturelle de la vie sentimentale? Que pense un adolescent pour qui la responsabilité ne s'engageait plus obligatoirement lors d'une liaison sexuelle? Le sida rend dérisoire un corps dont on se croyait maître, instrument du désir dont on apprenait l'usage sans l'ombre des contraintes. Le sida oblige brutalement les jeunes à l'abandon d'une sécurité qui les délivrait des angoisses inutiles qui s'ajoutent à celles, inévitables, d'une initiation sexuelle. Le choc amoureux se vivait individuellement. Le sida développe conjointement

201

une prise en charge de soi-même et des autres. Le comportement sexuel n'est pas uniquement le plus ou moins grand épanouissement de ses propres aspirations mais la réponse à un danger collectif.

Parle-moi d'amour

Les filles et les garçons qui ont entre quinze et vingt-quatre ans sont piégés par la propagation du virus du sida. Si les générations précédentes connaissent l'inextricable situation d'être victimes d'un virus qui s'est immiscé en elles dans une période de leur vie où rien ne les mettait en garde contre une épidémie, les jeunes entrent dans la vie sexuelle active avec le handicap d'une maladie bruyamment déclarée. Appelés dès l'enfance à profiter d'une sexualité débarrassée d'interdits, préservés des traumatismes excessifs de la culpabilité par des parents permissifs qui exaltaient ce qu'ils avaient eu tant de mal à vivre, les jeunes grandissaient dans la paix des sens. C'est dans leur milieu, en pleine lumière, avec des jeunes partenaires de leur âge, à égalité de sexes, qu'ils prenaient, de plus en plus tôt, leur part de jouissance, d'amour, et de tendresse. Les quêtes sexuelles n'étaient plus obligatoirement obsessionnelles et les revendications des jeunes, bien différentes de celles de leurs aînés, étaient davantage tournées vers le droit au travail et la lutte contre le danger nucléaire. Conscients des droits de l'homme, farouchement hostiles au racisme et à la discrimination sociale, ils entretenaient un rapport harmonieux avec leurs corps et ne craignaient pas de mener de front des études et une liaison amoureuse.

Le sida bouleverse leurs perspectives d'avenir. Leur premier réflexe (qui est aussi une sauvegarde) a été de nier la menace du sida. En cela ils ont suivi les adultes. 1988 les accule à une prise de conscience d'autant plus grave qu'elle a été trop longtemps occultée. Les jeunes sont brutalement mis en demeure d'assumer une responsabilité écrasante : de leur manière de vivre l'amour, de leur vigilance à intégrer de nouvelles pratiques sexuelles dépendront non seulement l'avenir de leur propre existence mais aussi l'avenir d'une civilisation.

Les jeunes ont cru que le virus se limitait aux groupes à risques. Ils faisaient le jeu de leurs parents en se méfiant des explorations hors du champ habituel de la famille et des amis. Ils savent désormais que la contamination gagne la population générale et qu'il est difficile de détecter les lieux, les êtres, les situations maléfiques. Tableau très noir pour qui envisage le futur, vision douloureuse pour qui comprend que les vertus de la jeunesse (la générosité, le désir d'expériences multiples, la foi en l'amour) se heurtent d'emblée à une menace qu'aucun héroïsme n'embellit, qu'aucune abnégation ne sublime.

Faire l'amour pour un adolescent c'est d'abord aimer. Le sida condamne cette fusion essentielle des premières expériences. Au seuil de la vie adulte, les jeunes planifient leur futur avec un enthousiasme proche du rêve : aimer, désirer l'autre, fonder une famille sont les étapes promises d'une vie sereine. Le sida réveille le monstre englouti d'une interrogation irrationnelle : des puissances mystérieuses contrôleraient-elles les frontières de la liberté humaine en matière sexuelle?

L'acte spontané

Les enquêtes et les sondages, étudiés globalement, laissent entendre que la présence du sida ne pèse pas vraiment dans la vie affective des jeunes. Ces chiffres retiennent pourtant notre attention. Ils mettent le doigt sur la désinformation dont sont victimes les jeunes. Ils éclairent surtout des réactions contradictoires.

Un sondage Ipsos, réalisé en octobre 1988 auprès de jeunes Français de quinze à vingt ans, exprime le malaise et l'incertitude des filles et des garçons nés de parents qui venaient de se libérer des carcans moraux de la vie amoureuse. 64 % de ces jeunes disent avoir eu des relations sexuelles avant vingt ans. Mais si les jeunes sont de plus en plus précoces, ils ne sont pas pour autant plus prudents sur les risques du sida.

Une majorité (59 %) ne pense pas au danger de la maladie. Les adultes ont trop tardé à évoquer la maladie.

Pour les jeunes comme pour les adultes, en France, le sida c'est pour les autres. Il est vrai que les cas de sida appartenant à la tranche d'âge de quinze à dix-neuf ans ne représentent que 0,5 % du total des cas recensés en France. La tranche d'âge de vingt à vingt-quatre ans compte 7 % des cas et parmi eux 50 % sont toxicomanes, 31 % sont homosexuels et 6 % ont été contaminés par transfusion. Seulement dans 10 % des cas, la contamination est liée à l'activité sexuelle traditionnelle *. Il faut bien sûr nuancer. Avoir eu des expériences sexuelles ne se traduit pas exactement par avoir une activité sexuelle régulière et très active. Lors du colloque « Jeunesses au temps du sida » (18 juin 1988), les intervenants ont souligné l'indigence de l'information, particulièrement en matière de prévention. L'information sexuelle prévue dans les programmes scolaires s'arrête à l'âge où commence réellement la pratique sexuelle. « Au collège, déclare Annie Roucolle du rectorat de l'académie de Paris, les enfants sont très libres dans leurs questions, n'ont pas honte de leur curiosité. Mais passé quinze ans, c'est fini, ils refusent de parler du sexe, ils parlent d'amour. »

La prévention reste à faire mais il faut en nuancer les modalités : sous quelle forme, par quels moyens? Les jeunes qui ont quinze ans aujourd'hui vivent dans un contexte social hanté par le chômage, assistent à des conflits internationaux dont ils perçoivent quotidiennement les échos, et abordent l'essentiel de leur vie, l'amour, sous la menace réductrice d'un virus encore incontrôlé. Il est nécessaire d'envisager la prévention avec beaucoup de subtilité : il ne suffit pas de préserver le corps, encore faut-il protéger la sensibilité et l'avenir affectif et social de ceux qui naissent à la vie alors que les humains sont menacés d'une mort liée au sexe. Les jeunes s'estiment bien informés mais 39 % d'entre eux trouvent que le préservatif « nuit à la spontanéité de l'acte d'amour », 4 % ont envie de parler du sida avec leur entou-

* Enquête de Catherine Durand pour *Gai Pied Hebdo*.

rage familial, et 39 % seulement se sentent personnellement concernés.

Ces oscillations d'une apparente maturité à un refus de la réalité posent à tous ceux qui ont la responsabilité de la jeunesse des difficultés qui compliquent un discours jusque-là évident. La libéralisation des mœurs n'était donc pas accomplie? Elle aurait été vécue en surface par les parents de ces jeunes sans être conduite à son terme?

Virginie, quinze ans, amoureuse d'un garçon de dix-huit ans, est entrée au lycée en septembre. Elle habite une petite ville de la Vienne, département où l'on ne recense aucun cas de sida *! Pour Virginie et ses amis, la contamination reste une affaire d'adultes qui se passe ailleurs. De toute manière, ils n'ont pas l'expérience sexuelle et une connaissance de la maladie suffisantes pour interposer, sans panique, un tel écran morbide entre leur désir d'amour et son objet. Comment ne pas détruire la nécessaire exaltation des premières relations amoureuses et protéger les jeunes d'un danger qui saperait leur vie entière? Essaie-t-on de répondre à cette double interrogation?

Des lycéens bien élevés

Une campagne de prévention du sida a été menée dans l'académie de Grenoble, durant les 2e et 3e trimestres de l'année scolaire 1986-1987. Lycées classiques, techniques, polyvalents, professionnels de cinq départements : Isère, Drôme, Ardèche, Savoie et Haute-Savoie. Pour saisir la portée d'une campagne mûrement mise au point, les équipes investies (enseignants, médecins, assistantes sociales, parents d'élèves...) ont comparé leurs résultats avec ceux obtenus par l'enquête nationale réalisée pour le Comité français d'éducation pour la santé, sur un échantillon d'adolescents de quinze à dix-sept ans.

Après la campagne menée dans l'académie de Grenoble, il est évident que le déploiement de l'information sur une

* Cette affirmation était valable en août 1988.

cible localisée porte ses fruits. Si 21 % des élèves seulement pensaient que la transmission pouvait se faire par le sang, ils sont maintenant 73 % à le comprendre (l'année précédente, ils croyaient que la transmission ne pouvait être que sexuelle!). De même, à la question : *Qui peut attraper le virus HIV ?* 85 % savent que nul n'est à l'abri alors que les réponses nationales (63 %) entérinent les anciennes croyances : le sida, ce sont les homosexuels, les toxicomanes, les prostituées.

89 % des élèves citent le préservatif comme prévention majeure contre 31 % un an auparavant. 84 % sont favorables à la publicité sur les préservatifs mais les filles semblent toujours plus concernées, plus actives dans les réponses, et plus nombreuses à vouloir prendre des précautions. A l'issue de cette campagne, 88 % des élèves souhaitent que l'information se poursuive dans leur établissement.

Ne nous laissons pas abuser par ces chiffres. Les adultes pleins de bonne volonté qui conduisirent la campagne ont certes communiqué l'urgence d'une information, et tout enseignant sait qu'une nouvelle approche d'un problème, en classe, entraîne l'enthousiasme. Nous regrettons qu'il ne soit pas possible qu'une telle enquête, valable et nécessaire bien sûr, ait les moyens de vérifier dans les faits et dans le temps, les retombées du message transmis. Les résultats de la campagne permettent néanmoins deux remarques. A la question : *Le sida vous semble-t-il inquiétant pour l'avenir ?* 93 % des jeunes scolarisés sont inquiets pour les conséquences à venir du sida bien que 30 % d'entre eux n'aient aucune crainte d'être contaminés. On retrouve ce décalage entre une vision d'ensemble raisonnable et un refus personnel d'être pris dans l'engrenage. Le sida est entrevu comme un risque de santé publique majeur, à travers la diffusion rapide et massive de l'épidémie (même si l'on est soi-même à l'abri). D'autre part, le sida aura des conséquences sociales : puritanisme, exclusion, atteinte aux libertés, droits de l'homme... Sur ce terrain qui rejoint l'idéalisme adolescent et leur goût pour les grandes causes, les lycéens s'expriment. Quand il s'agit du sida-sexe, du sida-sang, c'est-à-dire de la relation sexuelle dans sa brutalité, le discours se fige, et le mutisme grandit.

Dans tous les cas, les très jeunes redoutent l'expression personnelle sur ce sujet. « Tout se passe bien, dit l'un des jeunes, quand on traite du général, tous ensemble, ça devient difficile et gênant quand on touche à des cas particuliers. Dans ma classe, il y a une fille qui couche facilement avec les mecs, on dit même qu'elle se fait des vieux pour le fric... A cause d'elle, parce que c'est une copine sympa, on n'a pas répondu à certaines questions et on n'a pas voulu en poser certaines. C'est la même chose pour un type qui, paraît-il, est homo. Sa présence a bloqué le débat quand on a parlé des groupes à risques. En Quatrième, on le charriait parce qu'on était cons, mais en Première on respecte sa vie... On n'a rien à dire. Seulement, ce que le médecin n'a pas compris quand il nous a fait son discours, c'est qu'on ne pose pas plus de questions sur cette transmission particulière : il aurait fallu parler de sodomie et de truc comme ça! Le copain, il aurait pas été à la joie! »

Et la tendresse, bordel?

Le préservatif! Les jeunes entendent le mot, mais l'objet reste enfoui dans le magma d'images d'une sexualité ternie (« C'est le truc que mettaient les mecs quand ils sautaient une pute! ») C'est aussi l'objet que la pilule contraceptive a permis d'exclure des rapports sexuels, c'est dépassé, un peu folklorique. Les parents en sont encore plus encombrés que leurs enfants. Et, les jeunes le savent, c'est plus facile d'en parler que de s'en servir. Quand on fait l'amour on est deux et au nom du bonheur, de la spontanéité, comment se débrouiller avec l'intrus au moment de la plus intense fusion des corps?

La vente des préservatifs en France n'a pratiquement pas augmenté depuis l'apparition du sida *. C'est pourtant le seul moyen de prévention réellement efficace (au Japon, où

* On enregistrait une augmentation des ventes de préservatifs en décembre 1988 mais le taux reste faible.

207

68 % de la population utilisent des préservatifs, on compte moins de 100 cas de sida pour tout le pays!).

Les Allemands viennent de mettre au point des distributeurs de préservatifs qui délivreront également des seringues. Cette initiative a été adoptée par le ministère régional de la Santé, à Cologne, pour lutter contre la propagation du sida chez les toxicomanes.

En France, une enquête sur le préservatif a été réalisée dans quatre lycées de la région lyonnaise, en février 1988. L'analyse finale des réponses concerne 311 élèves (soit 93,7 % de la population visée). Sur les 356 enseignants sollicités, l'analyse concerne seulement 103 enseignants (soit 28,9 % de la population visée) : curieux de constater combien des adultes chargés de l'éducation des jeunes restent réticents quant à leur propre sexualité!

L'échantillon d'élèves étudiés comprend une légère majorité de filles (54 %) et la classe d'âge la plus représentée est celle des seize à dix-sept ans (56 %).

Qui a eu des relations sexuelles? 26 à 31 % des filles (5 % refusent de le préciser); 55 à 62 % des garçons (7 % expriment le même refus). Cette enquête confirme elle aussi la sexualité active des très jeunes.

Parmi ceux qui ont eu des rapports sexuels, 43 % n'ont jamais utilisé de préservatifs et, à l'inverse, 7 % seulement en ont utilisé systématiquement. 75 % d'entre eux n'en ont pas utilisé au premier rapport.

98 % des lycéens savent ce qu'est un préservatif et où se le procurer mais ils sont seulement 58 % (52 % des filles, 65 % des garçons) à prétendre qu'ils « n'hésiteraient pas à s'en procurer » et ceux qui hésiteraient invoquent davantage la timidité que le manque d'information.

15 % des filles et 54 % des garçons se sont déjà procuré des préservatifs mais il ne faut pas en conclure que cet achat correspondait obligatoirement à un usage...

Pensez-vous savoir utiliser un préservatif? 12 % des filles et 4 % des garçons répondent *non*. Ils ont tous moins de vingt ans, et aucun n'a encore eu de rapports sexuels. 41 % des filles et 21 % des garçons répondent *plus ou moins*. Finalement, à peine plus d'un lycéen sur deux prétend savoir utiliser correctement un préservatif. Autre réponse qui donne à réfléchir : à la question de savoir si, dans l'avenir, ces filles et ces garçons (qui forment la population sexuellement active du futur) utiliseraient le préservatif, 54 % des filles répondent *oui*, 34 % *ne savent pas*, 44 % des garçons *en utiliseraient*, 36 % *ne savent pas*. Autre réponse révélatrice : parmi ceux qui ont déjà utilisé des préservatifs lors de certains rapports, 17 % des filles et 15 % des garçons pensent qu'ils n'en utiliseront plus.

Parmi les enseignants interrogés (entre trente et quarante-neuf ans), tranches d'âges qui peuvent correspondre à celles des parents de ces élèves, ils ne sont que 38 % à penser utiliser des préservatifs dans l'avenir, 36 % *ne savent pas* et 24 % disent *non*.

Les jeunes, quelle que soit leur répugnance à se servir des préservatifs, rejettent l'idée de n'en jamais faire usage. Il est évident que la menace du sida encombre leur esprit et les prédispose à plus de prudence. Il est à noter aussi que ce sont les plus jeunes qui envisagent ce moyen de prévention comme inévitable.

Une campagne centrée sur l'utilisation des préservatifs, qui n'est pas complétée et surtout augmentée d'une réflexion plus approfondie sur la maladie, les modes de vie, la vie en société, la relation d'amour, n'atteint pas ses buts. Les jeunes garçons font rarement l'amour avec des prostituées. Les premières relations sexuelles s'éprouvent entre garçons et filles du même âge et du même milieu, avec des rencontres plus « excentriques » dans la région parisienne et les grandes villes. Les très jeunes filles ne sont pas exclues des expériences sexuelles. L'utilisation du préservatif est une contrainte du rapport sexuel mais ne s'improvise pas sans blesser les motivations véritables de ce rapport, qui sont d'abord d'ordre social (« Il faut faire comme les autres ») et affectif (« Quand on s'aime, on doit faire l'amour »). Le même individu peut se servir d'un préservatif avec un partenaire et hésiter à le faire avec un autre sans raisons directement liées à la prévention.

La génération compromise dans la crainte du sida est justement celle qui se croyait libérée de tous les obstacles jadis contingents des expériences sexuelles précoces ou multiples. Parler de la prévention, c'est tenir compte de la mentalité des jeunes habitués à leur autonomie affective, à des relations tendres mais souples avec leurs parents (80 % des jeunes de moins de vingt ans vivent chez leurs parents et c'est très souvent dans l'appartement familial qu'a lieu la première expérience sexuelle, dans la tranquillité et l'acquiescement tacite).

Les jeunes sont à la fois romantiques et raisonnables : ils croient au couple, posent un regard moins catégorique sur le rôle du mâle. Ils aiment le foyer, veulent des enfants. En quelques mois, comment inverser des comportements qui, pour la plupart, faisaient l'économie de l'angoisse et permettaient de traverser l'adolescence sans avoir à jouer trop tôt des rôles décisifs?

La prévention vient arrêter ce prolongement douillet de l'enfance où pouvaient se vivre les plaisirs du corps et les joies de l'amour. Une adolescence favorisée à laquelle on n'imposait plus de choix frustrant mais au contraire à laquelle on offrait un épanouissement progressif en toute connaissance de cause, filles et garçons à égalité.

La peur du sida renoue avec les pesanteurs d'un autre siècle et abîme cet Éden sexuel gagné par les générations précédentes. Avec une différence essentielle : les plus courageux, les plus aventuriers ne peuvent se soustraire à cette nouvelle oppression. Cette révolte-là est impossible. Les jeunes sont confrontés à une étrange maldonne où toute forme de romantisme vient se briser.

Des étudiants bien raisonnables

Les problèmes qui se posent vis-à-vis des jeunes ne peuvent pas être réglés brusquement et sans dommage. On touche là une terre fragile que les simples alarmes et les menaces ne peuvent pas transformer. Les jeunes Américains pourtant bien informés sur la prévention et la propagation du sida opposent le même obstacle à une acceptation simple et disciplinée du sexe sans risques. Selon une étude réalisée sur

102 garçons et filles à Newark (New Jersey), ils sont nombreux à adopter un comportement sexuel à « hauts risques » : plusieurs partenaires sexuels sans connaître leur passé, absence ou mauvaise utilisation des préservatifs. Le docteur Keller, qui a mené cette étude, affirme que les campagnes engagées auprès des jeunes n'atteignent pas leur but.

Parmi les questions posées à 7 545 jeunes *, l'une d'elles faisait intervenir l'idée qu'on se faisait du préservatif : 53 % pensent que *ça nuit à la spontanéité*, 35 % que *ça jette un doute entre les partenaires* et 72 % que *ce n'est pas amusant!*

La précarité oblige à un véritable retour du sentiment. Ils commencent à le proclamer, les jeunes voient la paix des sens, face à ce « piège mortel » qu'est le sida dans leur esprit (conception qui va de pair avec le sentiment non moins vif que le sida est hors de leur univers), dans une vie de couple. L'équation leur paraît simple : se choisir nets de tout soupçon et vivre à deux dans la fidélité. Lorsque les enquêtes pénètrent dans un âge plus avancé (étudiants de faculté et de grandes écoles **), on découvre de nouveaux comportements : 15 % des étudiants n'ont pas eu une seule aventure dans l'année et 40 % vivent dans la plus grande fidélité à leur « fiancé ou fiancée » du moment. Cette même enquête révèle que les étudiants ont des pratiques sexuelles conventionnelles; 92,7 % des étudiants se déclarent hétérosexuels, 12,6 % des garçons se disent homosexuels ou bisexuels et 3,4 % des filles bisexuelles. La drogue ne toucherait que 1,6 % des jeunes interrogés, à égalité pour les deux sexes. La contraception est parfaitement intégrée puisque 50,2 % des filles utilisent la pilule (taux de la population féminine générale : 30 %) et si l'on ajoute les autres moyens de contraception, on arrive à un taux de 90 %.

Très peu d'étudiants utilisent le préservatif (4,6 %) et pourtant 22 % des garçons de dix-huit à vingt ans et 25 % des filles ont déjà eu une maladie sexuellement transmissible, et le taux de séropositifs serait de 4,8 %, le taux moyen en France.

---

* Enquête réalisée par l'association Jeunes contre le sida en mars 1988.
** Enquête de la Mutuelle nationale des étudiants de France.

Les jeunes ne se détournent pas du sexe par conviction morale ou par un moindre intérêt pour le plaisir sexuel mais par prudence. Ils sont patients. Ils attendent que le sida soit guéri. C'est ce qu'ils affirment. Pour eux aussi, l'utilisation du préservatif n'est pas la panacée qui permettrait de continuer à vivre une sexualité libérée et frénétique. Ce point est capital. Il ne suffit pas d'inclure le préservatif entre la sexualité et le sida pour annuler une angoisse plus fondamentale. Le sexe est altéré mais l'amour ne doit pas l'être. C'est l'amour que les jeunes veulent sauver. Que l'on décèle un nouveau regard sur les comportements sexuels n'est pas une vue de l'esprit. Selon un sondage effectué par le magazine *L'Étudiant* en juin 1988, la jeunesse n'est pas aussi laxiste ou permissive qu'on veut bien le croire. Les tabous sont bien ancrés, classés dans l'ordre suivant : inceste (88 %), cannibalisme (86 %), viol (82 %) mais ce qui étonne c'est le tabou de la prostitution (78 %), qui précède le meurtre (71 %) et le suicide (65 %); les trois quarts des étudiants rejettent le sadomasochisme et 72 % l'homosexualité, mais 56 % seulement la sodomie. Le concept d'homosexualité est banni mais pas obligatoirement le plaisir anal. Les chiffres concernant la prostitution et l'homosexualité nous semblent directement liés aux répercussions sociales du sida.

La crainte du sida ne modifie que lentement le comportement des étudiants mais l'épidémie les préoccupe, comme le révèle une étude en Ile-de-France où sévissent durement la séropositivité et le sida. Les jeunes se prêtent plus volontiers à l'idée et à la pratique du test de dépistage. La moyenne enregistrée parmi les dix-huit à vingt-neuf ans dépasse de beaucoup la moyenne générale. 20 % ont fait le test au moins une fois (11 % pour la population générale en Ile-de-France). Les étudiants ne représentent pas toute la population des jeunes. Il y a tous ceux qui travaillent, sont au chômage, font leur service militaire. Ils vivent dans leur famille, en couple, seuls. Il est encore très difficile de déterminer les pratiques sexuelles des jeunes de dix-huit à vingt-quatre ans qui sont considérés comme adultes dans la mesure où ils ne sont pas regroupés dans les lycées ou les universités. L'enquête sur la perception de risque de sida en Ile-de-

France, réalisée en décembre 1987 par la Sofres pour le compte de l'Observatoire régional de santé d'Ile-de-France, permet quelques remarques.

Les jeunes en Ile-de-France sont très concernés par le sida, relativement bien informés et prêts à s'impliquer dans des mesures de prévention. Par rapport aux plus de vingt-quatre ans de cette même région, les prises de conscience sont très positives. 35 % d'entre eux déclarent avoir pensé faire le test, ce qui présuppose, dans la région parisienne, une exposition plus grande aux risques de contamination et une forte lucidité à cet égard. 18 % ont utilisé des préservatifs dans les six mois précédant l'enquête et 12 % ont renoncé à des rapports sexuels dans cette même période, du fait du sida.

Cette vigilance quant à l'infection n'entraîne pas chez ces jeunes d'attitudes d'exclusion. Ils sont hostiles à toute mesure discriminatoire ou autoritaire.

Paroles intimes

« A la fac, ils ont installé un distributeur de préservatifs. Je ne sais pas si beaucoup de mecs l'utilisent. Je crois qu'ils les achètent ailleurs ou alors ils font ça discrètement, quand il n'y a personne qui rôde. En revanche les graffiti, ils en ont couvert l'appareil et les murs autour et, au début, les plaisanteries, je ne te dis que ça. Les garçons sont gênés : ils réagissent par la dérision. Je crois qu'on montre ainsi que la sexualité, ce n'est pas aussi simple que nous tous, les jeunes, voulions le croire.

« La peur du sida nous frappe en pleine liberté et au fond tout le monde flippe mais ne réagit pas. On se cache peut-être l'essentiel : l'amour ça ne sera plus comme avant! Moi, j'ai fait l'amour avec plusieurs mecs, pas des masses, quatre ou cinq liaisons, plus ou moins longues. J'avoue qu'actuellement j'hésite, je suis sur mes gardes. C'est dur parce que des types que j'aimais bien le prennent mal. Mais je crois que désormais, je ne ferai l'amour qu'avec un type sympa à qui je pourrai demander sans problèmes d'utiliser un préservatif. Il faut donc que je sois en confiance.

« En fait, je me sens perdue, j'aimerais bien tomber amoureuse, me sentir profondément en accord avec un homme pour que nous envisagions ensemble de prendre des précautions. Nous pourrions à ce moment-là nous faire tester, en même temps. Après ça, il faudrait vivre en couple, fidèles... Va expliquer ce programme à un mec! Il croit illico que tu le pièges! Si j'apprenais que j'étais séropositive? Ne me demande pas de penser à ça! Bon, j'aurais tendance à te répondre que je me flinguerais! Mais en même temps je sais que c'est pas vrai, on tient à sa peau quoi qu'il arrive. Pour une femme c'est terrible. Rien que l'idée qu'un type te drague et qu'il faut l'avertir...

« Ne pas avoir d'enfants aussi; tu penses bien que pour rien au monde je n'aurais un gosse qui peut être contaminé. Quand on y pense, on devient folle. Je ne suis pas sûre que tous les jeunes osent parler de tout cela. Je crois pourtant qu'ils y pensent et qu'ils ont la trouille! » *(Sonia, vingt-deux ans, étudiante à la fac de lettres de Toulouse.)*

« Le sida, pour moi c'est d'abord le discours de l'extrême droite. Ils profitent de la peur pour nous coincer avec leur racisme débile contre les jeunes, les homos, les Africains... Tu parles de l'aubaine, c'est la porte ouverte à l'ordre moral. Et les médias? le matraquage! Mais les gens ils s'en foutent, c'est comme le loto, tout le monde achète son billet mais n'y croit pas...

« Moi? J'ai moins de chances d'attraper le sida que de me casser la gueule en voiture...

« Avec les copains, on en parle, ça commence à les travailler. Oui, j'ai un pote qui a le sida. Ça te fout les jetons. Il fallait le voir à l'hôpital...

« Non, je n'utilise pas de préservatifs. Je vis avec une nana depuis trois ans. Y a pas à s'inquiéter. Ah, je dirais pas si j'étais pédé, alors là je ferais gaffe. Mais pour moi la capote c'est dégradant, tu vois ce que je veux dire... Alors ma femme et moi, on évite, on reste ensemble. D'un certain côté ça arrange nos affaires, on traîne moins et elle est moins jalouse. Tu vois, notre vie c'est peinard : nous deux, les copains. Le sida, il ne faut pas en parler. Moins on y pense, mieux on vit! » (*Loïc, vingt-trois ans, coursier dans une maison d'édition, travaille à Paris, habite à Bobigny.*)

« Je suis homosexuel, j'ai toujours été homosexuel. J'ai vu mourir deux de mes amis. Pour moi le sida, c'est pas les autres, mais une réalité près de moi. J'ai subi le test, j'avais des raisons. Je suis séronégatif mais je ferai le test tous les trois mois. Je ne fais presque plus l'amour. Je vis seul, mais quand je sors j'ai toujours des préservatifs dans ma poche. Je ne ferai jamais l'amour avec un type qui n'accepte pas le sexe sans risque.

« La question du sida concerne tout le monde, pas seulement les homos. Le sida remet tout en question notamment pour les jeunes et même les hétéros... Il faut savoir gérer le risque dans le plaisir au moment où la sexualité est la plus forte! Le sida remet aussi en question la liberté individuelle. Vous savez que dans certains pays, c'est le contrôle quasi policier! Le dépistage systématique et obligatoire est bien plus répandu qu'on ne le laisse croire.

« Et la science? Pour un étudiant comme moi, vous vous rendez compte du choc? A la médecine triomphante succède une médecine impuissante. Il n'y a qu'à voir l'énervement de certains spécialistes. Ils s'en prennent aux malades : *Ah, s'ils utilisaient les préservatifs!* Mais ce qu'ils ne disent pas c'est que la science, source de tous les bonheurs, c'est foutu.

« Le sida? Tout cela nous travaille dans l'imaginaire. L'irrationnel n'est plus maîtrisé. Nous allons être la génération sida, une génération sacrifiée, à moins qu'on en profite pour mieux comprendre la valeur de l'amour, même l'amour entre deux hommes. Car les homos, nous aussi, nous avons beaucoup à réfléchir même si nous sommes les premières victimes. » (*Denis, vingt-quatre ans, élève d'HEC, habite Paris.*)

6

LES COMBATTANTS DE L'ESPOIR

Pendant quatre ans, une ville souterraine s'est peuplée de gens très particuliers qui ont voué leur vie aux malades du sida. Des médecins, des volontaires bénévoles, se sont posé la question primordiale : comment soutenir les malades du sida dans leur épreuve quotidienne? Chefs de clinique, infirmières, amis, parents, isolés ou regroupés en association, ils donnent partie ou totalité de leur temps à une guerre sans panache : la lutte contre le sida au plus près des individus atteints dans leur corps et leur esprit par le virus.

Lentement une action associative émerge, reconnue par les pouvoirs publics : c'est le cas principalement de l'association Aides mais aussi d'Aparts, d'autres encore comme Arcat Sida ou l'Association des médecins gais. Parisiennes ou provinciales, nationales et organisées en fédération, leur nombre s'accroît et leur existence s'impose, indispensable. Ces associations ont d'abord comblé la béance laissée ouverte par les pouvoirs publics. Une association comme Aides *, créée par des bénévoles, a joué un rôle si déterminant que l'on peut s'interroger sur ce qu'il serait advenu des malades au plan de leur vie physique, psychologique et matérielle sans la vigilance et le courage de ses membres.

Aujourd'hui, le président de la fédération d'Aides, Daniel Defert, s'exprime sur les écrans de télévision et les journaux lui ouvrent leurs pages, les radios leurs micros. Mais il se

* Les associations sont répertoriées dans le lexique en fin d'ouvrage.

souvient sans aucun doute des années de travail obscur, des combats livrés pour qu'enfin médecins et hauts fonctionnaires, ministres et directeurs d'hôpitaux admettent l'existence de cette association, débloquent quelques crédits, ou du moins lui laissent la liberté de les chercher et reconnaissent enfin la nécessité de son projet et sa réussite. Longtemps, le public et les responsables officiels ont ignoré, ou feint d'ignorer, ces associations qui non seulement ont épargné une extension catastrophique de la maladie mais sauvé du désespoir, de la misère et d'une atroce solitude les personnes atteintes par la maladie et le silence. Aujourd'hui, les malades, les intellectuels, le monde politique et le corps médical se félicitent d'une telle mobilisation. Mais la parole est aux malades. Eux seuls ont le droit et la qualité de juger ces actions. Eux seuls savent le dévouement de ceux qui leur ont apporté l'essentiel par leurs actes et leur écoute. Ils ne sont pas restés de l'autre côté de la frontière mais sont venus vers eux, à l'intérieur d'une épidémie, brisant leur isolement. Enfin, des hommes et des femmes ordinaires intervenaient dans le coude à coude du quotidien, ce quotidien du malade que peu devinent, que beaucoup refusent d'imaginer, préférant le spectacle anonyme des « opérations » médiatiques, qui ont certes le mérite de sortir le sida de son silence mais ne peuvent impulser cela seul qui sauve les sidéens, le corps à corps généreux d'une solidarité efficace.

Antoine le volontaire

Antoine a vingt-sept ans. En 1984, il était au chômage et se lamentait sur le temps perdu. On lui parle de Aides, il voit Daniel Defert et lui propose son concours. Antoine était bien jeune et, déjà, Daniel Defert savait qu'il n'avait pas le droit de livrer à n'importe qui la fragilité complexe d'un malade. Son but, très vite, a été d'organiser son association, d'encadrer les volontaires, d'étendre leur champ d'action. Mais en 1984, Daniel Defert s'attaquait au désert.

Ce fut d'abord une permanence téléphonique dans son propre appartement. Antoine s'en souvient : « J'y allais pratiquement chaque soir mais Daniel restait près de moi. Il fallait que j'apprenne. On ne peut pas raconter n'importe quoi! La demande a été immédiatement énorme. Il a fallu trouver des gens pour cette première activité : écouter, conseiller, infuser courage et énergie à des hommes (à l'époque c'était principalement des homosexuels) qui baissaient la tête... Le téléphone m'a beaucoup appris. Maintenant je m'occupe directement de l'aide aux malades. »

Universitaire reconnu, longtemps très proche de Michel Foucault, Daniel Defert a pu s'adresser aux intellectuels et avoir la caution de professeurs, sociologues, médecins, personnalités politiques et civiles. Il n'a pas ménagé sa peine. Il évoque toutes ses démarches, il se souvient des dialogues parfois impossibles avec des responsables départementaux ou nationaux qui ne voulaient rien voir : une fois de plus, le sida était ailleurs. Les déménagements d'Aides signalent son parcours. Son appartement d'abord, puis un minuscule local et enfin aujourd'hui des moyens à la mesure de la tâche entreprise. Antoine est un jeune « ancien » d'Aides. Il me parle surtout de sa mission auprès de « son malade », un garçon de trente-quatre ans, Gérard, qui est dans une phase très aiguë de la maladie depuis plus d'un an :

« Les volontaires ont commencé leur action fin 1984, début 1985. Un volontaire a une carte nominative qui lui donne le droit d'intervenir auprès des hôpitaux, des pouvoirs publics, des médias mais nous ne travaillons pas tous dans le même secteur. Il y a toujours l'écoute téléphonique : aujourd'hui ce sont plutôt des femmes qui appellent, des femmes qui s'inquiètent pour leur compagnon, pour elles-mêmes, pour leurs enfants... La permanence téléphonique est de 19 h à 23 h tous les jours, sans jour férié! Mais nous allons étendre l'écoute entre midi et 14 h pour toutes ces femmes, justement, qui ont envie de nous joindre de leur lieu de travail. Nous avons aussi les permanents qui travaillent au siège d'Aides pour toutes les charges inhérentes à son fonctionnement général. Il y a ceux qui sont plus particulièrement attachés à la formation extérieure auprès des infirmières, des médecins, des écoles et participent à des

218

colloques, des congrès. Et il y a les volontaires comme moi, en contact direct avec les malades.

« Moi je travaille avec Lucie : nous formons un binôme, car chaque malade suivi a deux volontaires qui se complètent. Dans le passé, nous avons accompagné des malades jusqu'à l'issue fatale. C'est dire combien notre rôle est personnalisé et il est impératif que nous ayons une entente parfaite avec le malade. Nous sommes regroupés autour d'un chef de groupe, en général psychologue, qui s'occupe d'une dizaine de volontaires. Nous nous réunissons régulièrement pour discuter de notre travail, pour mettre au clair des situations particulières, souvent conflictuelles. Nous tenons un carnet de bord mais Daniel Defert a beaucoup insisté pour que l'anonymat soit préservé. Chaque malade n'est connu du groupe que sous un numéro. Personne, à l'exception de nous-mêmes, tenus solennellement au secret professionnel, ne peut savoir qui, nominativement, est atteint du sida. La sélection des volontaires est très rigoureuse. Beaucoup ne tiennent pas le choc et s'en vont. Pendant le mois de formation, très poussée, obligatoire (assurée par des sociologues, des médecins, des psychiatres, des psychologues et qui porte sur l'historique du virus, l'épidémiologie, la prévention, le développement psychologique, psychiatrique et hémologique de la maladie) combien abandonnent de leur propre chef ou sur les conseils des responsables!

« Le recrutement est difficile et nous avons de plus en plus besoin de volontaires pour des raisons évidentes : des volontaires abandonnent après quelques années ou mois, le nombre des malades augmente et, fort heureusement, les malades ont besoin de nous pendant plus longtemps. Pour moi, le bonheur serait d'accompagner mes malades jusqu'à la guérison. Parmi nous, on trouve de tout mais de plus en plus de jeunes infirmiers et infirmières encore en formation dans une école, des étudiants, des chômeurs, beaucoup d'hommes et de femmes qui ont un travail et qui prennent sur leurs loisirs.

« Lucie a trente-deux ans, elle est mariée. Elle a été infirmière mais n'exerce plus. J'ai vingt-sept ans. Lucie et moi sommes séronégatifs mais il y a des séropositifs qui travaillent pour Aides, et des malades comme Vincent qui consacrent leur temps au secteur formation dans des interventions extérieures. Chacun est utilisé dans la mesure de ses moyens. Lucie et moi, nous nous occupons uniquement de Gérard parce qu'il est dans l'incapacité physique de subvenir à ses besoins matériels. Nous sommes astreints à donner deux fois deux heures chacun, soit huit heures au total, par semaine. »

Mission impossible?

« Dans la pratique, notre mission est plus complexe. Lucie et moi, nous nous arrangeons pour être en permanence à portée du téléphone au cas où Gérard aurait besoin de nous : une tâche matérielle, une présence même en pleine nuit, une intervention rapide en cas de détresse ou de malaise. Dans ces cas d'urgence, nous pouvons appeler immédiatement le chef de groupe qui prend alors la décision d'intervenir lui-même, de faire appel au psychologue, au médecin ou de conduire le malade à l'hôpital. Nous faisons le ménage, les courses, nous lavons le linge, mais nous passons aussi des soirées avec Gérard pour parler, nous allons au restaurant, tous les deux ou avec des amis. A Lucie ou moi de comprendre ses demandes même lorsqu'il n'ose pas les formuler. Récemment, je me suis rendu compte que Gérard était resté sans manger parce qu'il ne pouvait plus ouvrir les boîtes de conserves. Je lui ai apporté un ouvre-boîtes électrique très sophistiqué.

« Il aime le bon vin mais j'avais négligé que l'utilisation d'un tire-bouchon était au-dessus de ses forces. Il a longtemps lavé ses chaussettes et ses slips : cet effort lui mangeait l'énergie d'une journée entière! Nous devons débarrasser le malade de toute préoccupation matérielle et, quand nous en avons la possibilité, atténuer ses angoisses. Notre ami reçoit 3 200 francs par mois y compris l'allocation logement : il paie un loyer de 2 100 francs. Quand il a réglé le téléphone, l'électricité – et il a besoin d'avoir très chaud – qu'est-ce qui lui reste? L'aider discrètement sur le plan financier est très délicat...

« Les demandes de Gérard auprès de Lucie ne sont pas les mêmes. Je sens parfois qu'il se révolte contre sa dépendance. Lucie est plus proche de lui à ce moment-là. Elle viendra alors pendant toute une semaine. Quand il est épuisé, je lui suggère de l'aider à prendre une douche, je lui lave les cheveux. Mais tout ça ne peut s'inscrire que dans un rapport d'amitié, d'intimité. »

Gérard vit dans son appartement. Il reprend contact avec la vie extérieure. C'est un point capital. Aides, Aparts, Arcat-Sida, sous des formes et avec des moyens différents, font en sorte que les malades continuent à vivre insérés dans la société, le plus près possible de leur mode de vie habituel. Il est juste de s'inquiéter : cette entraide n'isole-t-elle pas le sidéen dans un ghetto où la maladie devient omniprésente?

« Rien n'est parfait! plaide Antoine. Mais quand on sait les ravages physiques et moraux provoqués par la solitude, on n'ergote plus. Gérard est libre! Il peut refuser de nous voir. A nous de deviner si c'est un réel refus ou le signe d'une capitulation. Mais, en général, nos relations sont telles que nos appels et les siens deviennent ceux, admis et privilégiés, de l'amitié, de l'affection. Gérard est libre, chez lui, libre de sa solitude, de son temps mais il a besoin de repères permanents et nous sommes là pour ça, être à portée de téléphone, de paroles, d'amitié... A nous de savoir si, à ce moment-là, nous exprimons mieux ses désirs en lavant le carrelage ou en discutant avec lui, en riant, en écoutant de la musique ou s'il vaut mieux aller au cinéma. Lucie et son mari font des miracles car ils donnent à Gérard la possibilité d'un foyer quand il le désire – ils ont deux enfants – un week-end à la campagne en famille par exemple. Lucie lui fait des cadeaux : des cravates, des pulls... elle pense à sa fête, son anniversaire. De Lucie, il aime recevoir la douceur qui passe par ces objets qui peuvent paraître futiles... Qu'est-ce qu'on apporte aux malades? Des fleurs, des oranges? Des choses qui se fanent, se gâtent... »

Être volontaire n'est pas toujours une source d'exaltation. La vie personnelle est souvent perturbée. La demande affective du malade est parfois très grande, surtout chez les jeunes. Il y a aussi cette période que le volontaire ne doit pas fuir quand le malade s'approche de la mort et qu'il se rend compte non seulement de son impuissance mais aussi d'une implication qu'il n'avait pas prévue : être devenu partie prenante de ce duo, souffrir de la disparition de son malade qui, d'une certaine façon, l'aidait à vivre lui aussi.

De ceci on parle peu car on craint de suspecter des relations trop intimes entre malade et volontaire. C'est certainement un aspect soulevé lors des réunions du groupe : le volontaire ne peut pas « continuer » avec ce malade particulier ou le malade lui-même demande qu'on lui « change » son volontaire... Ces conflits, que l'on juge mesquins parce qu'ils s'installent dans des situations exceptionnelles ou tragiques, ne sont pas absents. Je crois très favorable ce qui passe d'irrationnel, de non codé, entre le malade et le volontaire (même si Aides tente par le « binôme » de prévenir les dérives...), je crois bénéfique cette vie qui continue à transmettre ses petitesses et ses grandeurs. Les malades suscitent plus que de l'amitié de la part de leur volontaire : de l'affection, de la tendresse, de l'amour? Ce secret leur appartient. Les malades se souviennent de leur corps heureux. A l'approche de la mort, les hommes ont des sursauts violents de sexualité. On n'ose pas en parler. Pourtant quel hommage à la vie! Lors d'une émission sur les mourants (France Culture), un médecin racontait les exigences d'une vieille femme qui réclamait des photos d'hommes « nus, beaux, bien musclés ». Sa petite fille les lui apporte. Elle les a longuement regardées en se caressant. C'est par le corps que nous apprenons le monde et la joie; il en est du moins le signe évident, palpable, concret. Je ne sais pas si les volontaires répondent à ces demandes. Certains doivent les éluder, les éloigner. D'autres, peut-être, les admettent, les comprennent, les partagent. La mémoire du bonheur charnel est sans aucun doute au cœur même de la mission si difficile des volontaires et de tous ceux qui aiment un être humain menacé par la mort.

Forcer le destin

Dès 1980 naissait une association, l'AMG *, dont le but initial était d'informer le corps médical et paramédical, ainsi que la communauté homosexuelle, des inter-relations santé-homosexualité. Le rôle de l'AMG, présidée par le docteur Claude Lejeune, a été et reste très important. Son implantation, déjà ancienne au moment où le sida commençait à inquiéter les Français, a permis à l'AMG d'aider les homosexuels à mieux gérer le sida comme ils avaient géré, sans affolement, des maladies contagieuses : l'hépatite B ou la syphilis. Grâce à un service téléphonique et à la distribution gratuite d'une brochure pratique, l'AMG, qui regroupe un grand nombre de médecins, a prévenu la panique : les homosexuels ont su contrôler très vite la diffusion du virus. Aujourd'hui encore, son rôle de relais-conseil est capital.

D'autres associations sont nées au moment où le sida devenait tout à fait préoccupant. La plus importante, celle qui peut mettre en œuvre le plus de moyens et qui a réussi à intervenir dans un champ très vaste de soutien aux malades du sida, c'est Aides. Daniel Defert, qui l'a créée, est désormais président de la fédération. De Paris, Aides a gagné la province et, comme l'AMG, a des relais dans les principaux centres régionaux. Aides Paris/Ile-de-France, présidée par Jean-Paul Baggioni, a pu récemment s'installer sur 260 m² : des bureaux individualisés, une salle d'accueil, une salle de réunion, une salle de loisirs, une discothèque et une bibliothèque. Aides Paris regroupe quatorze ensembles de travail, deux cents bénévoles, une trentaine de médecins. La fédération comprend vingt-cinq comités régionaux. Une brochure : *Sida Information Prévention* est remise à jour périodiquement et Aides publie également des brochures spécifiques sur le *safer sex,* la toxicomanie, la séropositivité, le sida, la mère et l'enfant, le sida et l'entreprise.

* AMG : Association des médecins gais — Tél. (1) 48 05 81 71.

L'action d'Aides est considérable. Nous ne pouvons ici en décrire tout l'éventail. Citons pour exemple une de ses interventions concrètes : la formation (avec le Centre régional d'assurance maladie d'Ile-de-France) de 370 assistantes sociales spécialisées sur le problème du sida. Cet exemple signale que, dès sa création, Aides ne s'est pas fermée sur elle-même mais, bien au contraire, a dirigé ses efforts vers les groupes, entreprises, associations, administrations, instances gouvernementales qu'elle avertit et sollicite. Pour Daniel Defert, l'action extérieure est très importante et il a eu raison des réticences. Aides vit de dons, de mécénat d'entreprise et tente d'obtenir des subventions. Le 1er décembre, l'association déclenchait une collecte par l'intermédiaire des restaurants.

L'argent est le nerf de la guerre et les besoins d'Aides sont en continuelle progression. La création du secrétariat d'État chargé de l'action humanitaire, dont le ministre est Bernard Kouchner, est un des signes évidents de l'intérêt que le gouvernement porte aux problèmes posés par le sida. Jean-Paul Baggioni, président d'Aides Paris/Ile-de-France, est conseiller technique auprès du ministre, chargé d'une réflexion sur les problèmes d'insertion sociale liés au sida.

L'action d'Aides se multiplie. Ses deux axes essentiels se déploient à la fois vers les « autres » (opinion publique, médecins, gouvernement) et vers les « siens » par la mise en œuvre d'une aide précise et individualisée aux malades.

Pour Aides, le sida n'est pas une fatalité. Il faut vivre avec le sida. Il faut vivre avec la séropositivité et pour cela garantir aux femmes et aux hommes atteints du virus leur statut d'individu à part entière, socialement, physiquement et matériellement. Si je devais résumer l'action d'Aides en quelques mots, je dirais que Daniel Defert, Jean-Paul Baggioni et les bénévoles redonnent aux malades leur place d'hommes libres dans une société consciente et responsable.

Les Aparts ont été ouverts en février 1987. C'est une association loi 1901 agréée par la Fondation de France. Ces « appartements de relais thérapeutique et social » accueillent les malades démunis et désorientés, des femmes et des hommes qui n'ont ni toit ni entourage capable de les accueillir. Les Aparts s'adressent à des sidéens qui ne nécessitent pas une hospitalisation continue mais qui n'ont pas ou plus de droits sociaux, qui sont trop jeunes pour posséder une couverture sociale.

« L'objectif d'Aparts, explique le président de l'association, Jean Javanni, c'est, au travers d'un hébergement provisoire, de donner aux malades les moyens de leur autonomie. Nous ne remplaçons pas l'hôpital, nous aidons les résidents à gérer leurs rapports avec la maladie grâce à une dynamique de groupe. Pour les soutenir, sans s'imposer, nous salarions un infirmier et une assistante sociale. »

Dans chaque Aparts vivent trois résidents (Paris et Créteil, à ce jour). Ces Aparts confortables sont situés (comme tous les appartements) dans des immeubles habités par d'autres locataires. Ils sont « ouverts » jour et nuit, le résident y vit librement et participe à la vie du trio selon son désir. Seul exemple en Europe, Aparts a été jusqu'à présent subventionné à... 10 % par le ministère des Affaires sociales. L'association le sera à 50 %. Les mécènes sont nécessaires tels Yves Saint Laurent, Cerus, la Caisse des dépôts et consignations, l'Assistance publique, la Caisse d'assurance-maladie, la Mutualité française et d'autres associations comme Arcat-sida, Aides et la fondation Danielle Mitterrand.

Fondée en 1985 par les docteurs Arrouy et Vittecoq, présidée par Pierre Bergé, l'association Arcat-Sida (Association pour la recherche clinique contre l'AIDS-SIDA et sa thérapeutique) avait pour premier objectif le soutien à la recherche médicale contre les diverses formes de l'infection à HIV.

Bientôt, l'association a diversifié son action auprès des équipes hospitalières, des médecins généralistes et des malades. Si sa caractéristique essentielle est de s'inscrire au plus près de la pratique médicale et de respecter sa rigueur et son éthique, elle développe des actions au-delà du seul soutien financier à la recherche, au carrefour des problèmes humains qui inévitablement s'imposent à toute association. Mais Arcat-Sida reste plus proche du milieu médical que du grand public : elle fait appel au professionnalisme et elle consacre la totalité de ses fonds (réunis grâce à la générosité des donateurs) à ses interventions dans le soutien à la recherche, qui reste une de ses priorités (des laboratoires d'immunologie et de virologie ont été équipés en matériel sophistiqué et coûteux dans un temps record). Son rôle est aussi d'information et de prévention : publication de dossiers, de manuels d'informations pratiques sur le sida et l'infection HIV, conférences, interventions auprès de médecins, infirmiers, écoles.

Elle est présente aussi près des malades dans des soutiens financiers lorsque toutes les possibilités légales ont été épuisées. Elle a créé également une structure d'information et de formation pour les personnes souhaitant s'occuper des malades. Elle agit directement auprès des médecins et des dentistes et de toutes les professions paramédicales par la diffusion de manuels d'information qui approfondissent un point particulier ou les aspects d'une profession (manuels sous la responsabilité du docteur Jean-Florian Mettetal et de Frédéric Edelmann).

Les actions d'Arcat-Sida se situent dans une perspective très ciblée. Un bulletin régulier est édité au service du grand public. Pierre Bergé, directeur d'Yves Saint Laurent, et désormais président de l'Association des théâtres de l'Opéra de Paris, président d'Arcat-Sida, déclarait : « On ne lutte pas contre le sida comme on lutte contre une autre maladie. Toute maladie qui se communique sexuellement a cela d'extraordinaire qu'elle met en cause une des fonctions essentielles de l'humanité. Le sida touche en grande partie des jeunes et est à 100 % mortel. Cette maladie demande à être observée d'une manière particulière [...] Les associations privées sont indispensables même si les pouvoirs publics s'investissent davantage *. »

Aides, Aparts, Arcat-Sida sont les trois associations les plus remarquées aujourd'hui. Elles ont aussi réussi à susciter l'intérêt des organismes officiels et sont prises en charge par des femmes et des hommes qui mettent tout en œuvre pour

* Interviewé par Franck Fontenay et Hugo Marsan, mars 1988.

qu'elles se développent dans des actions concrètes, pratiques, immédiatement utiles aux malades. Ces associations traversent de leur influence et de leur vigilance les institutions publiques. Privées elles le sont, et marquées du sceau du bénévolat et du mécénat. Privées, mais officielles et respectées. Au-delà de l'appui et du réconfort qu'il en reçoit, le malade puise un apaisement dans leur existence. Elles émanent de « ses » besoins : des femmes et des hommes, célèbres ou anonymes, ont entièrement saisi le désarroi moral qui accompagne la vulnérabilité physique des malades et c'est à partir de cette angoisse individuelle, et souvent secrète, qu'ils combattent pour le respect de leur liberté et l'espoir de leur guérison.

Ces illustres inconnus

Les structures privées qui viennent au secours des malades, aussi implantées soient-elles, ne sont pas toujours connues des personnes brusquement concernées par le sida. Les médecins les orientent vers ces associations. Les relais téléphoniques jouent un rôle initial. Aides a son propre numéro d'appel : on peut déjà poser son problème. Très utilisé est aussi SOS-Sida, qui répond aux premières urgences. De nombreuses villes en France possèdent des SOS téléphoniques, des services minitel consacrés au sida. La mairie de Paris mettait en place, en février 1988, un numéro de téléphone pour répondre à toutes les questions sur le sida. C'était une des premières initiatives de ce genre prise par les pouvoirs publics. Au (1) 45 82 93 93, des médecins spécialisés répondent aux appels, du lundi au vendredi de 9 h à 17 h et le samedi de 9 h à 13 h. Nous avons expérimenté ce numéro de téléphone. Les réponses sont circonstanciées, précises et n'éludent aucun aspect des demandes. La « voix » vous oriente vers le dispensaire Médecins du monde *, centre de dépistage anonyme, vous conseille l'association Aides... Les réponses tiennent compte avec beaucoup d'attention de l'état d'esprit ou de

* Médecins du monde, 1, rue du Jura, 75013 Paris.

227

l'anxiété de l'interlocuteur. Les informations et les conseils sont donnés en toute quiétude.

Ce sont des médecins (nous en avons déjà parlé à propos d'un médecin généraliste, le docteur D.), qui affrontent la maladie au plan le plus délicat puisqu'ils ne sont pas en mesure de garantir la possibilité d'une guérison. Ils savent néanmoins que, de leur accueil, dépendra l'attitude du malade, sa prise en charge et l'évaluation de ce facteur mouvant, la réaction plus ou moins positive des patients aux traitements entrepris, réaction qui influence considérablement l'efficacité des soins. Dans les années 1984-1985, beaucoup de bruits ont couru sur le comportement des médecins, chefs de clinique et personnel hospitalier vis-à-vis des malades : la panique du personnel hospitalier, qui suscitait chez les malades des attitudes de peur ou d'hostilité. Grâce aux mises au point répétées des spécialistes, grâce à l'action des associations et à la vigilance du ministère de la Santé, grâce à une campagne solide sur la réelle contamination, il semble, en France, que les séropositifs et les sidéens bénéficient d'un encadrement médical de qualité.

Le docteur G. n'accepte aucune publicité mais sa compétence et la qualité exceptionnelle de son dévouement ont dépassé les frontières du grand hôpital parisien où il exerce. Sur le terrain, de 7 h du matin jusqu'à 19 h et plus, le docteur G. est l'exemple de la générosité jointe à l'efficacité. Pour lui, le sida est devenu un choix qui dépasse de très loin la part automatique de sa profession. Chef de clinique d'un service de cancérologie, il s'occupe de plus en plus des séropositifs et des sidéens, à la fois des malades hospitalisés mais aussi de l'hôpital de jour où se rendent régulièrement de nombreux patients qui vivent par ailleurs une vie normale.

« Dans le service de G., raconte Vincent, de l'homme qui le matin lave le sol jusqu'au docteur lui-même, en passant par les aides soignantes, les infirmières, les assistants de G., la pharmacienne rattachée à son service, chacun a appris à " recevoir " le malade. Ceux qui ne comprennent pas ou éprouvent une gêne quelconque changent de service. Il est par exemple tout à fait significatif que les infirmières ne mettent de gants que lors de soins très spécifiques ou d'interventions délicates.

« Mais ce qui est exemplaire c'est la disponibilité, l'écoute de chacun, une écoute individualisée qui va jusqu'à se souvenir de chaque patient, le reconnaître, l'appeler par son prénom, donner immédiatement l'impression que son cas est connu et que l'on se souvient de sa dernière visite. Je te parle bien sûr de l'hôpital de jour. Quant à moi, il est rare que je n'ai pas un moment d'entretien avec G. Parfois, il est pris par des urgences mais il traverse la salle d'attente, dit un mot à chacun et me donne rendez-vous pour plus tard dans son bureau. Il lui arrive de discuter avec moi pendant plus d'une demi-heure... Quand on sait le travail qui l'accable! Dans cet hôpital de jour, un médecin généraliste consacre, bénévolement, un jour de la semaine à une permanence. Je le rencontre aussi mais, très souvent, je dis à l'assistant ou au médecin : " Je veux voir le patron. " Et ils lui téléphonent.

« Pour G., c'est plus qu'un métier, plus qu'une vocation. C'est un sacerdoce, le don de soi, l'intelligence au service d'une maladie qu'il perçoit à travers les êtres humains dont il a la charge. C'est vraiment " un grand patron ". Ceux qui viennent pour la première fois sont frappés par la tenue de son service, la propreté, la chaleur humaine. Ça saute aux yeux : ils forment tous une équipe dont il est l'âme. C'était d'abord un service de cancérologie et je ne supporterais pas qu'on affiche : " Ici on soigne le sida! " Nous faisons partie des graves et longues maladies (maintenant qu'il y a l'AZT), certes incurables, mais on ne doit pas nous montrer du doigt. Le service de G. intègre parfaitement nos peurs. Ils savent que chacun de nous est habité par l'angoisse et qu'elle prend des formes différentes : ils arrivent aussi à supporter le comportement de certains patients de jour qui, face à la gentillesse ambiante, abusent de la situation, compliquent le service par des exigences fantaisistes. Nous ne sommes pas tous des saints et c'est triste de voir des garçons (ce sont particulièrement les garçons qui se comportent ainsi) qui, dans un service froid et rigide baisseraient le nez, perturber le travail des employés. Ceci pour te dire à quel point de compréhension et d'efficacité ces médecins en sont arrivés. Lorsque G. entre dans la salle d'attente, au premier regard, il sait mon pourcentage de T4/T8, il a la capacité d'évaluer mon état, de prévoir combien j'ai de globules rouges et de globules blancs. G. respecte ceux qui ne veulent pas trop savoir, il connaît la résistance psychologique de chacun mais dès l'instant où il sent que le dialogue véritable peut exister, il parle librement. Avec moi, il va jusqu'à dire que mon histoire est la sienne aussi, qu'il est engagé avec moi jusqu'au bout. Grâce à lui je suis un homme responsable, je ne suis pas ce malade soumis, meurtri, qui lève les yeux vers le médecin dans l'attente du miracle. Il ne parle jamais comme je détesterais qu'il le fît, du genre tape sur l'épaule : " Allez, allez, tout va bien! " Non. Il lui est arrivé, dans un moment très dur, de ne rien me dire et de me serrer contre sa poitrine. Grâce à lui j'existe, je suis un homme debout. »

Charlotte et Ludo

Charlotte a fugué. Ludo, qui vivait avec elle depuis deux ans, a eu très peur. Pour lui c'était le grand amour. Il a trente-deux ans et il a eu des tas d'aventures, mais une fille comme Charlotte, c'est la première fois que ça lui arrive. Le coup de foudre, la passion. Avec Charlotte c'est à la vie, à la mort.

« A la mort, je ne croyais pas si bien dire... Car c'est le premier mot qu'elle a prononcé quand elle est revenue. De Charlotte, je ne savais pas grand-chose. Elle a vingt-cinq ans mais son passé, nous n'en avons pas beaucoup parlé. Je sentais qu'il ne fallait pas. Un soir, nous regardions la télé et la chanteuse Dany a fait allusion à ses années de drogue; j'ai senti que Charlotte se crispait soudain et, sans trop me rendre compte, j'ai violé un secret. C'était la première fois que nous avions un différend. Elle a fini par avouer qu'elle s'était shootée jadis... Oh, pas longtemps, elle n'était pas accrochée, je n'avais pas à m'inquiéter, tout ça c'était l'ancienne histoire. Je l'aimais, j'avais envie de la croire mais en même temps j'avais le sentiment qu'elle me méprisait d'être

si raisonnable, de l'obliger à vivre une existence conventionnelle. Elle avait pourtant besoin de cette sécurité. Je n'allais
pas changer et j'ai eu le courage de le lui dire. La drogue
ça me faisait peur mais j'aimais Charlotte : entre nous, tout
devait être clair. Elle m'a juré que c'était fini, que c'était à
cause d'un mec qu'elle avait aimé... J'étais jaloux mais je
me suis tu.

« Quand je ne l'ai pas trouvée à la maison ce soir-là, j'ai
tout de suite pensé qu'elle avait repiqué au truc. Elle avait
honte, elle ne reviendrait pas. C'était intolérable mais j'étais
prêt à lutter de toutes mes forces. Je la retrouverais...

« En fait ce n'était pas la drogue ou plutôt ce n'était plus
la drogue mais indirectement c'était cette foutue drogue de
toute façon. Car elle a fini par revenir au bout de huit jours
et, bien sûr, je l'ai prise dans mes bras mais je n'ai pas pu
m'empêcher de lui demander : " Tu as recommencé? " Alors
là, elle s'est effondrée et s'est mise à hurler : " C'est pas la
drogue, c'est pire... C'est la mort! " Nous sommes restés
toute la nuit éveillés. Elle a tout raconté. Ses doutes, les
premiers signes, le médecin, le test, les analyses de sang et
le verdict : elle était séropositive et développait un ARC. Il
n'y avait aucun doute, elle avait attrapé le virus en utilisant
une seringue souillée ou en faisant l'amour avec son type,
toxicomane de longue date. Elle m'avait caché ses démarches.
La faiblesse de Charlotte (ce qu'elle appelle sa lâcheté) nous
a sauvés! Elle m'a dit : " Ludo, aide-moi, je ne veux pas
mourir! " Je pense à toutes les conneries que nous aurions
pu faire si elle s'était révoltée, m'avait quitté ou peut-être
aurais-je fui à mon tour si elle avait dit : " Je ne t'aime pas,
je veux partir, je ne t'ai jamais aimé! " Elle m'a confié plus
tard qu'elle avait voulu tricher pour me libérer. Nous sommes
restés ensemble. Je me souviens, quelques jours plus tard,
au restaurant, je me suis trompé de verre, j'ai bu dans le
sien. Elle a voulu retenir mon geste : " T'es pas fou! fais
attention! " Alors là j'ai explosé, je lui ai dit que tout ça,
c'était stupide et le soir, de retour à la maison, je l'ai fait
asseoir tout près de moi : " Mets-toi bien ceci dans ta tête,
je ne changerai rien et c'est vraiment pas la peine que tu
jettes les serviettes de toilette chaque fois que tu t'en sers et

231

tout ce cirque que tu me fais. Je vois tout et c'est totalement ridicule. Tellement ridicule, je lui ai dit, que moi j'ai envie de faire l'amour avec toi parce que je t'aime et que je te désire : nous continuerons tout comme par le passé. Je prendrai juste une seule précaution, tu sais laquelle et ce n'est pas pour moi, mais pour nous deux; il faut que je puisse me consacrer à toi! " »

Ludo n'a pas fait le test. Il verra plus tard. Pour le moment, il veille sur Charlotte. Il est prof dans un collège et il a du temps libre. Charlotte continue à travailler : elle est standardiste. La maladie progresse, avec des périodes de rémission. Ludo veille à ce qu'elle mène une vie saine mais la drogue lui fait toujours très peur car il sait combien il est difficile de soigner un toxicomane. « La drogue fout tout par terre. Mais on peut les comprendre, c'est tellement pénible de savoir qu'il n'y a pas de solution véritable! Mais je veux que Charlotte ait toutes les chances. Je veux qu'elle ait le meilleur médecin, les meilleures conditions de vie. Chaque fois que nous le pouvons, nous partons en voyage, au soleil, je la quitte le moins possible. Je l'inonde d'amour! J'ai demandé du fric à mes parents. Je leur ai dit : " Je suis fils unique, l'argent j'en ai besoin maintenant. Plus tard, je n'en aurai rien à foutre. Il faut que cet argent serve à sauver Charlotte. " Mes parents tiennent à moi, ils ne veulent pas me contrarier. Charlotte est seule, elle n'a que moi. Quelquefois je me dis que de toute façon l'issue sera fatale, mais je réagis : il faut tenir, tenir le plus longtemps possible jusqu'à ce qu'on trouve le médicament. De toute façon, avec l'AZT et la vie qu'elle mène, Charlotte va mieux. Elle m'a dit la plus belle des choses : " De toute manière, je vivrai pour toi car tu serais trop malheureux! " J'irai avec elle jusqu'au bout. Je ne la laisserai jamais seule. Nous resterons ici, dans l'appartement. Je paierai tout ce qu'il faudra : des infirmières, tout! S'il le faut, je me mettrai en disponibilité de l'enseignement. Je ne capitulerai jamais. J'avais raison, Charlotte et moi c'est à la vie, à la mort... Plutôt à la vie! »

7

UNE MORT ANNONCÉE

Jean-Paul Aron est mort le samedi 20 août 1988. L'écrivain est mort du sida. Dix mois auparavant, il avait accepté un entretien avec Élisabeth Schemla dans *Le Nouvel Observateur*. C'était l'aveu – comme on le dit d'une faute ou d'un secret. Les femmes et les hommes marqués par la maladie ne s'y sont pas trompés. Un événement sans précédent, un événement grave venait de se produire. Un homme public, un philosophe respectable, un intellectuel osait déclarer officiellement qu'il allait mourir du sida.

Une émission télévisée * amplifiait cette confession insolite : le sida anonyme prenait visage humain et devenait l'histoire d'un individu visible, le sida devenait « mon sida ». Le possessif soulignait le caractère privé de la maladie mais, en même temps, la diffusion du message la déplaçait dans le domaine public. Jean-Paul Aron violait deux tabous coriaces : la mort et la sexualité marginale.

Il « avouait » qu'il avait le sida, il avouait aussi qu'il était homosexuel. Il avouait pire encore, il annonçait sa mort. Au-delà d'une péripétie médiatique – qui a certes choqué certains –, retenons l'influence occulte d'une telle déclaration sur l'avenir des malades eux-mêmes et sur les discours des personnages officiels, responsables du contrôle de l'épidémie.

Un homme célèbre sait qu'il va mourir, il le dit. Il avait

---

* Sur Antenne 2, en juin 1988.

233

jugé primordial, pour lui et pour les autres, de lever le voile sur une réalité intolérable : le sidéen connaît sa mort.

Mourir : le seul scandale

L'homme soumis à une oppression, ou condamné à la servitude, atténue son désespoir par la foi en un futur meilleur dont les germes habitent sa révolte. Il partage avec ses oppresseurs et ses maîtres l'égalité face à la mort et le temps d'espérer. Le joug est supportable si sa vie n'est pas en jeu. L'homme atteint par le virus se heurte à un ennemi insaisissable, abstrait... Imaginer l'avenir ne le console pas, car celui qui bénéficiera d'un vaccin ou d'un remède ne sera en rien l'héritier de sa douleur présente. Sa mort est inutile, stupide, gratuite, scandaleuse. La conscience d'une mort absurde est au cœur de la vie du malade et de ceux qui redoutent le virus. Elle explique l'ambiguïté et les contradictions du retentissement médiatique et de l'interventionnisme de l'État.

Le XXᵉ siècle a cru la mort « contrôlable ». Du moins, il l'a réglementée selon un codage préétabli. On meurt de vieillesse; on meurt de maladie, certes, mais les cas en sont répertoriés et inscrits dans le temps après un combat dont on connaît les armes, combat ouvert sur une victoire possible; on meurt d'accident mais cette mort est repérable : l'individu lui-même en est la cause, on peut blâmer la faute du meurtrier, pleurer sur l'innocence de la victime. Même le suicide est une mort admise : il y a un tueur. Ces morts consignées dans le grand registre du destin illustrent néanmoins la marge d'autonomie de l'être humain. Ce sont des morts programmées. La raison reste souveraine parce que la cause est identifiable.

Mourir du sida s'apparente au suicide : l'auteur du meurtre est en nous. Cette mort rappelle l'accident par sa brusque apparition en pleine jeunesse du sujet, bien avant qu'il ait pressenti une retraite, au temps de sa plus vaste activité. Le sida fait songer à la guerre : ses coups sont injustes et inutilement criminels. Mais le sida a ceci d'unique que la mort qu'il entraîne écrit son signe fatal contre notre gré et celui de la société. La mort par le sida n'est pas une conséquence des prévisions meurtrières des groupes humains qui survivent sur des strates de cadavres. Elle sévit là où la vie se construit, et brise l'élan vital. Cette mort est annoncée par la détection d'un intrus qui échappe à l'espionnage humain et, dès cet instant, le combat est vain. A l'exclusion des transfusés d'avant 1985 *, le malade apprend que le virus a profité des heures de joie, au plus intime de la vie privée, pour commencer son travail de sape. Spectateur impuissant, le sidéen poursuit un fantôme.

Notre société accepte mal une mort sans mode d'emploi. L'individu est piégé entre deux 'approches « douteuses » de la maladie : il peut regretter ce « suicide involontaire » et il ne peut pas renier sa conviction essentielle : l'échange d'amour et la transmission de la vie sont ses plus fortes raisons de vivre.

Des homosexuels ont reproché à l'intervention télévisée de Jean-Paul Aron d'avoir été faussée par des connotations moralistes. « Je ne pense pas qu'on puisse être heureux complètement. Il y a trop de réticences dites ou non dites dans le corps social, pour que le sujet concerné, l'homosexuel, n'éprouve pas cette sorte de mise à l'écart qui ne me paraît pas compatible avec le bonheur. » Élisabeth Schemla précise : « Il y a peu de gens qui, avec une telle simplicité, ont osé dire qu'être homo dans la société française d'aujourd'hui est un malheur existentiel. » Ce commentaire, qui se voulait un prolongement des affirmations d'Aron, fait le jeu de la morale à tout prix quand il émane d'une personne extérieure. Aron méditait sur « sa » vie. La journaliste laisse entrevoir une responsabilité, une cause qui atténuerait l'abîme d'une maladie incurable. Face à la mort scandaleuse, l'homme cherche des émissaires. Quel soulagement de repousser le coupable hors de ses murs. A Séoul, le 22 octobre 1988, 200 étudiants ont manifesté pour réclamer le départ des troupes américaines stationnées en Corée du Sud. Ils accusaient les soldats amé-

---

* Une des mesures envisagées par le ministre de la Santé est d'indemniser les hémophiles séropositifs (voir « Hémophiles » dans le lexique).

ricains, au nombre de 43 000, de répandre le sida dans leur pays. Exemple de la récupération d'un problème politique à travers le sida mais exemple aussi du « déminage » de la peur par la localisation de l'ennemi. On peut discuter à l'infini la prise de position de Jean-Paul Aron quant au « malheur » d'être homosexuel. Là n'est pas la vraie question. Ce que l'on a voulu escamoter, c'est qu'un homme annonçait sa mort sans aller au bout de sa révolte. En doutant de son bonheur passé, il voyait déjà l'issue absurde d'une vie. Ce qu'il tentait de dire, c'est l'horreur d'une telle lucidité. Lorsque nous refusons la peine de mort, nous invoquons d'abord la cruauté d'une mort annoncée. Aussi choquante soit-elle, la comparaison s'impose. La mort prévue est l'abomination essentielle. Le silence – et les tentatives pour le briser – n'ont pas d'autre source. Les discours « extérieurs » ont pour mobile dissimulé de dévier ce qui hante la tragédie du sida : une mort qui gagne du terrain et condamne l'amour.

Maladie privée ou publique?

Peu de maladies ont occupé l'espace public comme le sida. Le 1ᵉʳ décembre 1988, une journée mondiale était consacrée au sida, et les chaînes de télévision en France ont largement participé à sa célébration. Le 3 novembre, M. Claude Évin, ministre de la Santé, rendait public le plan gouvernemental de lutte contre le sida : création d'un Conseil scientifique – européen ou national – destiné à soutenir l'ensemble de la recherche; création d'une agence de programme chargée de coordonner l'action des différents ministères autour du ministère de la Santé; création d'un Conseil national du sida, lieu de dialogue; dans le même temps, un bureau d'études sur le sida était créé à l'Assemblée nationale sous la présidence du docteur Alain Calmat. Ces décisions à l'échelon national indiquent suffisamment combien le gouvernement prend en compte l'inquiétude grandissante de la population. Son intervention est tardive : il était difficile de dénouer une question à laquelle personne ne veut répondre : le sida est-il avant tout une maladie publique ou une maladie privée? Question d'autant plus délicate qu'elle exige une réponse qui prend en compte la contamination. Et lutter contre la contamination, favoriser la prévention, c'est s'immiscer dans la vie privée du citoyen.

L'État a coutume de respecter les formes individuelles de la sexualité quand elles ne sont pas dommageables pour autrui. Ses interventions ont favorisé une libération de plus en plus large et nous nous sommes habitués au développement des libertés privées. Le sida renverse cette notion d'un État libérateur en matière de mœurs. Le politique se trouve désarmé face à une situation qu'il n'avait pas prévue. Aussi le plan Évin centre-t-il principalement son action sur le déblocage de crédits : 150 millions de francs pour la recherche; 100 millions de francs pour l'éducation spécifique en matière de sida; 430 millions supplémentaires au budget des hôpitaux. Mesures importantes, mesures louables qui parient sur la découverte d'un remède, sur l'efficacité des campagnes de prévention et favorisent les soins des sidéens dans les meilleures conditions ainsi que le prolongement du sursis des séropositifs, voire l'arrêt préventif de toute détérioration de leur santé. L'État « éducateur » français préfère insuffler une prise de conscience individuelle et collective dans la crainte, justifiée, d'une dynamique hystérique d'exclusion. L'État français se méfie des passions et des fantasmes populaires. S'il agit sur l'« environnement » de la maladie, mettant en garde les consommateurs insouciants, il opte encore pour la neutralité face à l'autogestion des mœurs privées *.

L'intervention de l'État français traduit une conception de la démocratie tout à fait différente de celle que l'on perçoit aux États-Unis. Impressionnés par l'activisme des associations, nous oublions d'observer que ce qui prédomine aux États-Unis, c'est le sida objet de débats multiples, mais le déferlement d'attitudes opposées laisse aussi la place à tous les extrêmes. A côté d'un groupe principalement gay comme Act Up, qui représente un militantisme combatif dont nous

* Lire l'article très intéressant de Éric Conan : « Le Sida dans l'espace public », revue *Esprit/La France en politique*, 1988.

n'avons aucun exemple en France (leurs manifestations sont grandioses et la mobilisation impressionnante), on assiste à des prises de parole individuelles ou collectives dont les interventions lepénistes ne sont qu'un faible écho. Les tenants de la plus autoritaire surveillance policière suscitent les réactions les plus violentes des malades et de leurs amis. L'État américain aménage les grandes options inévitables mais n'est pas le gardien d'une éthique garante des seuls droits des malades. Excès bien sûr, comportements irrationnels que les médias divulguent avec autant d'enthousiasme qu'ils relatent les affrontements entre les activistes de Act Up et les forces policières. Ces combats opposés ont le mérite de déloger du silence les peurs et les égoïsmes. Ces prises de parole divergentes montrent du doigt les carences véritables en matière de soins, de recherche, et révèlent aussi les mensonges des instances médicales et officielles : Act Up persécute le commissaire de la Santé de New York, qui tente de faire croire qu'il n'y a que 50 000 homosexuels et bisexuels séropositifs à New York, alors que l'estimation habituelle est de 250 000; ses membres lancent des préservatifs à la tête des républicains réunis en convention à La Nouvelle-Orléans et collent des affiches : « 40 000 victimes du sida : où était George Bush? » Ces quelques exemples * nous apparaissent, à nous Français, des manifestations fanatiques.

En France, le sida n'a pas créé, jusqu'à présent, de véritable « guerre intérieure ». Une préoccupation subsiste, liée à une plus ou moins grande visibilité de la mort et à la révolte qu'elle inspire comme c'est déjà le cas aux USA. Qu'adviendrait-il si la maladie perpétuait ses ravages, si l'épidémie se propageait de manière spectaculaire dans les couches hétérosexuelles de la population, si les homosexuels prenaient conscience de leur disparition ou si, demain, une partie de la France réclamait d'être préservée et maintenue dans ses prérogatives d'individus séronégatifs? Le consensus français résisterait-il à un effondrement qui, imprévisible aujourd'hui, en serait d'autant plus catastrophique?

* Exemples cités par Didier Lestrade : reportage sur Act Up, *Gai Pied Hebdo*, 10 septembre 1988.

La mort sociale

Une publicité met en garde les parents : leur négligence est la cause de plus de 700 accidents par an, en France, chez les très jeunes enfants. L'inattention peut tuer un enfant. Ces morts, comme celles provoquées par les accidents de la route ou du travail, ne suscitent pas de mobilisation passionnée même si les chiffres cumulés dépassent ceux des victimes du sida *. En 1988, c'est à propos du sida que les prises de parole se bousculent après un long silence. Nous sommes en présence d'une mort consécutive à une épidémie. Dans le passé, d'autres épidémies ont voué l'homme à l'angoisse de l'irrationnel mais quand ils s'épuisaient en conjectures, ils se tournaient vers les dieux pour conjurer la fatalité. La raison et la science s'achoppent à une mort qui frappe au hasard sans respecter les hiérarchies de notre société : l'âge, l'argent, l'appartenance à un pays développé... Il est équivoque d'implorer les dieux quand on a pris l'habitude de croire en l'intelligence humaine. L'Église catholique n'ose pas utiliser l'angoisse dans la tentative d'un retour à sa toute-puissance. Elle participe à l'accord général quand il s'agit de lutter avec les malades mais s'en sépare quant aux moyens d'y parvenir.

Le cardinal Decourtray, archevêque de Lyon, stigmatisait la campagne pour les préservatifs ** : « Croyez-vous que c'est vraiment éduquer la rencontre de l'homme et de la femme, qui est la chose la plus belle au monde, que de faire la publicité pour des préservatifs et de la montrer aux plus jeunes? »

Ces propos dangereux peuvent inciter à tous les dérapages en matière de prévention mais ils révèlent, indirectement, ce qui trouble notre société : un objet trivial est le seul obstacle à la vague d'anxiété, un simple préservatif peut

---

* Chaque année, 1 000 jeunes Français se suicident! Trois par jour. Trois fois plus qu'en 1960. Le Haut Conseil de la population et de la famille s'inquiète (reportage dans *Le Figaro Magazine,* 19 novembre 1988).
** Interview accordée le 4 novembre 1988 à Radio-France Lyon.

s'opposer à la mort. Alors que les hommes se heurtent au mystère de la mort biologique, réapparaît un moyen de prévention banni du discours parce qu'il rappelle le plus secret des expériences sexuelles, et son ancienne utilisation comme contraceptif.

Ce vieux moyen masculin de contraception choque les consciences pour une raison qui dépasse les lois d'une religion. Il dissocie le plaisir et l'amour. Les jeunes le disent. C'est l'amour qu'ils veulent sauver. Le sida, bien avant de provoquer la mort, détruit l'identité sociale de l'individu. Le corps apprend une première mort : il est interdit d'amour, livré à la solitude physique. Le sidéen traverse toujours une phase douloureuse entre toutes : la haine de son corps souillé et porteur d'un virus transmissible. Le sida a mis à jour la tendance de notre société à réduire les malades à leur seul aspect biologique, en accord avec la tendance plus générale de notre siècle à valoriser la corporéité de l'individu. La sexualité est devenue un instrument alors qu'elle a toujours déterminé un espace à la fois érotique, psychique et social. La sexualité est d'abord et avant tout une dimension relationnelle de l'homme. Plus qu'un moyen éventuel de procréation, plus qu'un élément physique convoqué aux jeux délibérément sensuels, le sexe est pour l'homme le langage initial et salvateur de la relation amoureuse, la certitude et la représentation tangible de sa fusion avec l'autre, une solitude vaincue, l'appartenance concrète et heureuse au groupe social.

Depuis une vingtaine d'années, les sociétés occidentales ont appris à concilier le besoin fondamental de communication et l'épanouissement sexuel. Le plaisir est un facteur prédominant du couple. L'amour se vit sur tous les plans et l'intrusion du sida disloque cet acquis récent : deux individus se rencontrent d'abord dans le plaisir sexuel réciproque et ne fondent pas une alliance durable sans cet accord préliminaire.

Selon un sondage *L'Express* et Louis Harris *, 72 % des Français de quinze à soixante-cinq ans sont amoureux, si

* Sondage publié dans *L'Express,* 27 mai 1988.

possible pour une vie : 56 % croient au grand amour. Mais ces sentiments ne s'exaltent pas au détriment de la chair : 82 % des Français affirment que le plaisir sexuel a une très grande importance à leurs yeux. Lors de ce même sondage, 63 % répondaient que la crainte du sida n'avait pas modifié leur comportement sexuel. Sept mois plus tard, ont-ils changé d'avis? On peut le supposer *. Mais ce qui n'a pas changé, ce sont les signes d'une mutation lente mais évidente. La société mise sur le développement des formes de vie : les comportements individuels tels que l'amour, la générosité, l'amitié, la tendresse, la création, l'affinement des plaisirs. Dans le même temps, les rôles et les fonctions tombent en désuétude. Le travail et les impératifs économiques ont longtemps réduit les individus à être d'abord des producteurs. Ils retrouvent l'individualisme et le culte du corps, ils aspirent à l'harmonie amoureuse et aux loisirs partagés. Le sida et la prévention qui s'y rattache arrêtent brusquement cette évolution. Une campagne publicitaire sur le préservatif suffit-elle à inverser ce puissant courant? Les malades du sida — pour la plupart en pleine jeunesse ou maturité — appartiennent à la génération de la jouissance. Ils ont grandi dans un monde où le corps est premier, où les soins corporels et le bien-être physique sont les clés de la réussite sociale et affective. Ils ont privilégié la sexualité comme médiateur entre l'individu et le groupe. L'apparition du sida blesse en premier leur identité physique. Dans le miroir, leur image s'anéantit. Ils disent tous le désespoir du corps saccagé, du corps suspect. Ils fuient ce qui dominait leur vie : la volupté et le désir; ils voient dans le regard de l'autre l'éloignement et la crainte. Mais au-delà de l'altération corporelle, c'est leur image sociale qui est brisée. Ils sont exclus de la communauté de la vie.

* Les Danois plus fidèles : d'après les résultats d'un sondage réalisé par l'institut Gallup du Danemark, la crainte d'attraper le sida aurait modifié la mentalité des Danois face à l'infidélité. En 1985, ils n'étaient que 46 % à estimer que c'était une cause de divorce. En novembre 1988, ils sont 61 % à le penser.

Vivre demain

En Grande-Bretagne, un centre de soins entièrement gratuits, destiné aux personnes atteintes par le virus du sida, a
été inauguré le 22 septembre 1988 à Londres. C'est le London Lighthouse, un centre pilote unique au monde. L'initiateur du projet et directeur du centre, Christopher Spence,
explique son « combat » * : « [...] J'avais entamé l'élaboration de ce centre [...] dès la fin des années 70. Avant même
l'apparition du sida. Je l'avais alors baptisé " Centre pour
la vie et la mort ". C'était le fruit d'une longue et profonde
réflexion sur la place de la mort et de l'acte de mourir dans
notre société [...] Notre société s'est appauvrie quand il n'a
plus été possible de mourir chez soi. L'expérience immédiate
de la mort a été totalement évacuée. »

Le London Lighthouse tente de remédier à cette solitude
en créant un endroit où « bien vivre et bien mourir seraient
envisagés conjointement ». Christopher Spence prend sa décision en 1985 face à la mort de plusieurs de ses amis atteints
du sida. Le London Lighthouse n'a rien d'un hôpital et le
personnel partage la vie des malades sans qu'aucun signe ne
les distingue les uns des autres. Mais l'innovation la plus
spectaculaire est une nouvelle approche du malade, le souci
d'offrir toutes les chances d'une expansion de la personnalité.
« Il s'agit d'apprendre à vivre avec le sida, en refusant de
mourir du sida [...] Beaucoup de cœurs ont été brisés, de
vies dévastées, mais le défi a été relevé. »

Un défi, le plus grave des défis certes : vivre avec le sida,
vivre avec l'angoisse de passer d'une séropositivité asymptomatique aux maladies opportunistes. L'épreuve est souvent
intolérable. La personne est atteinte dans sa réalité sexuelle,
une de ses dimensions les plus constitutives et ce par quoi
elle s'exprime le plus fort. La séropositivité affecte la personne
dans son rapport au temps, développant un sentiment extrême
de précarité. Le sida affecte le rôle social de l'individu qui

---

* Reportage de Joseph M., *Gai Pied Hebdo*, 6 octobre 1988.

devient source d'insécurité. Le sidéen est étranger à lui-même, étranger aux autres. La solitude est ressentie sous sa forme la plus visible. A cette solitude s'ajoute le sentiment d'un total abandon. Le malade a tendance à s'enfermer, par crainte d'être mal accueilli. Cette expérience nouvelle, violente et que rien n'avait préparé, s'accompagne d'un désespoir légitime, la nuit d'une cruelle lucidité : c'est injuste, c'est absurde, ça n'a pas de sens... et la révolte inutile d'une question sans réponse : pourquoi moi?

Les femmes et les hommes que nous avons rencontrés tout au long de notre reportage ont vécu le quotidien de ce combat muet. Ils ont appris non pas la sagesse mais l'usage des jours. C'est la vie qui a triomphé puisqu'ils ont su déplacer les frontières conventionnelles de la maladie. Ils reconnaissent être allés à l'essentiel, s'allégeant progressivement des pesanteurs dérisoires de leur existence passée. Ils sont nés à une autre vision de l'amour, ils ont conquis le don de savourer ces merveilles de la vie humaine que, pressés par une course prétentieuse et vaine, nous avons trop vite oubliées : la tendresse, la vigilance, les heures d'amitié et d'amour, l'intensité d'un visage, le reflet du soleil sur une photo ancienne, les souvenirs, l'enfance... Il m'arrive parfois de m'absenter du monde des bien-portants. Leurs paroles ne me retiennent plus. Les longues heures que je passe en votre compagnie me manquent tout à coup parce que vous m'avez révélé une perception différente du monde, une attention plus aiguë au temps, la possibilité d'arrêter le mouvement trop rapide des jours. Vous m'avez ramené à l'usage paisible du don. Vous m'apprenez à vivre chaque instant dans sa totale profusion. Vincent, Charlotte et Ludo, Arnault, vous aussi Sophie, Bruno et Thierry, et vous Muriel, et toi Jean-Louis : me prendrez-vous en flagrant délit de quémander votre présence pour le partage de la vie immédiate?

Noël 1988

VINCENT. — « C'est inespéré : je passerai un Noël de plus. Je ne pensais pas finir 1988. On me fait des transfusions de

plus en plus souvent. C'est inquiétant, bien sûr. Le docteur G.
m'a assuré que je serai tout à fait bien pour le réveillon. Je
passe la nuit de Noël avec mes amis d'Aides. Ce sera une
fête magnifique... »

LUDO. – « J'avais fait des plans pour Noël. Un réveillon
terrible, Charlotte et moi, rien que nous deux. Hélas; elle
est retournée à l'hôpital avant-hier. Je ne suis pas sûr qu'elle
soit sortie pour le Nouvel An. Elle est très affaiblie. Elle a
fait une pneumocystose. »

ARNAULT. – « On passera Noël avec les copains, ici dans
la maison. Une fête avec des cadeaux, comme les gosses. Tu
vois, j'ai peint tous les murs de la grande pièce... Remarque,
mes peintures sont plus gaies! Ma mère nous a donné du
fric, mon père aussi. Maintenant, je crois qu'il a compris,
surtout depuis le 1ᵉʳ décembre où il y a eu tout ce raffut à
la télé... Des amis vont venir passer la nuit avec nous : des
mecs et des filles que je connaissais avant... Au petit matin,
je ne sais pas dans quel état je serai; je veux dire moralement,
tous ces trucs qui me reviennent sur la jeunesse foutue, sur
la vie que j'ai pas eu le temps de vivre... »

MURIEL. – « J'aurai mes enfants, les deux. Je me suis
battue, mais ils sont ici, depuis hier. Cet après-midi, ils font
des courses avec leur père. Lui, il repartira ce soir mais il
me laisse mes enfants. Nous fêterons Noël, ici avec Alice –
qui partage l'appartement avec moi – et son fils. Ils ne
m'ont pas demandé d'aller à Bordeaux. Dans un sens, je
préfère. Je suis un peu fatiguée et j'ai des ennuis intestinaux,
mais je suis tellement heureuse d'avoir les enfants. Ils semblent
bien comprendre. Mes parents m'ont envoyé des foies gras
et un chèque. Au fond ce Noël sera un vrai Noël, un Noël
pour moi... »

SOPHIE. – « Nous n'irons pas chez nos parents. Ils nous
l'ont proposé mais nous voulons rester ensemble. Bruno,
Thierry et moi sommes en pleine forme. Nous allons dîner
à la maison et après nous nous habillerons – nous avons
acheté des fringues super – et nous irons faire un tour au
Palace. Quelquefois je me demande si nous sommes vraiment
séropositifs? Nous ne sentons aucune différence. Bruno et

moi nous marions en mars. C'est décidé. Nous avons acheté un cadeau pour le docteur D. »

JEAN-LOUIS. – « Je pars demain. Je vais passer Noël avec ma mère. Je ne lui ai encore rien dit à propos de la maladie. J'attends. Je vais bien, mieux qu'avant. Je n'ai plus ces angoisses d'autrefois, comme si le choc d'avoir appris ma séropositivité avait balayé toutes les autres anxiétés de la vie courante. Je continue de m'astreindre à une hygiène stricte. Je tiens à la vie, simplement. »

VIRGINIE (extrait d'une lettre reçue le 21 décembre 1988). – « ... J'ai souvent pensé aux conversations entre maman et toi, l'été dernier. J'avais envie que tu précises certains points que je comprends mal : pourquoi et comment une femme peut-elle être atteinte par la maladie, pourquoi surtout un enfant peut-il naître séropositif, le rester et mourir du sida? Ce sont des interrogations très graves pour moi qui commence à aimer et, déjà, fais des plans sur l'avenir. Je voudrais tant vivre avec Matthieu et plus tard avoir des enfants de lui!

A la rentrée de septembre, j'ai tenté de vaincre ma peur en incitant quelques amis à créer, ici au Lycée de B., un groupe de réflexion sur le sida. Nous avons eu beaucoup de mal à le faire admettre, d'autant plus que nous ne voulions pas qu'il soit supervisé par les professeurs. Nous nous réunissons une fois par semaine et nous avons rassemblé une importante documentation. Nous nous rendons compte de l'ignorance de chacun de nous. Et, ici, nous travaillons un peu dans le vide. Nous pensons qu'il serait capital que nous rencontrions des malades, des séropositifs, des médecins, des gens qui aident les victimes. Peux-tu nous donner des idées, des moyens pour ouvrir notre groupe à la réalité, à des choses concrètes?

J'ai aussi créé ce lieu de parole pour pouvoir parler avec Matthieu qui, bien sûr, est avec nous. Je n'avais pas d'autre ressource! Je me suis servi de ce groupe pour savoir ce que *lui* pensait de la maladie. C'est plus facile de discuter de la contamination, et surtout de la prévention, à plusieurs qu'en tête à tête. C'est égoïste et un peu lâche, mais nous nous aimons et nous voulons sauver notre amour... »

LEXIQUE

*Franck Fontenay avec la
collaboration du docteur
Jean-Florian Mettetal*

Adénopathie : augmentation du volume des ganglions *(voir ce terme).*

ADN (Acide DésoxyriboNucléique) : l'ADN est contenu dans le noyau de chacune de nos cellules et constitue l'essentiel des chromosomes. C'est la clé de notre code génétique, qui nous permet de nous reproduire et grâce auquel chaque espèce animale ou végétale se reconnaît de façon spécifique.

Aérosol : mélange de liquide et d'air contenant un médicament, qui est inhalé. Cette technique, associée à certains médicaments, est utilisée comme traitement prophylactique (qui prévient la survenue d'une maladie), principalement contre la pneumocystose *(voir ce terme).*

Age : la classe d'âge la plus touchée par le sida est celle des 30-49 ans, puisqu'elle totalise à elle seule 60 % des cas. Vient ensuite la classe 20-29 ans, qui regroupe 26 % des cas. Au 30 septembre 1988, 120 enfants de moins de 13 ans étaient atteints de sida.

AIDS (Acquired Immuno-Deficiency Syndrome) : terme anglo-saxon qui a été traduit en français par SIDA. AIDS a été adopté en juillet 1982 aux États-Unis.

Allaitement : chez les femmes séropositives venant de donner naissance à un enfant, l'allaitement est contre-indiqué car le lait peut être contaminant pour l'enfant.

Animaux : il existe chez certains animaux, comme par exemple le chat et le singe, des maladies semblables au sida, dont les responsables sont également des rétrovirus. Ces

247

maladies ne sont toutefois pas le sida humain et n'offrent donc pas, malheureusement, aux chercheurs un véritable « modèle animal » pour leurs travaux. D'autre part, les rétrovirus touchant les animaux ne sont pas transmissibles à l'homme et inversement.

Anticorps : substances produites par l'organisme pour neutraliser les microbes (micro-organismes comme par exemple les virus). A chaque microbe correspond un ensemble d'anticorps particuliers, chacun d'entre eux s'attaquant à une partie bien définie du microbe. Face au HIV, l'organisme fabrique bien des anticorps mais ceux-ci ne sont pas tous neutralisants. Cela permet au virus de se multiplier et d'infecter les cellules, du système immunitaire notamment.

Antigène : tout corps étranger (bactérie, virus, parasite) qui pénètre l'organisme et contre lequel ce dernier fabrique des anticorps. Le virus du sida est composé de nombreuses parties antigéniques différentes, auxquelles correspondent autant d'anticorps.

Antigénémie : phase d'activité virale durant laquelle le virus se réplique. Un test (dit antigénique) permet de détecter l'antigénémie. Schématiquement, celle-ci apparaît juste après la contamination de l'organisme par le virus (celui-ci venant de pénétrer dans l'organisme, il se multiplie et infecte les cellules et a donc une forte activité, ensuite il entre dans une phase de « sommeil » et l'antigénémie disparaît) et à l'apparition des symptômes (qui correspondent à un « réveil » de l'activité du virus). Quand il est positif, le test antigénique est donc un test prédictif d'évolution vers la maladie.

Antiviral : substance qui combat et détruit les virus. De nombreux antiviraux sont actuellement étudiés pour lutter contre le virus du sida.

ARC (Aids Related Complex) : désignation américaine d'une forme intermédiaire de l'infection à HIV. Des symptômes sont apparus mais ils ne « signent » pas le sida. Il s'agit principalement de signes dits « généraux » (fièvre, sueurs, diarrhées, amaigrissement, fatigue) qui ne sont pas spécifiques de l'infection à HIV. Le terme français qui correspond à ce stade de l'infection à HIV est SAS (Syndrome Associé au Sida).

ARN (Acide Ribo Nucléique) : élément dérivé de l'ADN qui permet à tout organisme de produire les protéines indispensables à son bon fonctionnement.

Aron Jean-Paul : philosophe décédé le 20 août 1988. Il a signé dans *Le Nouvel Observateur,* en octobre 1987, une interview célèbre intitulée « Mon sida ». Jean-Paul Aron est la première personnalité française à avoir parlé publiquement de sa maladie.

Associations : depuis 1983, année de la création de la première d'entre elle (Vaincre le sida), de nombreuses associations de lutte contre le sida, certaines sérieuses d'autres moins, ont vu le jour en France. Elles sont à l'origine de la prise de conscience du danger que représente en terme de santé publique l'épidémie de sida, à la fois pour les pouvoirs publics et l'ensemble de la population. La somme de leur travail est d'ores et déjà énorme et, loin de s'opposer, ces associations sont complémentaires, chacune ayant une spécificité (recherche de fonds, aide aux malades, prévention auprès des jeunes, information des professionnels de santé...). Voici la liste des principales et des plus compétentes d'entre elles :

Arcat-Sida (Association pour la recherche clinique contre l'AIDS/Sida et pour sa thérapeutique) : 17, rue de Tournon, 75006 Paris. Tél. : 43 54 67 15 ou 46 33 53 49.

Arcat-Sida Hauts-de-Seine : 30, rue Diderot, 92130 Issy-les-Moulineaux. Tél. : 40 95 06 17.

Arcat-Sida Val-de-Marne : 11, rue Voltaire, 94400 Vitry-sur-Seine. Tél. : 45 73 09 72.

AACS (Association des artistes contre le sida) : 5, rue du Bois-de-Boulogne, 75116 Paris. Tél. : 45 00 53 53.

ACCTES (Association de coopération et de coordination de travaux d'études sur le sida) : 21, rue de Dantzig, 75015 Paris. Tél. : 45 43 12 04.

Aides Fédération nationale : BP 169, 75463 Paris cedex 10. Tél. : 47 70 03 00. Permanence téléphonique tous les jours de 19 h à 23 h au 47 70 98 99. Radio-répondeur au 47 70 28 99.

Depuis mars 1988, Aides est régie en fédération regroupant 25 comités régionaux. Pour connaître leurs coordonnées, se renseigner auprès de la fédération.

AJCS (Association des jeunes contre le sida) : 6, rue Dante, 75006 Paris. Tél. : 46 33 02 27.

ALS (Association de lutte contre le sida) : BP 1208, 69209 Lyon, cedex 01. Tél. : 78 27 80 80.

AMG (Association des médecins gais) : 45, rue Sedaine, 75011 Paris. Tél. : 48 05 81 71.

Aparts (Association des appartements de relais thérapeutique et social) : BP 511, 75066 Paris cedex 02. Tél. : 42 09 22 71.

APS (Association pour la prévention du sida) : 85, rue Daguerre, 75014 Paris. Tél. : 40 47 04 09.

APSAM-GPL (Actions, prévention sida et aide aux malades-Gais pour les libertés) : BP 451, 75830 cedex 17. Tél. : 42 23 92 39.

AP-Sida : permanence téléphonique de l'Assistance publique sur le sida, tous les jours de 9 h à 17 h au 45 82 93 93.

Association Didier Seux / Santé mentale et sida : 54, avenue de Saxe, 75015 Paris. Tél. : 45 67 65 63.

Le Cercle des médecins : hôpital Raymond-Poincaré, 92380 Garches. Tél. : 47 41 79 00.

Civis (Centre interprofessionnel pour l'information sur l'infection à HIV et le sida) : 23, boulevard Saint-Martin, 75003 Paris.

CRIPS (Centre régional d'information et de prévention du sida) : 3-5, rue Ridder, 75014 Paris. Tél. : (1) 40 44 40 50.

VLS (Vaincre le sida) : BP 434, 75233 Paris cedex 05. Radio-répondeur au 43 36 41 41. Permanence téléphonique les mercredis et dimanches de 20 h à 22 h au 45 35 97 77 et 45 35 00 03.

Asymptomatique : sans aucun signe ou symptôme de maladie. Un séropositif asymptomatique est un séropositif qui ne présente aucun signe clinique de l'infection par le HIV. Il peut néanmoins transmettre le virus et il est susceptible dans les mois ou les années à venir de développer une forme mineure ou majeure de la maladie.

AZT (Azido-thymidine) : il s'agit à l'heure actuelle de l'antiviral le plus efficace face au virus du sida. Il retarde le développement de la maladie et a permis d'en faire reculer la mortalité. Il présente cependant de nombreux effets secondaires. Depuis le IVᵉ congrès international sur le sida de Stockholm, l'AZT a pour nom ZDV ou ZiDoVudine. Rétrovir est le nom commercial de ce médicament.

Bachelot François : médecin à l'origine des thèses du Front national sur le sida. Il est l'« inventeur » du terme *sidatorium*.

Baggioni Jean-Paul : président de Aides Paris/Ile-de-France et conseiller technique chargé des problèmes d'exclusion dus à la maladie au secrétariat d'État chargé de l'aide humanitaire. Il est également intervenu en tant que séropositif face à François Mitterrand au cours de l'émission « Le Monde en face » (TF1, septembre 1987).

Barré-Sinoussi Françoise : médecin spécialisé dans la biologie des rétrovirus. Elle est la première à avoir mis en évidence le virus du sida à l'Institut Pasteur.

BEH (Bulletin épidémiologique hebdomadaire) : édité par la Direction générale de la santé, ce bulletin publie chaque semaine le nombre de nouveaux cas de certaines maladies transmissibles, dont le sida, ainsi que des études épidémiologiques sur ces maladies.

Bergé Pierre : président de l'association Arcat-Sida. Il est également PDG de la maison de couture Yves Saint-Laurent.

Bisexualité : caractère des personnes ayant des relations sexuelles aussi bien avec des personnes de leur propre sexe que du sexe opposé. Les bisexuels, notamment masculins, parce que les plus nombreux, sont un lien de transmission du virus du sida de la population homosexuelle vers la population hétérosexuelle.

Brunet Jean-Baptiste : médecin attaché à la Direction générale de la santé et responsable du centre collaborateur sur le sida de l'Organisation mondiale de la santé à Paris.

Cancer gay : terme utilisé au début de l'apparition de la maladie parce qu'elle touchait presque exclusivement des homosexuels (*gays* en américain).

Candidose : infection secondaire fréquente dans les formes mineures et majeures de l'infection à HIV. Due à un champignon (candida), la candidose atteint les muqueuses le plus souvent buccales et œsophagiennes. Elle se présente fréquemment sous la forme d'un « enduit » blanc.

CDC (Center for Diseases Control) : Centre de contrôle des maladies basé à Atlanta, aux États-Unis. Le CDC est un des principaux observatoires épidémiologiques et médicaux au monde. C'est dans ce centre qu'ont été repérés les premiers cas de sida en 1981.

CD4 : molécule présente à la surface des lymphocytes T4 (ou lymphocytes CD4), qui permet au virus du sida de se fixer sur ces derniers.

Centre de dépistage anonyme et gratuit : il existe, dans chaque département français, au moins un centre de dépistage anonyme et gratuit, généralement dans les centres hospitaliers. La liste de ces centres peut-être obtenue auprès des associations de lutte contre le sida.

Cerveau : le virus du sida peut se développer directement dans le cerveau, ainsi que dans la moelle épinière ou les nerfs du tronc et des membres. Cela entraîne des troubles neurologiques ou psychiatriques, parfois très graves.

CFES (Comité français d'éducation pour la santé) : organisme gouvernemental chargé de la prévention en France. C'est sous l'égide du CFES que les campagnes grand public de prévention sur le sida ont été réalisées.

Chermann Jean-Claude : professeur spécialiste de la biologie des rétrovirus et ancien chef de service à l'Institut Pasteur. Il a fait partie de l'équipe qui a isolé le virus du sida.

CISIH (Centre d'information et de soins de l'immunodéficience humaine) : il en existe 23 en France. Ces centres ont une triple mission : assurer l'information dans les structures hospitalières de leur région, coordonner et améliorer la prise en charge des malades et des séropositifs et favoriser la recherche clinique.

Classification : le CDC d'Atlanta a établi une classification de l'infection à HIV pour « homogénéiser » les différents groupes de personnes infectées par le virus du sida. Cette classification comprend quatre groupes, eux-mêmes divisés en sous-groupes. Groupe 1 : les personnes en séroconversion *(voir ce terme) ;* groupe 2 : les séropositifs asymptomatiques ;

groupe 3 : les séropositifs présentant un syndrome de lymphadénopathie; groupe 4 : les séropositifs atteints d'une forme mineure ou majeure de l'infection à HIV.

CMV (CytoMégaloVirus) : virus sexuellement transmissible qui peut entraîner chez les malades du sida une infection secondaire *(voir ce terme)* grave susceptible de toucher de nombreux organes.

Cofacteurs : si le HIV est la cause directe et primaire du sida, de nombreux cofacteurs (par exemple d'autres infections comme la syphilis, l'hépatite B ou l'infection à CMV) pourraient jouer un rôle dans l'apparition et le développement de la maladie. Le rôle de ces cofacteurs n'a toutefois pas été établi de manière absolue.

Conférences internationales : depuis 1985, se tient tous les ans une conférence internationale sur le sida réunissant l'ensemble des chercheurs, médecins, associations, organismes, etc., qui luttent contre cette maladie. Après Atlanta (1985), Paris (1986), Washington (1987) et Stockholm (1988), les prochaines conférences auront lieu à Montréal (1989), San Francisco (1990), Florence (1991)...

Contraception : les moyens contraceptifs comme la pilule, le stérilet, etc., ne protègent pas de l'infection à HIV. Seul le préservatif, qui est à l'origine un moyen contraceptif, est une barrière efficace contre le virus du sida.

Copi : écrivain, dramaturge et dessinateur célèbre, décédé le 14 décembre 1987.

Couverture sociale : seule la forme majeure de l'infection à HIV est couverte à 100 % par la Sécurité sociale. Les frais médicaux des personnes atteintes de formes mineures, les examens que doivent suivre régulièrement les séropositifs et les tests de dépistage (en dehors des centres de dépistage anonymes et gratuits par définition) ne sont remboursés qu'en partie.

CRIPS (Centre régional d'information et de prévention du sida) : financé par le Conseil régional d'Ile-de-France. Ce centre est accessible au grand public et aux professionnels de santé désirant s'informer et se documenter sur le sida (3-5, rue Ridder, 75014 Paris. Tél. : 40 44 40 50).

CTS (Centre de transfusion sanguine) : depuis août 1985,

le sang recueilli par les CTS est testé, et tout échantillon qui se révèle contaminé par le virus du sida est éliminé. Le risque de contamination par transfusion est donc aujourd'hui quasiment nul. Il est cependant impératif que toutes les personnes ayant des pratiques à risques s'abstiennent de donner leur sang. Dans le même ordre d'idée, il est dangereux de recourir aux CTS pour pratiquer un test de dépistage. En revanche, donner son sang ne comporte aucun danger de contamination.

Déclaration obligatoire : depuis le 10 juin 1986, le sida, dans sa forme majeure, est à déclaration obligatoire auprès de la Direction générale de la santé. Cette déclaration est non nominative.

Defert Daniel : fondateur, en décembre 1984, de l'association Aides et président depuis mars 1988 de la fédération Aides qui regroupe 25 comités régionaux. Daniel Defert est également sociologue.

Déficit immunitaire : on dit qu'il y a déficit immunitaire, ou immunodéficience, quand le système immunitaire *(voir ce terme)* n'est plus en mesure d'assurer son rôle de défense de l'organisme. Le virus du sida provoque un déficit immunitaire.

Dentiste : même s'il est faible, le risque de contamination existe chez le dentiste, pour ce dernier comme pour ses patients. Toutefois, ce risque est parfaitement évitable si les règles d'hygiène sont respectées par le chirurgien-dentiste, à savoir le port du gant et la désinfection des instruments.

Dépistage : tant qu'il n'existe ni traitement ni vaccin, le dépistage systématique ou obligatoire doit être rejeté. En revanche, tout médecin rencontrant une personne susceptible d'avoir été contaminée doit lui proposer le test, ceci sur la base d'un dialogue et d'un rapport de confiance mutuelle. Un test ne doit pas être prescrit sans l'accord de l'intéressé.

Désinfection : le virus du sida est détruit par la chaleur (30 minutes à 56°C), par l'eau de Javel en solution à 5 % au moins, par l'eau oxygénée en solution à 3 % au moins et par l'alcool à 70° minimum. Il est en revanche résistant aux rayons gamma et aux ultraviolets.

Don de sang, de sperme, d'organe : toute personne étant, ou pensant être séropositive doit impérativement s'en abstenir. Des tests sont pratiqués pour tous ces dons.

Double-aveugle : une étude thérapeutique en double-aveugle (ou randomisée) est effectuée sur deux groupes : l'un recevant le produit expérimenté, l'autre recevant un placebo, c'est-à-dire un faux produit n'ayant aucun effet. Ni le patient ni l'expérimenté ne savent si le produit administré est le vrai produit ou le placebo. Cette méthode, par comparaison des résultats entre les deux groupes, permet de mesurer avec précision les effets du produit étudié.

Dreuilhe Alain-Emmanuel : écrivain malade du sida, il a publié un très beau livre sur son combat quotidien contre la maladie, livre intitulé *Corps à corps, journal de sida* (Gallimard). Il est décédé le 28 novembre 1988, à New York.

Edelmann Frédéric : président du CIVIS, fondateur ou membre de nombreuses associations de lutte contre le sida. Il a participé à l'élaboration de nombreux programmes de prévention *(voir Jean-Florian Mettetal).*

Effets secondaires : se dit des effets indésirables et néfastes que provoque un médicament.

Élisa : test de dépistage le plus couramment utilisé pour détecter les anticorps dirigés contre le virus du sida.

Enfants : la plupart des enfants infectés par le HIV ont été contaminés par leur mère au cours de la grossesse. Environ 50 % des enfants nés de mères séropositives développent un sida. Il est cependant très difficile de déterminer à la naissance si l'enfant a été infecté ou non par sa mère. En effet, il naît toujours avec des anticorps anti-HIV. Mais il s'agit soit des anticorps qu'il a lui-même fabriqués contre le virus (dans ce cas, il est contaminé), soit des anticorps fabriqués par sa mère que celle-ci lui a transmis (il n'est alors pas infecté par le virus et les anticorps disparaissent d'eux-mêmes au bout de quelques mois). Il faut donc attendre en moyenne six mois avant de savoir si un enfant né d'une mère séropositive est infecté par le HIV ou non.

Épidémie : une épidémie correspond à l'apparition dans

une population donnée d'un grand nombre de cas d'une maladie transmissible.

Épidémiologie : science qui étudie les maladies, leur fréquence, leur distribution, leur évolution et leur rapport avec un certain nombre de facteurs (mode de vie, milieu naturel, milieu social...). L'épidémiologie apporte des connaissances fondamentales pour instaurer et adapter des processus de lutte contre les maladies, notamment les épidémies.

Favereau Éric : journaliste, il a écrit un livre sur l'association Aparts (qui gère des appartements thérapeutiques pour les malades du sida), intitulé *Chambres ouvertes, 90 jours avec 5 malades du sida* (Balland).

Femmes enceintes : il est conseillé aux femmes séropositives de ne pas avoir d'enfants. D'une part, elles risquent de mettre au monde un enfant séropositif qui développera à court terme un sida. D'autre part, la grossesse augmente, pour elles-mêmes, le risque de développer la maladie.

Foucault Michel : philosophe, auteur notamment d'une *Histoire de la sexualité,* décédé le 25 juin 1984.

Formes mineures de l'infection à HIV : elles se traduisent par l'apparition d'une multitude de signes cliniques et biologiques, plus ou moins bénins et diversement associés les uns aux autres.

Formes intermédiaires de l'infection à HIV : voir ARC.

Formes majeures de l'infection à HIV : voir Sida.

Gai Pied Hebdo (GPH) : hebdomadaire homosexuel d'information politique et générale créé en 1979. Cette revue joue un rôle de premier plan dans l'information sur le sida.

Gallo Robert : chercheur du National Cancer Institute (NCI) aux États-Unis. Il a longtemps déclaré avoir découvert le premier le virus du sida, ce qui a été à l'origine d'une longue querelle entre le NCI et l'Institut Pasteur.

Ganglions : éléments du système lymphatique. Les ganglions contiennent de nombreuses cellules du système immunitaire. Lorsqu'ils grossissent, on parle d'adénopathie ou de lymphadénopathie *(voir ce terme).* Ce phénomène peut être lié à de multiples causes et n'est donc pas spécifique de l'infection à HIV.

Gay : terme américain signifiant homosexuel.

Goettlieb Michaël : médecin californien qui signa le premier article dans le *Morbidity and Mortality Weekly Report* (journal du CDC), en juin 1981, signalant les premiers cas de l'épidémie de sida.

Groupes à risques : désignent les personnes les plus exposées et les plus touchées par le sida : les homosexuels, les toxicomanes, les hémophiles et les transfusés principalement. Il convient cependant d'utiliser la notion de « pratiques à risques » *(voir ce terme)* plutôt que celle de groupes à risques. Pour prendre un exemple, un homme peut avoir eu une fois un rapport homosexuel sans être homosexuel pour autant. Mais il aura eu une pratique à risque d'infection par le HIV.

GRID (Gay Related Immune Deficiency) : terme américain qui, tout comme CAIDS (Community Acquired Immune Deficiency Syndrome), fut utilisé pour désigner la maladie avant que ne soit adopté le terme AIDS en juillet 1982.

HAD (hospitalisation à domicile) : prise en charge qui permet aux malades d'être suivis et soignés chez eux dans des conditions quasi identiques à celles de l'hôpital et avec un meilleur confort psychologique. L'HAD se demande au cours d'une hospitalisation ou d'une consultation en milieu hospitalier.

Hémophiles : personnes souffrant d'une affection héréditaire ne touchant que les hommes qui se manifeste par l'impossibilité pour le sang de se coaguler. Les hémophiles reçoivent des produits de substitution, fabriqués à partir du sang, qui permettent à leur sang de coaguler. Jusqu'en août 1985, ces produits de substitution n'ont pas été testés pour le HIV et de nombreux hémophiles (entre 50 et 70 % des 3 000 hémophiles français) ont été contaminés par le virus du sida.

HIV (Human Immunodeficiency Virus) : sigle désignant le virus du sida (en français VIH, virus de l'immunodéficience humaine). Adopté en 1986, ce sigle remplace l'appellation française LAV et américaine HTLV III qui étaient alors utilisées. A ce jour, deux virus HIV ont été mis en évidence. On parle donc du HIV1 et du HIV2.

Hocquenghem Guy : écrivain et militant homosexuel, décédé le 29 août 1988, auteur notamment d'un roman : *Ève* (Albin Michel), vision allégorique d'un monde atteint par le sida.

Homosexualité/hétérosexualité : orientations sexuelles, la première concernant des personnes du même sexe, la seconde des personnes de sexes opposés. Si, dans les pays occidentaux, l'homosexualité est (plus ou moins) tolérée, elle n'est pas pour autant totalement acceptée. Ce qui conduit la majorité des personnes ayant des pratiques homosexuelles à se construire une identité homosexuelle. En raison d'un certain nombre de pratiques courantes chez les homosexuels (nombre important de partenaires, souvent anonymes, rapports anaux...), ils sont les plus touchés par l'épidémie de sida (60 % des cas en France). La transmission sexuelle du virus chez les hétérosexuels s'est opérée principalement, jusqu'à aujourd'hui, par des rapports sexuels avec des toxicomanes et des bisexuels infectés.

Hôpital de jour : prise en charge où le malade reçoit ses soins à l'hôpital durant la journée et rentre chez lui le soir. Cette formule est la plus adoptée pour un grand nombre de malades du sida.

Incubation : temps qui sépare l'intrusion d'un micro-organisme dans l'organisme et l'apparition des symptômes de la maladie que provoque ce micro-organisme. Dans le cas de l'infection à HIV, l'incubation est très variable d'un individu à un autre, allant de quelques semaines à plusieurs années.

Infection à HIV (ou par le HIV) : expression préférable au terme sida car elle désigne l'ensemble des situations dues à la contamination par le HIV (séropositivité asymptomatique, forme mineure, intermédiaire, majeure, seule cette dernière correspondant au sida).

Infections opportunistes : infections dues à des germes souvent présents dans l'organisme et qui habituellement sont bien tolérés. Quand le système immunitaire est déficient, ces germes « profitent » de sa faiblesse pour se développer, provoquant des infections dites ainsi « opportunistes ».

Infections secondaires : elles regroupent les infections opportunistes et les infections provoquées par des germes « de rencontre ». Elles apparaissent quand le système immunitaire est très affaibli. La survenue d'une infection secondaire définit un sida.

Insectes : toutes les études scientifiques entreprises sur ce sujet ont démontré que les insectes, les moustiques notamment, ne peuvent être des vecteurs de transmission du virus du sida.

Institut Pasteur : institut de recherche médicale de renommée internationale, au sein duquel ont été découverts les virus du sida, en 1983 le HIV1 et en 1986 le HIV2.

Javanni Jean : président de l'association Aparts, qui gère des appartements thérapeutiques pour les malades du sida.

Jayle Didier : médecin, président de l'APS (Association pour la prévention du sida) et directeur du CRIPS.

Kaposi : le sarcome de Kaposi est une sorte de cancer de la peau se traduisant par l'apparition de taches violettes. Dans sa forme la plus grave, le sarcome de Kaposi peut toucher, non seulement la peau, mais également de nombreux organes internes. Jusqu'à l'apparition du sida, le sarcome de Kaposi était une maladie extrêmement rare et limitée géographiquement.

Kouchner Bernard : médecin, secrétaire d'État chargé de l'action humanitaire, fondateur et président d'honneur de Médecins du monde. Cette association a ouvert le premier centre de dépistage anonyme et gratuit en France (1, rue du Jura, 75013 Paris. Tél. : 43 36 43 24).

Leibowitch Jacques : médecin, président du Cercle des médecins, une association dont le but est l'étude et le traitement des maladies rétro-virales.

Leucoplasie chevelue de la langue : seule affection véritablement spécifique de l'infection à HIV. Elle se présente sous la forme d'un enduit blanchâtre et strié sur les bords latéraux de la langue.

Lymphadénopathie : grossissement dans au moins trois endroits différents du corps des ganglions *(voir ce terme)*.

Lymphocytes : cellules du système immunitaire. Il existe deux types de lymphocytes, les lymphocytes B qui fabriquent les anticorps et les lymphocytes T qui régulent le fonctionnement du système immunitaire. On distingue chez ces derniers les lymphocytes T4 (ou CD4) et les lymphocytes T8 (ou CD8). Les premiers sont les véritables chefs d'orchestre du système immunitaire, ils impulsent la réaction de celui-ci à l'intrusion d'un micro-organisme, les seconds empêchent le système immunitaire de « s'emballer ». Les cibles privilégiées du HIV sont les lymphocytes T4.

Lymphomes : cancers du système immunitaire.

Macrophages : cellules du système immunitaire qui interviennent après les lymphocytes et les anticorps pour détruire les moindres restes des micro-organismes. Les macrophages sont une des cibles du HIV, et l'un des réservoirs du virus.

Mann Jonathan : médecin, directeur du programme spécial de lutte contre le sida de l'Organisation mondiale de la santé (OMS).

Mantion Stéphane : président de l'Association des jeunes contre le sida (AJCS).

Masturbation : pratique sexuelle ne comportant aucun risque de transmission du HIV. Des clubs de masturbation collective destinés aux homosexuels se sont constitués un peu partout dans le monde pour promouvoir cette forme de sexualité « sans risques ».

Mettetal Jean-Florian : médecin, vice-président de l'association Arcat-Sida notamment. Il est l'auteur, avec Frédéric Edelmann, de la grande majorité des documents d'information sur le sida existant en France, notamment les brochures de l'Arcat-Sida qui sont à ce jour les plus complètes. Ces brochures sont distribuées gratuitement, sur simple demande écrite, par l'Arcat-Sida *(voir Associations)*.

Minitel : un certain nombre de serveurs télématiques dispensent des informations sur le sida. En voici la liste :
3615 TSANTE (service du CFES)
3615 MEDIK (service de Aides)

3615 CRF (service de la Croix-Rouge française)
3615 VILLETTE (service de la Cité des sciences et de l'industrie)
3615 LUMI (service de l'ALS)
3615 GPH (service du journal *Gai Pied Hebdo*)
3615 MSF (service de Médecins Sans Frontières). Le programme « Présence séro+ » de ce service télématique, élaboré en collaboration avec l'ARCAT et l'AJCS et adapté d'une expérience canadienne, permet d'évaluer son risque de contamination à partir d'un questionnaire.

Montagnier Luc : professeur de médecine, dirige l'équipe de chercheurs de l'Institut Pasteur qui a découvert le virus du sida.

MST (Maladies sexuellement transmissibles) : même si le mode de contamination du HIV par voie sexuelle est le plus fréquent, l'infection à HIV n'est pas uniquement une MST (comme la syphilis, la blennorragie, l'herpès...) puisque le virus du sida se transmet aussi par voie sanguine.

Muqueuses : les muqueuse sont en quelque sorte « la peau interne » de l'organisme. Elles tapissent toutes les cavités naturelles (bouche, nez, appareil digestif, vagin, anus...). Les muqueuses constituent les « portes d'entrée » du HIV au cours des rapports sexuels.

Pandémie : épidémie très étendue, touchant toute une population, un pays, un continent ou la terre entière. L'épidémie de sida est une pandémie.

PCR (Polymérase Chain Reaction) : méthode très fine et encore expérimentale de détection du virus lorsqu'il se trouve dans les cellules.

Plaquettes : cellules sanguines jouant un rôle dans le processus de coagulation du sang. Au cours de l'infection à HIV, le taux de plaquettes peut baisser, provoquant ce qu'on appelle une thrombopénie qui entraîne parfois des manifestations hémorragiques.

Pneumocystose : infection secondaire la plus fréquente chez les malades du sida. Elle est due à un parasite, le *pneumocystis carinii*, qui atteint les poumons. On peut la prévenir *(voir Aérosol)* et on peut la guérir si elle est traitée suffisamment tôt.

Pollak Michael : sociologue, chercheur au CNRS. Il étudie depuis plusieurs années l'épidémie de sida et ses conséquences et a écrit un livre intitulé *Les Homosexuels et le sida, sociologie d'une épidémie* (A.-M. Métaillé).

Pompidou Alain : professeur de médecine, il a été le « Monsieur sida » du cabinet de Michèle Barzach, ministre de la Santé de mars 1986 à mars 1988.

Pratiques à risques : pratiques sexuelles (rapports anaux, vaginaux et oro-génitaux sans préservatifs) et toxicomaniques (échanges de seringues), pour lesquelles le risque de transmission du HIV est important.

Préservatif : fine membrane de latex qui ne laisse pas passer le virus du sida, ainsi que les micro-organismes responsables des MST. Les préservatifs sont actuellement le seul moyen efficace de se protéger de l'infection à HIV. Ils doivent être conservés dans un endroit frais et sec, à l'abri de la chaleur. Un préservatif ne s'utilise qu'une seule fois. L'emploi de lubrifiant sur les préservatifs est conseillé à l'exception des corps gras dérivés du pétrole comme la vaseline qui les fragilisent. Les préservatifs conformes aux normes françaises et les plus contrôlés comportent sur leur emballage la marque « NF ».

Primo-infection : « réaction allergique » à l'intrusion d'un micro-organisme dans l'organisme. La primo-infection se produit quelques jours après l'infection, sous la forme d'un malaise général accompagné de fièvre. Dans le cadre de l'infection à HIV, elle passe la plupart du temps inaperçue.

Prisons : 5 à 10 % de la population carcérale française sont infectés par le HIV. Une situation due essentiellement aux relations homosexuelles entre détenus, à la quasi-absence de préservatifs, aux pratiques toxicomaniaques des détenus et à l'inertie d'une bonne partie de l'administration pénitentiaire et judiciaire.

Prostitution : la prostitution étant illégale en France, il est très difficile de connaître la situation des prostitué(e)s par rapport au sida. Il est vraisemblable qu'un certain nombre d'entre eux sont infectés par le HIV, notamment parmi les prostitué(e)s toxicomanes. L'usage du préservatif est cependant répandu même si certains « clients » n'hésitent pas à payer plus cher pour en être dispensés.

PWA (People With Aids) : expression américaine désignant les malades du sida.

Réinfection : le fait pour un séropositif d'être réinfecté par le HIV pourrait jouer un rôle dans l'apparition et le développement de la maladie. Il est donc très important quand on est séropositif de prendre des précautions (notamment utiliser des préservatifs et ne pas échanger de seringues), non seulement pour ne pas contaminer d'autres personnes mais aussi pour éviter de se réinfecter.

René Louis : médecin, président du Conseil national de l'ordre des médecins. Ce Conseil a adopté, en janvier 1988, un texte consacré au sida s'élevant contre toute discrimination vis-à-vis des malades et des séropositifs et appelant au respect du secret médical.

Rétrovirus : famille de virus qui possèdent une enzyme spécifique, la reverse transcriptase ou transcriptase inverse. Cette enzyme leur permet de copier leur ARN en ADN dans les cellules qu'ils infectent et donc de détourner à leur profit le matériel génétique de ces cellules.

RIPA : voir Tests.

Rouzioux Christine : docteur en virologie, présidente de l'association ACCTES, elle a largement contribué à la mise au point du test Élisa en 1983.

Rozenbaum Willy : médecin, un des premiers en France à avoir pris en charge des malades du sida.

Safer Sex (ou Safe Sex) : signifie « sexe sans risques » (SSR) par l'adoption de pratiques sexuelles sans risque de contamination du HIV, soit d'une façon « naturelle » (comme la masturbation par exemple), soit par l'emploi de moyens de protection (préservatifs).

Salive : comme dans toutes les sécrétions corporelles, de faibles quantités de HIV ont pu être décelées dans la salive. Mais aucun cas de transmission par la salive dans la vie courante n'a été observé. Ni la salive, ni les larmes, ni la sueur ne sont contaminantes au cours des gestes quotidiens. En revanche, selon des études scientifiques, la salive pourrait transmettre le virus lors de rapports bucco-génitaux (bouche/sexe).

Sang : le sang est un vecteur de transmission du virus du sida.

Secret médical : dans toutes les situations de l'infection à HIV, le secret médical ne doit souffrir d'aucune exception. Au même titre que pour toutes les autres maladies.

Sécrétions génitales : les sécrétions génitales des personnes contaminées par le HIV (liquide préséminal et sperme chez l'homme, sécrétions vaginales chez la femme) peuvent transmettre le virus du sida.

Seringues : l'échange des seringues non désinfectées et non stérilisées, une pratique couramment adoptée par les toxicomanes, est une voie de contamination par HIV. Dans le but de limiter la fréquence de cette pratique, les seringues ont été mises en vente libre en mai 1987.

Séroconversion : la séroconversion correspond au temps qui sépare l'intrusion d'un micro-organisme dans l'organisme et l'apparition des anticorps dirigés contre celui-ci. Dans le cas de l'infection à HIV, la séroconversion varie de 3 à 12 semaines.

Séronégatif : résultat d'un test de dépistage qui n'a pas révélé la présence d'anticorps dirigés contre le virus du sida. Ce résultat peut être lié à deux situations : soit la personne testée n'est pas contaminée par le HIV (c'est la situation la plus fréquente), soit elle l'a été mais se trouve en séroconversion.

Séropositif : résultat d'un test de dépistage ayant décelé des anticorps dirigés contre le HIV. Cela signifie que la personne testée a été contaminée par le virus. Par analogie, on dit qu'elle est « séropositive ». La séropositivité doit faire l'objet d'une prise en charge régulière, aussi bien médicale que psychologique.

Seux Didier : psychiatre, un des premiers en France à avoir compris toute l'importance du soutien psychologique pour les séropositifs et les malades du sida. Il est également à l'origine de l'association Aparts. Le docteur Seux a été assassiné le 30 avril 1987.

SIDA (Syndrome d'immuno-déficience acquise) : le sida est la forme majeure de l'infection à HIV. L'auteur tient à souligner qu'il a écrit tout au long du livre le mot sida en minuscules, contrairement à la logique grammaticale, volontairement. Ceci dans le but, purement symbolique, d'atténuer le caractère fantasmatique et « presse à scandales » qui s'est par trop attaché à la maladie que ce terme désigne.

Sidéen : terme adopté en décembre 1987 par la Commission générale de terminologie pour désigner les malades du sida. Les sidénologues sont les médecins et les chercheurs qui travaillent dans le domaine du sida, leur science étant la sidénologie.

Simonin Michel : atteint d'un sida, il a écrit un livre sur sa maladie et sa condition de malade du sida, intitulé *Danger de vie* (Séguier). Michel Simonin est décédé le 19 décembre 1987.

Slim Disease : terme employé dans les pays anglophones d'Afrique pour désigner le sida. *Slim* veut dire maigre.

Spermicide : des études expérimentales ont montré qu'in vitro (dans les éprouvettes), certains spermicides avaient une action contre le HIV. Ces résultats n'ont toutefois pas été confirmés chez l'homme. Rien ne prouve donc l'efficacité des spermicides.

SSR : voir Safer Sex.

Système immunitaire : dispositif de défense de l'organisme contre l'intrusion de tout micro-organisme. Il est constitué d'une multitude de cellules, dont les lymphocytes T4 et les macrophages, les principales cibles du HIV. En détruisant ces cellules, le virus du sida affaiblit le système immunitaire qui devient alors incapable d'assumer son rôle de défense. L'organisme devient la proie de multiples infections et dérèglements tumoraux.

Test : les tests de dépistage sont des analyses de sang qui permettent de détecter la présence d'anticorps dirigés contre le virus du sida. Il en existe plusieurs types, utilisant des techniques différentes. Le plus courant est le test Élisa qui est toujours employé en première analyse. Si le résultat est positif, il est confirmé (ou plus rarement infirmé) par des tests dits de confirmation ou de référence, le Western Blott et le RIPA. Ces tests sont plus coûteux et moins faciles à réaliser que le test Elisa. Il existe également des tests dits de 2ᵉ génération (plus performants) ainsi que des tests anti-géniques et des tests PCR (*voir ces termes*).

Toxicomanie : pratique consistant à absorber des substances toxiques créant un état de dépendance. Les toxicomanes s'injectant des drogues par voie intraveineuse, utilisant donc des seringues, constituent le groupe le plus touché par l'infection à HIV après les personnes ayant des pratiques homo-sexuelles.

Toxoplasmose : infection secondaire grave dans le cadre de l'infection à HIV, touchant essentiellement le cerveau. La toxoplasmose est due à un parasite, le toxoplasme, très répandu dans la population générale. Traitée tôt, on peut la guérir.

Traitement : il n'existe pas à l'heure actuelle de traitement totalement efficace contre le virus du sida. En revanche, la plupart des symptômes des formes mineures, intermédiaires et majeures de l'infection à HIV disposent d'un traitement. C'est l'accumulation répétée des symptômes qui finit géné-ralement par emporter les malades.

Transfusion sanguine : voir CTS.

Vaccin : la mise au point d'un vaccin contre le sida s'avère très difficile en raison de la nature même du HIV et de sa variabilité d'un individu à un autre. Elle demandera certai-nement encore de nombreuses années de recherche. Par ail-leurs, un certain nombre de vaccins sont contre-indiqués pour les séropositifs. Il s'agit des vaccins dits vivants car fabriqués à partir de microbes vivants (polio, variole, rou-geole, rubéole, oreillons, fièvre jaune, BCG et tuberculose).

Virus : micro-organisme de très petite taille qui se déve-loppe uniquement à partir des cellules qu'il infecte en détour-nant leur fonctionnement et en les tuant. La science qui étudie les virus se nomme la virologie.

Western Blott : voir Tests.

Zona : affection de la peau due au virus varicello-zonateux dont la fréquence est plus élevée chez les personnes infectées par le HIV que dans la population générale. Le zona peut être un signe d'alerte chez un séropositif; il peut signer l'activité du HIV avant que ne se déclare le sida.

LES CHIFFRES

Au 30 novembre 1988, l'Organisation mondiale de la santé avait officiellement recensé 129 385 cas de sida dans le monde. Ces cas se répartissent de la façon suivante :
– Continent américain : 91 469 cas, dont 78 985 pour les seuls États-Unis
– Afrique : 20 807 cas
– Europe : 15 648 cas
– Océanie : 1 180 cas
– Asie : 281 cas

Ces chiffres ne représentent que les cas de sida dûment recensés. Ils sont toutefois en deçà de la réalité, en raison des difficultés de surveillance épidémiologique, notamment dans les pays en voie de développement et du retard des déclarations auprès de l'OMS. Cette organisation estime ainsi que le nombre réel de cas de sida dans le monde se situerait aux environs de 300 000. Elle estime par ailleurs qu'il y a entre 5 et 10 millions de séropositifs dans le monde.

Au 30 septembre 1988, le nombre de cas de sida officiellement recensés en France par la Direction générale de la santé s'élevait à 4 874 cas (cas cumulés depuis 1978). La répartition de ces cas est la suivante :
– 4 746 adultes et 128 cas pédiatriques
– 4 216 hommes et 658 femmes
– 58,1 % d'homosexuels/bisexuels

– 14,5 % de toxicomanes par voie intraveineuse
– 10,3 % d'hétérosexuels
– 6,8 % de transfusés
– 1,2 % d'hémophiles

L'Ile-de-France et la Provence-Alpes-Côte d'Azur sont les deux régions métropolitaines les plus touchées par l'épidémie; elles recensent respectivement 51,6 % et 13,8 % des cas.

Selon les estimations du Centre collaborateur de l'OMS sur le sida à Paris, la France devrait compter 21 000 cas de sida à la fin 1989.

SOMMAIRE

CET OUVRAGE
A ÉTÉ COMPOSÉ
ET ACHEVÉ D'IMPRIMER
SUR ROTO-PAGE
PAR L'IMPRIMERIE FLOCH
À MAYENNE EN JANVIER 1989

N° d'édition : 022. N° d'impression : 27512.
Dépôt légal : février 1989.
(Imprimé en France)